용서 없이
미래 없다

NO FUTURE WITHOUT FORGIVENESS

용서 없이
미래 없다

투투 대주교에게 배우는
우분투 정신과 회복적 정의

No Future
Without
Forgiveness

데즈먼드 투투 지음

홍종락 옮김

사자와 어린양

일러두기

이 책은 《용서 없이 미래 없다》(홍성사, 2009)라는 제목으로 출간된 적이
있습니다. 사자와어린양판에는 이재근 교수(광신대학교 교회사)의 서문을
수록했습니다.

데즈먼드 투투,
아파르트헤이트에 대항해 싸운
화해와 평화의 사도*

이재근(광신대학교 교회사 교수)

남아프리카공화국은 백인 우월주의 아파르트헤이트 기독교와 이에 대한 흑인 대중 및 기독교인의 저항이라는 측면에서, 20세기 기독교 역사상 가장 어두우면서도 가장 찬란한 역설적 존재감을 과시했다. 이 역사의 중심에 선 위대한 기독교 운동가이자 지도자 중 한 명이 데즈먼드 음필로 투투(Desmond Mpilo Tutu, 1931-2021)이다. 투투의 생애는 20세기 남아프리카공화국 역사의 중심축이라 할 만한 '아파르트헤이트'와 뗄 수 없는 관계에 있으므로, 그의 생애를 아파르트헤이트 시기와 그 이후로 나누어 살펴보려 한다.

★ 이 글은 〈뉴스앤조이〉 연재물 "20세기 세계기독교를 만든 사람들"의 한 항목으로 기고했다가, 단행본 《구름같이 허다한 증인들》(복 있는 사람)에 개정해 실은 데즈먼드 투투에 대한 전기문을 요약한 것이다. 이 책에 글을 실을 수 있도록 허락한 뉴스앤조이와 복 있는 사람에 감사드린다.

아파르트헤이트 시기

'대주교'(Archbishop)라는 직함에서 유래한 '아치'(Arch)라는 애칭으로 남아공 사람들에게 친숙한 데즈먼드 투투는 웨스턴트란스발(오늘날의 North West Province)에 속한 소읍 클레르크스도르프에서 1931년 10월 7일 태어났다. 아버지 재커라이아(Zachariah)는 선교사들이 세운 학교에서 교육받은 후 클레르크스도르프의 한 학교에서 교장으로 일했고, 어머니 알레타 마틀레어(Aletta Mathlare)는 가정부였다. 이들 부부는 평생 네 자녀를 낳았는데, 딸 셋 아들 하나였다.

투투가 여덟 살 때 아버지가 벤터스도르프에 세워진 아프리카인, 인도인, 컬러드(Coloured, 유색인종 및 혼혈)를 위한 학교로 옮겨 갔는데, 투투 역시 아버지 학교 학생이 되었다. 백인을 제외한 모든 인종이 모인 학교였으므로, 투투가 처음으로 경험한 일종의 '무지개' 공동체였을 것이다. 누이 실비아가 가족 모두를 인도하여 이 시기에 아프리카 감리교회(African Methodist Episcopal Church)에 다녔다. 투투도 이때 세례를 받았다. 그러다 1943년 모든 가족이 성공회로 옮기면서, 이후 투투가 명성을 얻고 영향력을 떨치게 되는 소속 교단이 결정되었다.

요하네스버그 근교 웨스턴트란스발의 로데푸르트로 이사한 투투 가족은 너무 가난해서 판잣집에 살았고, 어머니가 에젠젤레니 시각장애인학교(Ezenzeleni School of the Blind)에서 일하며 생계에 도움을 주었다. 1943년에는 크루거스도르프의 흑인 정착지 문시빌로 이사해야 했다. 이번에는 어머니가 세탁 일로 생계를 꾸렸기에 어린 투투가 백인 가정을 오가며 옷을 배달하곤 했다. 돈을 벌기 위해 먼 농장에 가서 오렌지를 산 후 동네에 와서 되팔거나, 기차역에서 땅콩을 팔고, 골프장 캐디로 일한 것도 어린 시절 투투의 아르바이트 경험이었다.

1945년부터 투투는 소피아타운 근교 오래된 웨스턴 원주민구역(Western Native Township)에서 공립학교인 웨스턴 고등학교에 다녔다. 이 시기에 일 년간 결핵으로 요양 생활을 했다. 이 무렵 잉글랜드성공회 트레버 허들스턴(Trevor Huddleston) 신부와 만나게 된 투투는 신부의 책을 빌려 읽으며 깊은 우정을 쌓기 시작했다. 후에 투투는 허들스턴의 교구에서 복사(server)로 신부를 돕게 된다. 허들스턴 신부 이외에도 마크헤네 목사(Pastor Makhene), 투투를 성공회 신자로 이끈 세크가파네 신부(Father Sekgaphane), 벤터스도르프의 아서 블랙솔 목사(Reverend Arthur Blaxall)와 그의 부인 등이 청소년 시절에 그에게 큰 영향을 준 종교인이다.

병으로 학업이 뒤처졌지만, 교장의 배려 덕에 대학입학시험반(Matriculation class)에 조기 합류한 투투는 촛불 아래서 공부하며 1950년 말 대학입학시험을 통과했다. 비트바테르스란트 의과대학(Witwatersrand Medical School)에 입학 허가를 받았지만, 장학금을 받을 수 없게 되자 결국 아버지를 따라 교사가 되기로 마음먹었다. 이로써 투투는 1951년에 프리토리아 외곽의 반투 사범대학(Bantu Normal College)에 입학

해서 1954년에 학위를 받은 후, 모교 크루거스도르프의 마디파네 고등학교에서 교사 생활을 시작했다. 1955년에는 남아프리카공화국대학(UNISA)에서 문학사 학위를 받았다. 그가 대학 공부를 할 수 있게 도운 인물 중에는 로버트 망갈리소 소부크웨(Robert Mangaliso Sobukwe)가 있었는데, 그는 1959년에 결성된 남아공 흑인 정치조직인 범아프리카회의(PAC)의 초대 의장이었다.

아버지가 가르친 학생 중 가장 뛰어났던 노말리조 리아 셴샤네(Nomalizo Leah Shenxane)가 투투의 아내가 되는데, 결혼식은 1955년 7월 2일에 있었다. 결혼 후 투투는 아버지가 여전히 교장으로 일하고 있던 문시빌의 학교에서 가르치기 시작했다.

아파르트헤이트를 1948년에 제도화한 정부가 투투의 결혼 2년 전인 1953년 3월 31일에 반투교육법(Bantu Education Act)을 흑인 교육에 도입한 일이 있었다. 흑인은 초등학교 수준까지만 교육을 받도록 제한하는 법이었다. 투투는 이 노골적인 인종차별법 이후에도 3년간 더 중학교 수준을 담당하는 교사로 가르치다가, 정부의 흑인 교육 제한에 반대하며 교사직에서 사임했다. 아마도 이 행동이 투투가 아파르트헤이트에 저항한 첫 공식 사례일 것이다.

문시빌 고등학교 재직 중에 투투는 성직자가 되는 일을 진지하게 고민하다가, 결국 요하네스버그 주교의 감독 아래서 사제 훈련을 받기로 했다. 1955년에 크루거스도르프의 차부제(sub-deacon)가 된 후, 1958년에는 부활공동체신부회(Fathers of the Community of the Resurrection)가 운영하는 로제튼빌 소재 세인트피터스 신학대학(St. Peter's Theological College)에 등록했다. 학업에 두각을 나타낸 투투는 우등상 두 개를 받으며 신학 학위를 취득했다. 1960년 12월에는 요하네스버그의 세인트메리 대성당에서 부제(deacon)로 안수받고, 베노니의 세인트올번스 교회(St. Albans Church)에서 처음으로 보좌신부가 되었다. 1961년 말에 사제(priest)로 안수받은 후에는 토코자에 새로 세워진 교회로 자리를 옮겼다.

신학 공부를 더 할 계획을 세운 투투는 1962년 9월 14일에 잉글랜드로 유학을 떠났다. 런던 킹스칼리지(Kings College, London)와 세계교회협의회(WCC)가 투투에게 장학금을 지원했는데, 이 두 기관은 투투가 나중에 성공회 사제이자 주교로서 아파르트헤이트 반대투쟁을 할 때도 정치적·심리적·물질적으로 그를 지원한 우군이었다.

아파르트헤이트 아래서 질식할 것만 같던 삶을 살던 투투 가족에게 런던은 기운을 북돋는 생활 현장이었다. 런던에서 아파르트헤이트와 통행법에서 해방된 자유를 처음으로 경험한 사건은 투투 가족에게 일평생 지워지지 않는 인상을 남긴 것 같다. 그는 후에 이렇게 말했다. "잉글랜드에도 인종차별은 있다. 그러나 우리가 거기에 노출되지는 않았다." 그는 언론의 자유가 있다는 사실, 특히 하이드파크 한구석에 '스피커스 코너'(Speakers' Corner)가 있어서 원하는 이는 누구든지 하고 싶은 말을 할 수 있다는 사실에 큰 감동을 받았다.

킹스칼리지를 우등으로 졸업한 투투는 당시 대학 명예 총장이던 엘리자베스 보우스라이언(엘리자베스 2세의 어머니)에게서 학위를 받았다. 잉글랜드에서는 심지어 백인을 대상으로 목회까지 했다. 런던 골더스그린의 한 교회였는데, 여기서 3년간 사역한 후 서리(Surrey)로 전출되었다. 스텁스 신부(Father Stubbs)의 권유로 투투는 대학원 과정에도 등록해서 이슬람 관련 연구에 집중했고, 논문상도 받았으며, 1966년에 문학 석사 학위를 취득했다.

고국으로 귀국한 투투는 이스턴케이프 앨리스 소재 연방신학교(Federal Theological Seminary)에서 가르쳤다. 신학교 교수직과 더불어 포트헤어 대학(University of Fort Hare) 성공회 교목으로 임명되기도 했다. 이 시기 투투는 남아공 전역에서 가장 화려한 학력과 실력이 있는 흑인 성공회 성직자였다. 1968년에는 신학교에서 가르치면서, 이민 노동자 신학을 주제로 잡지에 글을 기고하기도 했다. 인종차별 문제로 교사직을 사임하는 기개를 보였던 1956년 이후, 이제 글로써 정책에 저항하는 저항적 지식인의 면모를 보이기 시작한 것이다.

앨리스에서는 이슬람과 구약에 대한 관심사를 조합하여 박사 공부를 시작했지만, 아쉽게도 마무리하지는 못했다. 동시에 아파르트헤이트에 반대하는 연구를 시작했다. 신학교 학생들이 인종차별주의 교육에 반대하는 저항을 시작하자, 투투도 이 대의에 함께 투신했다. 1970년에 신학교 부학장이 된 투투가 미래에 이 학교 학장이 되는 것은 정해진 수순이었다. 그러나 그는 복잡한 심정으로 레소토의 로마에 소재한 보츠와나·레소토·스와질랜드 대학교 교수로 오라는 초청을 받아들였다.

개발도상국 신학 교육의 질을 높이기 위한 목적으로 1960년에 창설된 신학교육기금(TEF)의 책임자대행 월터 카슨 박사(Dr. Walter Carson)가 1971년 8월에 투투에게 아프리카 부대표 최종 후보자 중 하나가 되어 달라고 요청했다. 이 요청을 받은 투투 가족은 1972년 1월에 다시 잉글랜드로 가서 런던 남동부에 거처를 정하고, 교육기금의 국제책임자팀과 함께 사역했다. 약 6개월간 제3세계를 돌아다니며 활동했다. 동시에 브롬리 소재 세인트어거스틴 교회의 명예보좌사제로 임명되어 교회 사역도 지속했다. 이 시기에 서방에 거주하면서 대표적인 구제 및 구호 기금과 함께 일하며 얻은 경험과 네트워크는 투투가 이후 반아파르트헤이트 투사로서 서방 정치 및 교계, 언론의 지원을 얻게 하는 중요한 기반이 되었다.

1974년에 요하네스버그 주교 레슬리 스트래들링(Leslie Stradling)이 은퇴하면서 티모시 배빈(Timothy Bavin)이 후임으로 선출되었다. 배빈이 투투에게 자기 대성당의 주임사제(dean)가 되어 달라고 요청하자, 투투는 1975년에 귀국하여 요하네스버그의 첫 번째 흑인 성공회 대성당 주임사제이자 요하네스버그 세인트메리 대성당 교구사제(rector)가 되었다. 그가 담당한 백인 교구민 일부에게는 당시 정부에 급진적으로 맞서는 투사의 모습을 보이기도 했다.

특히 두 사건이 중요한 사례였다. 먼저, 1976년 5월 6일에 투투는 당시 수상 발타자르 요하네스 포르스터(Balthazar Johannes Vorster)에게 공개편지를 써서, 아프리카너들이 어떻게 자유를 획득했는지 과거 역사를 상기시키고, 통행법과 인종차별 등으로 흑인들이 자기 조국에서조차 자유를 누리지 못하고 있는 현실을 인식하게 했다. 그러나 정부는 그의 요청을 무시했다. 1976년 6월 16일에는 요하네스버그 근교 흑인 집단 거주지 소웨토(SOWETO, SOuth WEstern TOwnships의 줄임말) 출신 학생들이 수준 낮은 교육을 강요하는 정책 및 교육 언어로 아프리칸스어(Afrikaans, 네덜란드어가 토착화한 남아공어로, 백인 아프리카너의 언어)를 사용해야 한다는 정책에 저항하는 광범위한 시위를 시작했다. 시위가 전국으로 퍼지면서 사상자가 600명가량 발생했다. 경찰이 학생들을 학살했다는 소식을 들은 투투는 학생 및 부모와 함께 시간을 보냈다. 학살 사태 이후 조직된 소웨토 학부모위기위원회에서도 중요한 역할을 맡았다.

이 일 후 투투는 레소토 주교(Bishop of Lesotho)직을 제안받고, 1976년 7월 11일에 주교가 되었다. 이 시기에 자신을 계승해서 주교가 될 레소토의 필립 모쿠쿠(Philip Mokuku)를 준비시켰으며, 아파르트헤이트에 반대하며 자유를 위해 투쟁하다가 남아공 경찰에 잡혀 구금된 상태에서 살해당한 스티브 비코(Steve Biko)의 장례식에서 연설하기도 했다.

레소토 주교가 된 지 몇 달이 채 지나지 않아 남아프리카 교회협의회(SACC) 총무가 되어 달라는 요청이 오자, 투투는 이를 수락하고 1978년 3월 1일에 총무가 되었다. 1981년에는 소웨토 올랜도웨스트의 세인트어거스틴 교회 교구 사제가 되었고, 1982년 초에는 레바논 베이루트 폭격을 멈춰 달라는 청원서를 이스라엘 총리에게 보냈다. 동시에 팔레스타인 지도자 야세르 아라파트에게도 편지를 써서, 이스라엘의 존재에 대해 더 현실주의적인 접근을 해야 한다고 요청했다. 짐바브웨·레소토·스와질랜드 총리들, 보츠와나·모잠비크 대통령들에게도 각각 편지를 써서, 남아공 난민을 받아 준 것에 감사를 표하고, 이들을 남아공으로 돌려보내지 말아 달라고도 요청했다.

1980년 8월 7일에 투투 주교, 교회 지도자 대표단, SACC는 남아공의 보타(P. W. Botha) 총리 및 각료들과 만났다. 이 역사적 만남은 남아공 역사에서 정부 요원이 아닌 흑인 지도자가 백인 정부 지도자를 만나 대담한 첫 사례였다. 그러나 정부가 전혀 타협의 의지를 보이지 않았기 때문에, 이 대담에는 아무런 열매가 없었다. 같은 해에 투투와 교회 지도자들은 요하네스버그에 구금된 목사 존 손(John Thorne)의 석방을 요구하며 가두시위를 벌였다. 집회법을 위반했다는 이유로 다수 성직자가 체포되었는데, 투투도 하룻밤 구금되었다.

해외 순방은 투투가 아파르트헤이트의 해악을 설득력 있게 전 세계에 전파하는 수단이었다. 그러자 정부는 1980년에 투투의 여권을 회수해 버렸다. 해외여행이 금지되자, 투투에게 수여될 예정이던 여러 상도 받을 수 없게 되었다.

예컨대, 독일 보훔 루르 대학(Ruhr-Universität Bochum)이 그에게 대학 설립 이래 처음으로 명예박사 학위 수여를 계획했으나, 여권 발행이 거부되면서 출국할 수 없었다. 국내외의 압력 속에 정부가 1981년 1월에 투투에게 여권을 돌려주면서 SACC 일로 유럽과 미국으로 갈 수 있게 되었고, 이어서 1983년에는 바티칸에서 교황 요한 바오로 2세와 만나 청중 앞에서 남아공 상황을 함께 논의했다.

1983년에는 흑인 의식 집단들의 우산 역할을 담당하는 전국포럼(National Forum) 창설에 관여하고, 범아프리카회의(Pan Africanist Congress, PAC)에도 참여했다. 그해 8월에는 아파르트헤이트 반대 운동 단체들의 연대 모임인 연합민주전선(United Democratic Front, UDF)의 수호자(Patron)로 선출되었다. 아내 리아도 남편의 운동을 물심양면으로 도왔는데, 리아는 남아공 가정 노동자의 노동환경 개선에 역점을 두는 운동을 펼쳤다. 같은 해에 리아 투투는 남아공 가정노동자협회(South African Domestic Workers Association)를 창립했다.

1984년 10월 18일 미국에 머물던 투투는 남아공에서 인종차별적인 백인 소수자 지배를 종식하고, 해방 조직들의 금지 조치를 풀고, 모든 정치범을 석방하려던 노력을 인정받아 노벨평화상 수상자로 결정되었다는 소식을 들었다. 남아프리카 흑인들은 이 권위 있는 특별한 수상을 축하했지만, 정부는 투투의 업적을 치하하기는커녕 아예 침묵으로 일관했다. 대중은 열렬한 찬사를 보내기도 하고 폄하하기도 하면서 혼재된 반응을 보였다. 이어서 11월에는 성공회 요하네스버그 주교로 선출되었다. 이 선출에 대한 반응 역시 다중적이었다. 그는 이 직임을 18개월 동안 수행하다가, 1986년 9월에 흑인으로서는 처음으로 케이프타운 주교가 되었다.

1984년에 미국을 방문했을 때 투투와 알란 부삭은 에드워드 케네디 상원의원을 만난 후 그를 남아공에 초대했다. 초청을 받아들인 케네디는 1985년에 남아프리카를 찾아 오렌지자유주 브랜드포트에서 넬슨 만델라의 부인 위니 만델라를 만났다. 그해 정부는 36개 행정구역에 비상사태를 선포했다. 투투는 경찰장관에게 이 조치를 재고하라고 요청하고, 자신은 이를 무시하겠다고 말했다. 이어서 투투는 보타 총리에게 상황을 놓고 긴급 회담을 제안하는 전보를 쳤다. 보타는 이를 거부했다. 약 일 년 후 투투와 보타가 만났지만, 열매는 없었다. 투투는 또한 개인적으로 남아공 정부를 지지한 영국 총리 마거릿 대처와도 회담을 가졌지만 별 소득 없이 끝났다. 후에 영국 외무부장관 제프리 하우가 남아공 방문 시 만나자고 제안하자, 투투는 아예 거부했다.

1986년 9월 7일에 투투는 케이프타운 대주교로 안수를 받으며, 남아프리카 전역 성공회를 이끄는 첫 흑인 수장이 되었다. 이전과 마찬가지로, 엄청난 축하를 받는 동시에 이를 비난하는 이들도 여전히 있었다. 굿우드 경기장(Goodwood Stadium)에 만 명이 넘는 사람이 모여 성찬에 참여하며 그의 영예를 기렸다. 추방당해 해외에 있던 ANC 의장

올리버 탐보 및 45인 지도자도 투투에게 축전을 보냈다. 아파르트헤이트에 저항한 가장 강력한 투사인 투투가 남아프리카에서 가장 큰 영예와 영향력을 가진 성직자가 되었다는 사실은 핍박받는 한 유색인종 개인으로서 역사상 최악의 독재 정권에 버티며 저항한 투투의 의지와 역량이 얼마나 비범했는지를 보여 준 사건이었다. 동시에, 한 국가나 제도가 억압과 차별로 정의를 무너뜨릴 때, 세계 교회가 한마음으로 힘을 모아 이 악행에 저항하는 개인과 단체를 지원하는 일이 얼마나 중요한지를 보여 준 상징적 사건이었다. 투투의 성공회 대주교 임명 이후, 1990년 2월에 남아프리카 저항 영웅 넬슨 만델라가 27년 만에 감옥에서 나오고, 1991년에 아파르트헤이트 근간법이 폐지되었다. 1993년 인종 평등의 원칙에 기초하여 공동 통치를 결정한 헌법이 채택되고, 1994년 만델라의 첫 흑인 대통령 선출로 300년 이상 지속된 백인 소수 지배가 막을 내렸다.

아파르트헤이트 이후

백인 소수파 통치의 종결을 상징하는 1994년의 첫 민주주의 선거가 치러져 만델라가 대통령이 되고 일 년 후, 투투는 과거 역사의 잔악 행위 문제를 처리하기 위해 조직된 진실화해위원회(Truth and Reconciliation Commission, TRC) 의장으로 임명되었다. 투투가 TRC를 이끌며 만든 원칙과 실행 방식은 전 세계의 주목을 받으며 찬탄을 자아냈다. 이는 아파르트헤이트에 연루된 백인을 일방적으로 가해자와 죄인으로 규정하여 심판하는 것에 그치지 않고, 이들이 스스로 양심에 따라 죄를 자백하게 한 후 사면을 허용함으로써 가해자와 피해자가 서로 용서하고 화해하는 평화 공동체를 만드는 일에 주력했기 때문이다. TRC가 해체되고 난 후 이 활동을 회고하며 쓴 《용서 없이 미래 없다》(*No Future Without Forgiveness*, 1999)에는 투투가 TRC를 운영한 원칙이 여러 곳에 등장한다. 의장 투투가 심판자인 법관이 아니라 목회자인 사제였기에 가능했을 원칙이다.

투투는 이런 TRC의 방식을 뉘른베르크 패러다임(범죄한 모든 사람을 개별 재판하여 가혹한 단죄를 받게 했던 2차 세계대전 전범 재판 방식)과 일괄 사면 혹은 국민적 망각 사이에서 타협점을 찾은 '제3의 길'이라 지칭했다. 물론 이 방식은 백인과 흑인 양자에게서 비난을 받으며 격렬한 논란을 불러일으켰다. 중용을 택했음에도, 백인은 너무 급진적인 마녀사냥이라고 흑인은 너무 온건하다고 비난했다. 그러나 TRC는 만델라의 전 부인 위니 만델라도 살인 교사 혐의로 소환하는 등 흑인 인사의 범죄 행위도 최대한 공정하게 처리하려고 노력했다. 결과적으로 조사 대상자 7,112명 중 5,392명이 처벌을 받았고, 849명이 사면받았다. 1998년 10월 위원회는 3,500쪽에 이르는 보고서를 발표하고 그 활동을 마쳤는데, 전 세계적으로 범죄적 과거에 대해 공정한 청산을 했다는 평가를 받았다.

TRC 활동 이후에도, 투투 대주교 부부는 전 세계를 무대로 인권 및 복지, 구호 활동을 지속했다. 그 중심에는 1998년에 세워진 데즈먼드투투평화센터(Desmond Tutu Peace Centre, DTPC)가 있다. 2004년 이후 런던 킹스칼리지 방문교수, 미국 에모리 대학 방문교수 등 여러 대학의 방문교수를 지냈고, 데즈먼드투투에이즈재단(Desmond Tutu HIV Foundation)을 설립하여 에이즈뿐만 아니라 결핵 예방·치료·교육도 담당하는 기관으로 확장했다.

2007년에는 남아공 전직 대통령 넬슨 만델라, 미국 전직 대통령 지미 카터, 은퇴한 UN 사무총장 코피 아난, 아일랜드 전직 대통령 메리 로빈슨과 함께 '디엘더스'(The Elders)를 창설했는데, 이는 관습적인 외교 절차 바깥에서 세계의 원로 지도자들의 경험을 공유하기 위해 결성된 사적 조직이었다. 투투가 이 그룹의 첫 의장이 되었다.

공인 투투의 공식 은퇴일은 2010년 10월 7일이다. 웨스턴케이프 대학 명예총장직, UN 대학살방지위원회 고문직도 모두 내려놓았다. 그러나 은퇴 후에도 디엘더스와 노벨상 수상자 모임에 계속 참여했고, 투투평화센터도 지원했다.

남아공에 사는 다양한 종족과 인종 안에 존재하는 차이의 아름다움을 묘사할 때 흔히 사용되는 유명한 '무지개 국가'(Rainbow Nation)라는 표현을 창안한 인물이 바로 데즈먼드 투투이다. 이 용어는 남아프리카 흑인의 오랜 유산 '우분투' 정신을 아파르트헤이트 이후의 새 남아공에 확장 적용한 것이었다.

세계적인 인권 운동가이자 영적 지도자였던 데즈먼드 투투 성공회 명예대주교는 2021년 12월 26일 향년 90세로 별세했다. 전 세계가 화해와 평화의 사도인 그의 죽음을 애도했다.

과거를 기억하지 못하는 사람은 과거를 반복하기 마련이다.

– 조지 산타야나

1

새 시대의 시작

1994년 4월 27일. 우리는 이날을 너무나 오랜 세월 기다려 왔다. 아파르트헤이트(흑인 차별 정책)에 맞선 모든 투쟁이 바로 이날을 위한 것이었다. 수많은 우리 국민이 최루탄을 맞고 경찰견에 물리고 채찍과 몽둥이로 얻어맞은 것도, 그보다 더 많은 사람들이 감금, 고문, 추방을 당한 것도, 투옥되거나 사형선고를 받은 것도, 망명생활을 해야 했던 것도 모두 이날을 맞이하기 위해서였다. 우리의 첫 투표일, 우리가 태어난 땅에서 처음으로 민주적 선거를 치르며 투표를 하는 날이 마침내 밝았다. 투표권을 얻기까지 나는 62년을 기다려야 했다. 넬슨 만델라는 76년을 기다렸다. 그리고 바로 오늘, 1994년 4월 27일에 이 일이 벌어졌다.

거리는 흥분과 기대에 불안과 두려움까지 뒤섞여 술렁였다. 이 특별한 날을 엉망으로 만들겠다고 호언해 온 우파 사람들의 사악한 계획이 정말 성공할지 모른다는 두려움이었다. 이전까지 실제로 곳곳에서 폭탄이 터졌다. 요하네스버그 국제공항에서는 몇 번이나 폭발이 일어났다. 무슨 일이든 벌어질 수 있었다.

언제나처럼 나는 아침 일찍 일어나 경건의 시간을 갖고 산책을 한 뒤 비숍스코트의 대주교 예배당에서 아침 기도회와 성찬식을 했다. 우리는 우리가 사랑하는 이 땅, 수많은 자녀들의 피로 물든 참으로 슬픈 땅의 역사 속에서 탄생한 이 특별한 날이 가능한 한 평소처럼 조용히 지나가기를 바랐다. 이 획기적인 사건, 남아프리카공화국 역사의 분수령을 이루게 될 이날이 이르기까지 도처에서 폭력 사태가 끊이지 않았다. 망고수투 부텔레지 당수가 이끄는 잉카타 자유당(Inkatha Freedom Party, IFP)은 최후의 순간까지 선거에 불참하겠다고 위협했다. 우리 모두는 최악의 유혈 사태를 각오하고 있었다. 특히 잉카타 자유당의 근거지인 콰줄루-나탈 지역은 잉카타 자유당과 넬슨 만델라가 이끄는 아프리카 민족회의(African National Congress, ANC) 사이에 일어난 세력다툼으로 이미 수많은 생명이 희생된, 가장 우려되는 지역이었다. 정치세력 간의 증오는 상상을 초월할 만큼 끔찍한 지경이었다. 우리는 숨을 죽인 채 희생자가 얼마나 될지 염려했다.

감사하게도, 부텔레지 당수는 어느 신비한 케냐인의 중재를 받아들여 선거 보이콧 위협을 철회했고, 그와 더불어 무시무시한 대학살의 가능성도 사라졌다. 나라 전체가 안도의 큰 한숨을 내쉬며, 이렇게 선거를 치르게 되었다. 다른 나라들에서 투표는 시민들이 참여하는 통상적인 정치 행위이고, 선거와 관련된 걱정거리는 대개 투표자들의 무관심이지 투표장에서의 폭력 사태와 상해의 위험은 아니다.

우리는 흥분과 불안을 동시에 느꼈다. 나는 불안해서 속이 울렁거렸다. 우리는 하나님께서 이 땅을 축복하셔서 어둠의 자녀들의 음모를 깨뜨려 달라고 간절히 기도했다. 과거 아파르트헤이트의 사악한 힘이 맹위를 떨치던 어두운 시기에 우리는 너무나 자주 "이곳은 하나님의 세계이며 하나님이 다스리십니다!"라고 설교했다. 때로 악이 미쳐 날뛰며 당장이라도 선을 눌러 버릴 것 같을 때면, 우리는 이 신앙고백을 가까스로 붙들었다. 이것은 어둠 속에서 불어 대는 신학적 구조 요청 소리와 같았고 하나님의 귀에다 이렇게 속삭이고 싶은 유혹이 자주 찾아왔다.

"제발 부탁입니다. **당신이** 다스리고 계심을 좀 더 분명하게 드러내 주십시오."

아침 식사 후 나는 차를 타고 케이프타운 대주교의 공관인 비숍스코트를 빠져나왔다. 이곳은 넬슨 만델라가 1990년 2월 11일에 풀려나 첫 자유의 밤을 보낸 곳이다. 우리가 탄 차는 대주교 공관의 이름을 본떠 비숍스코트라 부르는, 녹음이 우거진 근교의 고급 주택가를 떠나 투표장으로 갔다. 흑인타운십에서 투표하기로 한 터였다. 그곳은 정말 오랫동안 권리를 빼앗긴 채 인종차별 정책에 따라 인종별로 나뉜 거주지에서 가난하고 힘들게 살아온 사람들과의 연대라는 강력한 상징성이 있었다. 결국 나는 그들 중 한 명이었다. 1986년 내가 대주교가 되었을 때, 인종별로 거주지를 분리한 '집단거주법'이 여전히 시행되고 있었다. 그 법에 따르면, 노벨상 수상자이지만 투표권이 없는 나는 아프리카 남부를 총괄하는 성공회 대주교가 되었어도 특별 허가증을 받지 않는 한 가족과 함께 비숍스코트에 들어가 살 수 없었다. 그것은 범법 행위였다. 하지만 나는 대주교로 뽑힌 뒤 그 허가증을 신청하지 않을 거라고 발표했다. 대주교로서 대주교 공관에서 살 테니, 아파르트헤이트 정부는 하고 싶은 대로 하라고 했다. 하지만 이 악법을 위반한 혐의로 어떤 고발도 당하지 않았다.

나는 전형적인 성냥갑 모양의 집들이 단조롭게 죽 늘어서 있는 흑인타운십 구굴레투로 투표하러 갔다. 투표할 차례를 기다리는 사람들이 긴 줄을 이루고 있었다. 사람들은 기분이 좋아 보였다. 오랫동안 기다려야 했기 때문에 약간의 인내심과 유머감각이 필요했다. 내가 처음으로 투표하는 그 장면은 언론에 날 만한 사건으로, 해외에서 온 많은 친구들이 선거가 공정하고 자유롭게 치러지는지 확인할 감시요원으로 그 자리에 와 있었다. 그러나 그들의 역할은 그것보다 훨씬 더 컸다. 그들은 자유롭고 민주적이고, 인종과 성별에 따른 차별이 없는 남아공, 이 허약한 신생아의 출생을 돕고 있었다.

드디어 그토록 오랫동안 기다리던 순간이 왔다. 나는 투표용지를 접어 투표했다. 이야~! 나는 "야호!"를 외쳤다.

정말 아찔했다. 그것은 사랑에 빠지는 순간과 비슷했다. 하늘은 한없이 푸르고 아름다웠다. 사람들도 새롭게 보였다. 그들은 아름다웠고 변화된 모습이었다. 나도 그랬다. 마치 꿈을 꾸는 듯했다. 누군가가 깨우면 어쩌나, 인종차별이라는 냉혹한 악몽이 여전히 현실이면 어떡하나 겁이 났다. 누군가는 이런 느낌을 두고 아내에게 이렇게 말했다.

"여보, 나 깨우지 마. 이 꿈이 너무 좋아."

투표를 마친 뒤 밖으로 나갔다. 사람들은 환호성을 질렀고 노래하며 춤을 췄다. 축제가 벌어진 듯했다. 억압의 짐에 눌려 시달리던 모든 사람들, 인종차별 때문에 얼굴도 목소리도 이름도 없이 제 나라에서 아무 쓸모없는 존재로 취급받던 사람들, 매일매일 굴욕을 견뎌야 했던 사람들이 자신의 목소리를 되찾은 멋진 날이었다. 그들은 하나님의 형상을 따라 창조되었다. 하지만 그들의 존엄성은, 아파르트헤이트의 앞잡이들, 그리고 입으로는 인종차별에 반대한다고 하면서도 그저 우연히 타고난 출생, 인종, 피부색 덕분에 아파르트헤이트가 제공하는 특권과 엄청난 혜택을 계속 누린 사람들에 의해 무정하게 짓밟혔었다.

나는 상황을 살펴보기 위해 차를 타고 거리를 돌았다. 사람들은 떼 지어 나와 있었고 (이젠 세계적으로 유명해진) 긴 줄을 이루며 서 있었다. 순간 온몸에 소름이 돋았다. 사람들은 혹시 모를 공격에 매우 취약한 상태였다. 경찰과 치안병력이 배치되어 있겠지만 거의 눈에 띄지 않았다. 무모한 과격분자들 몇 명이 AK-47 소총을 난사한다면 끔찍한 상해를 입거나 대혼란이 일어날 수 있었다. 그러나 그런 일은 벌어지지 않았다. 다만 거의 모든 투표장에서 이런저런 문제가 있었다. 어느 곳에선 투표용지가 부족했고, 또 다른 곳에선 스탬프잉크가 부족했으며, 개표 예정 시간이 훨씬 지났는데도 선거 담당 공무원들이 나타나지 않은 곳도 있었다. 사람들은 참으로 놀라운 인내심을 보여 주었다. 별의별 재난이 당장이라도 벌어질 것 같은 상황이었지만 아무 일도 일어나지 않았다.

놀라운 장면이었다. 온갖 인종의 사람들이 같은 줄에 함께 서 있었다. 그들 평생에 처음 있는 일이었을 것이다. 전문직 종사자와 가사도우미, 청소부와 집주인이 투표소까지 꾸물꾸물 서서히 나아가는 줄에 섞여 서 있었다. 재난이 될 법했던 상황은 오히려 축복이 되었다. 그 줄은 남아공의 새롭고 독특한 지위를 상징하는 것이 되었다. 이후 사람들은 이렇게 뻐겼다.

"나는 투표하려고 두 시간이나 줄 서 있었다."

"난 네 시간 기다렸어!"

그 긴 시간 동안 남아공 사람들은 서로를 발견하게 되었다. 신문을 돌려 읽고 샌드위치를 나눠 먹고 우산을 같이 쓰면서 그들의 눈에서 비늘이 벗겨지기 시작했다. 남아공 사람들이 같은 나라 남아공 사람들을 발견한 것이다. 그들은 우리가 그토록 애써 설명했던 사실, 즉 우리 모두는 똑같은 인간이며 인종, 종족, 피부색의 차이는 정말 아무 의미도 없다는 사실을 깨달았다. 그들의 눈에 들어온 것은 컬러드

(대개 흑백 혼혈), 흑인, 인도인, 백인이 아니었다. 동료 인간이었다. 흑인, 컬러드, 인도인이 한 인간이라는 사실은 참으로 심오한 과학적 발견이다. 그들도 백인과 동일한 관심사와 불안과 기대를 가진 존재인 것이다. 그들도 괜찮은 집, 좋은 일자리, 가족들을 위한 안전한 환경, 자녀들을 위한 좋은 학교를 원한다. 그들 중 백인들을 바다로 내쫓고 싶어 하는 사람은 거의 없다. 그저 해 아래 자신들의 자리를 원할 뿐이다.

다른 나라에서는 선거가 세속적이고 정치적인 사건이다. 그러나 남아공의 선거는 그보다 훨씬 더 많은 의미를 지닌다. 그것은 진정한 영적 체험이며 최고의 경험이다. 투표 부스에 들어간 흑인은 변화된 새사람이 되어 나왔다. 쓰레기 취급을 받던 기억이 황산처럼 존재의 본질을 갉아먹는 바람에 괴로움과 억압에 눌린 채로 투표 부스에 들어갔던 사람이 '자유로운' 새사람이 되어 고개를 높이 쳐들고 어깨를 쭉 편 채 힘찬 발걸음으로 걸어 나왔다. 생전 처음 맛보는 달콤한 음료수 같은 자유의 감미로움을 어떻게 설명할까? 태어날 때부터 자유로웠던 사람에게 그것을 어떻게 설명할 수 있을까? 나는 그 느낌을 설명할 도리가 없다. 나면서부터 앞을 못 보는 사람에게 빨간색을 설명할 수 없는 것처럼 말이다.

울고 싶기도 하고 웃고 싶기도 했다. 기뻐 춤을 추고 싶으면서도 너무 좋아서 사실이 아닐까 봐, 모든 것이 순식간에 사라져 버릴까 봐 두려웠다. 온몸이 공중에 붕 뜬 듯했다. 연합군이 유럽과 일본에 완승을 거두어 제2차 세계대전이 끝났을 때 사람들 기분이 이렇지 않았을까. 그때 사람들은 마을, 도시, 시골의 거리로 쏟아져 나와 처음 보는 이들과도 얼싸안고 입을 맞추곤 했다. 우리는 바로 그런 기분을 느꼈다.

백인들도 억압과 불의의 열매를 누렸다는 죄책감에 눌린 채 투표 부스로 들어갔다가 새사람이 되어 나왔다. 그도 이렇게 외쳤다.

"내 어깨를 짓누르던 짐이 벗겨졌습니다. 나는 자유로워졌고 변화되었고 새사람이 되었습니다."

그는 고개를 쳐들고 어깨를 쭉 편 채 당당하게 걸어갔다.

백인들은 자유란 참으로 떼려야 뗄 수 없는 것임을 느꼈다. 아파르트헤이트의 압제에 시달리던 어두운 시절, 우리는 흑인들이 자유를 얻기 전까지는 백인 남아공 사람들도 진정한 자유를 누릴 수 없다고 계속 말했다. 많은 사람들은 내가 했던 많은 말들과 마찬가지로 그것도 무책임한 구호일 뿐이라고 생각했지만, 오늘날 그 말을 현실로 체험하고 있다. 나는 시드니 포이티어가 출연한 흥미진진한 고전 영화 〈흑과 백〉(The Defiant Ones)을 인용하곤 했다.

두 죄수가 탈옥한다. 백인과 흑인이 한 사슬에 매여 있다. 그들은 경사면이 미끄러운 도랑에 빠진다. 한 죄수가 열심히 기어올라 도랑을 거의 빠져나갈 듯했지만 실패하고 만다. 그와 함께 묶여 있는 다른 죄수가 도랑 바닥에 남아 있었기 때문이다. 그들이 빠져나갈 길은 조금씩 함께 올라가다가 차례차례 도랑을 벗어나는 것뿐이다.

우리 남아공 사람들 전체가 살아남아 번영할 길 역시 같은 환경과 역사로 묶여 있는 흑인과 백인이 힘을 모아 인종차별주의라는 늪에서 빠져나가기 위해 함께 노력하는 것뿐이다. 흑인과 백인이 같이 올라가고 같이 나가야 한다. 어느 쪽도 혼자만으로는 그 일을 해낼 수 없다. 하나님은 우리를 한데 묶으셨고 한 사슬에 매어 놓으셨다.

　"형제[와 자매]로 같이 사는 법을 배우지 못하면 우리는 바보로 같이 죽을 것이다."

　마틴 루터 킹 2세의 이 말은 우리에게도 해당한다.

　최초의 민주적 총선이라는 획기적인 사건을 통해 우리는 이 말의 의미를 실감했다. 한참 지난 뒤 남아공 사람들은 우리 땅에 찾아온 민주주의와 자유가 그동안 굳게 닫혀 있던 문들을 열어 주었음을 알게 된다. 우리를 천민국가 취급하던 국제사회가 두 팔을 활짝 벌려 우리를 환대했다. 남아공은 런던의 웨스트민스터 대성당에서 열린 감동적인 의식과 예배를 거쳐 영연방으로 다시 받아들여졌다. 새로운 남아공 국기가 예배당 안으로 운반되어 다른 영연방 국가들의 국기 사이에 자리 잡았다. 대체로 남아공의 참여를 거부했던 스포츠계는 환영의 붉은 융단을 깔아 주었다. 남아공 사람들은 새로운 경험에 적응해야 했다.

　이 나라는 가장 인기 있는 나라가 되었다. 이전에 남아공 사람들은 해외여행 할 때 퇴짜를 맞을까 봐 국적을 숨겨야 했지만, 이제는 국기를 옷깃에 달거나 잘 보이도록 여행 가방에 꽂고 당당하게 활보한다. 억압과 불의에서 민주주의와 자유로 놀랍도록 평화롭게 옮겨 감으로써 온갖 파멸의 예언을 빗나가게 만든 나라, 남아공에서 왔음을 과시하는 것이다.

넬슨 만델라가 남아공 최초의 민주 선거로 선출된 대통령으로 취임하던 1994년 5월 10일, 아마 세계가 멈추었을 것이다. 거의 모든 국가원수와 여러 지도자가 프리토리아로 모여들었기 때문이다. 이름 있는 사람은 그곳에 다 모였다. 역사적인 취임식 당일 남아공 공군 제트기들이 하늘을 가르면서 신임 대통령에게 경의를 표하고 새로운 국기 색깔의 연기를 만들어 내던 모습은 정말 잊지 못할 장면이었다. 내 뺨 위로 눈물이 흘러내렸다. 마치 한 입에서 나온 듯, 귀청 떨어지는 함성이 그 자리에 모인 남아공 사람들에게서 터져 나왔다. 누구보다도 큰 함성을 지른 이들은 남아공 흑인들이었을 것이다. 그토록 오랫동안 우리를 겨누던 무기들이 더 이상 **그들의 것**이 아니라 **우리 모두의 것**이라는 깨달음이 모두에게 동시에 찾아온 듯했다. 이제 이곳은 더없이 분명하게 우리의 나라가 되었다.

넬슨 만델라와 그의 큰딸을 태운 차가 취임식장에 도착했을 때, 보안부대, 경찰, 교정(矯正) 기관의 수장들이 성큼성큼 걸어가 경례하고 국가원수인 그를 안내하는 장면도 통쾌한 순간이었다. 그 장면이 왜 그렇게 통쾌했을까? 불과 몇 년 전만 해도 만델라는 그들의 죄수였으며 테러범 취급을 받았기 때문이다. 참으로 놀라운 변화요, 특별한 대반전이었다. 그는 자신을 감시했던 백인 교도관을 취임식의 귀

빈으로 초청했다. 기막힌 아량과 용서의 정신을 보여 준 이 조처를 시작으로 이후 넬슨 만델라는 수많은 화해의 제스처를 놀라운 방식으로 보여 주게 된다.

그는 동포들에게 화해를 위해 일하자고 촉구하면서, 그 자신이 먼저 화해의 사도가 된다. 남아공의 과거를 다루기 위해 그가 만들게 되는 진실화해위원회에서 화해는 중요한 축을 이루게 된다. 위험한 도망자로 비방받고 쫓겨 다니다 30년 가까이 감옥생활을 한 그가 용서와 화해의 화신으로 변모한 것이다. 그를 미워한 사람들까지도 대부분 그를 존경하고 따르게 된다. 대통령이 된 죄수는 시간이 지나면서 전 세계의 존경을 받고 쏟아지는 찬사와 숭배의 대상으로 세계에서 가장 존경받는 국가원수가 된다. 남아공은 1994년 4월 넬슨 만델라가 대통령이 된 이후 전례 없이 많은 각국 수뇌들의 공식 방문을 받게 된다. 거의 모든 국가 원수가 우리 대통령과 사진을 찍고 싶어 했다.

하지만 우리는 이 모든 것이 눈앞에서 갑자기 날아가 버리지는 않을까 계속 염려했다. 이 나라 어디선가 어떤 미치광이들이 날뛰어 협상으로 이뤄 낸 이 안정을 뒤엎어 버릴까 봐 무서웠다. 다행히 그런 일은 벌어지지 않았다. 많은 일들이 잘못되기는 했다. 어떤 곳에서는 전체 과정을 방해하려는 의도가 뻔히 보이는 불상사들이 벌어졌지만, 남아프리카공화국은 그런 일쯤은 잘 대처할 수 있었다.

세상 사람들은 진정한 기적이 바로 눈앞에서 펼쳐지는 것을 보았다. 모두들 믿기지 않는 일을 목격했다. 수많은 사람들이 우려하고 예측했던 끔찍한 대학살은 일어나지 않았고, 흑백이 함께 비교적 평화롭게 체제 이행과 권력 이양을 이루어 냈다.

참으로 놀랍게도, 4월 27일 이 특별한 날은 다들 우려하거나 예견했던 불미스러운 일이 거의 없이 끝났다. 선거 과정은 자유롭고 공정했다는 평가를 받았다. 하나님을 찬양하라! 우리는 미칠 듯이 기뻤다. 마침내 해낸 것이다. 우리가 이룬 업적에 우리 자신도 놀랐다. 새로운 남아공에서 민주적으로 선출된 최초의 의회가 넬슨 만델라를 정식으로 대통령으로 선출했다. 이후 우리는 대규모 행진이 벌어지는 케이프타운 시청 광장으로 갔는데, 그곳에는 사람들의 물결이 바다를 이루고 있었다. 넬슨 만델라가 출옥했을 때 모인 인파에 맞먹는 규모였다.

나는 조바심을 내며 기다리는 군중들과 전 세계 사람들에게 신임 대통령과 타보 음베키 부통령, F. W. 데 클레르크 부통령을 소개하는 영광을 누렸다. 내가 만델라를 연단으로 이끌어 국민들과 전 세계 앞에 소개했을 때 지붕이 무너질 듯한 함성이 터져 나왔다.

우리는 불의와 압제 그리고 악에 맞서 놀라운 승리를 거두었다. 그렇다, 그건 확실했다. 국제사회에 "여러분의 도움과 기도와 헌신이 없었다면 이런 놀라운 승리는 절대 불가능했을 것입니다"라고 말할 수 있어서 얼마나 좋은지 모른다. 수백만 명의 동포를 대신하여 "감사합니다, 감사합니다, 감사합니다. 우리의 승리는 진정한 의미에서 여러분의 승리입니다. 감사합니다"라고 말할 수 있는 것은 정말 큰 특권이었다. 나는 영국 케임브리지 대학에서 강연을 하면서 이제 남아공 제품들을 불매하던 시절은 끝났다고 말했다. 강연이 끝난 뒤 한 중년 부인이 다가와 이렇게 말했다.

"대주교님, 주교님 말씀 잘 들었고 머리로는 그 말씀에 동의합니다. 하지만 저는 어릴 때부터 남아공 물품은 사지 말라고 부모님께 배웠고 우리 아이들에게도 남아공 물건을 사지 말라고 가르쳤습니다. 그래서 지금도 남아공 물건을 사면 마음이 불편합니다. 그것이 잘못된 일이라고 온몸이 거부반응을 보이거든요."

반(反)아파르트헤이트라는 대의명분만큼 강한 열정과 헌신을 이끌어 낸 명분은 없을 것이며, 우리 조국만큼 그토록 오랫동안, 그토록 수많은 사람들의, 그토록 열렬한 기도를 받은 나라도 없을 것이다. 어딘가에서 기적이 일어나야 한다면, 남아공이야말로 첫 번째 후보지로 손색이 없을 것이다.

대주교가 되면서 나는 재임 기간 동안 달성할 세 가지 목표를 세웠다. 두 가지는 성공회 내부의 운영과 관련된 것으로, 첫째는 여성 성직자의 서품이었다. 성공회는 1992년에 여성 성직자 서품을 승인했고, 이 때문에 이후 성공회는 놀라울 만큼 풍성해졌으며 많은 복을 누렸다. 둘째 목표는 규모가 점점 더 커져만 가는 케이프타운 교구를 더 작은 교무구 사목 단위로 나누는 것이었다. 이 부분에서는 교회의 지지를 받지 못했다. 셋째 목표는 흑백을 포괄한 우리 국민

전체의 해방이었고, 우리는 그 목표를 1994년에 달성했다.

그래서 아내 리어와 나는 1996년에 있을 은퇴를 즐거운 마음으로 기다릴 수 있었다. 우리는 언제고 이루어지길 바랄 뿐이던 꿈같은 일이 생전에 벌어지는 것을 목격했다. 그것은 참으로 놀라운 축복이었다. 우리는 조국의 땅과 국민이 인종차별의 족쇄에서 해방되는 광경을 목도했다.

나는 1975년에 요하네스버그 주교가 된 뒤부터 정부를 상대로 한 투쟁에 공개적으로 참여해 왔다. 1976년에는 당시 총리 B. J. 포르스터에게 서한을 보내 흑인 사회의 쌓여만 가는 분노를 경고하기도 했다. 그는 내 편지를 무시해 버렸다. 그 뒤로 몇 주 후 소웨토 사태가 터졌고, 남아공은 더 이상 이전 상태로 돌아갈 수 없게 되었다. 나는 20년 동안 공적 영역에 있었고 이제 정치가 정상화됨에 따라 무대의 중심에서 물러날 시기가 되었다고 판단했다.

우리 부부는 은퇴하여 편안한 노년을 보낼 기대에 부풀어 있었다. 성공회의 주교회의나 대통령이나 진실화해위원회는 전혀 고려 대상이 아니었다. 하지만 그들의 의기투합으로, 우리 부부가 구상한 완벽한 은퇴 계획은 수포로 돌아가고 말았다.

2

용서를 향한 제3의 길

　1994년 4월 27일, 새 시대의 시작을 알린 획기적인 이 날, 새로운 남아공, 선거 구호처럼 인종차별과 성 차별 없는 민주적인 남아공이 시작되었다. 치욕스러운 옛 아파르트헤이트의 억압과 불의를 대신한 민주주의, **그것은** 전혀 새로운 현상이었다. 한때 이 사악한 체제를 지지했다는 사실을 인정하는 사람은 이제 찾아보기 힘들게 되었다. 4월 27일 새로운 세상이 열린 것이다.

　사고 현장으로 급히 달려온 구급차가 다른 인종 집단 전용이라서 심하게 부상당한 사람이 길가에 그대로 방치되는 일은 더 이상 없을 것이다. 사람들이 원래 살던 집에서 쫓겨나 가난에 찌든 반투 홈랜드[1]로 쓰레기처럼 버려지는 일도 두 번 다시 없을 것이다. 300만 명이 넘는 동포 남아공 국민들이 이런 일들을 겪었다. 그들은 오믈렛처럼 온갖 인종이 뒤섞여 있는 남아공의 현실을 무시한 채 인종별로 분리해 내려는 불가능한 일을 시도한 냉혹한 사회공학의 피해자였다. 인종에 집착하는 아파르트헤이트 이론가들은 이 현실을 도저히 받아들일 수 없었다. 인종분류위원회가 마치 가축을 분류하듯 남아공 거주민들을 인종별로 나누기 위해 도입한 조악한 방법들 때문에 하나님의 자녀들이 모욕당하는 일은 이제 두 번 다시 없을 것이다. 가족 중 한 사람의 피부색이 좀 더 검다는 이유만으로 그를 다른 인종으로 분류하여 사회적 지위가 낮고 저급한 인종 집단으로 보내는 경우도 종종 있었다. 사람들은 제멋대로인 데다가 기괴하기까지 한 이런 식의 분류를 받아들이지 못하고 자살을 택하기도 했다. 하지만 이제 흑인 어린이들을 지위가 높고 힘 있는 백인 상사들과 귀부인들의 노예 신세로 영원히 매어 두기 위해 고안한 거짓 교육을 두 번 다시는 받지 않을 것이다. 이런 교육제도의 창시자이자 인종차별 정책의 대제사장이며 수상의 자리에도 올랐던 헨드릭 페르부르트 박사는 부끄러운 줄도 모르고 단호한 태도로 이렇게 말했었다.

> 학교는 반투족이 경제생활에서 맡게 될 역할을 감당할 수 있도록 준비시켜야 한다. … 반투족 아이가 실제로 쓸 일도 없는 수학을 배워 봐야 무슨 소용이 있는가? … 교육은 사람들이 인생에서 만날 기회에 걸맞게 이루어져야 한다.[2]

내가 되풀이하는 '두 번 다시'는 새로운 남아프리카공

화국의 다짐이다. 수많은 사람들의 삶을 지상 지옥으로 바꿔 버리는 법률이 합법적인 절차에 따라 착착 통과되는 일은 '두 번 다시' 없을 것이다. 새로운 남아공에서는 국회의 권위가 최고가 아니기 때문이다. 새로운 남아공에서는 인권 보장에 중심을 둔, 전 세계에서 가장 진보적인 헌법이라는 평을 받는 우리의 새 헌법이 최고의 권위를 갖는다. 이제는 일부 사람들의 생각이 입법부를 장악한다 해도 법률이 통과될 수 없다. 모든 법률은 최고재판소의 검열을 통과해야 한다. 헌법재판소는 출범한 지 얼마 되지 않았으나 이미 헌법의 정신과 조문에 위배되는 모든 법안을 파기할 것임을 보여 주었다. 헌법은 그냥 종잇조각이 아니다. 모든 남아공 사람들이 그들이 선출한 대표자들을 통해 합의한 엄숙한 언약이다.

새로운 통치체제와 함께 많은 것이 따라왔지만 과거의 여러 측면이 여전히 남아서 밝고 새로운 날 어둡고 우울한 장막을 드리우고 있다. 아파르트헤이트가 남긴 몹쓸 유산은 앞으로도 꽤 긴 시간 동안 우리 곁을 떠나지 않을 것이다. 새로운 통치체제를 만드는 사람들이 "이얍!" 주문과 함께 휘둘러서 모든 것을 젖과 꿀이 흐르는 약속의 땅으로 하룻밤 새 바꿔 놓을 마법의 지팡이는 없다. 반세기라는 긴 세월 동안 굳게 자리 잡아 가차 없이, 효율적으로 추진되던 인종차별 정책은 그렇게 사라지기에는 너무 강했다. 아파르트헤이트의 파괴적인 영향력이 사라지기까지는 오랜 시간이 걸릴 것이다.

다섯 명의 원로 판사들은 진실화해위원회에 제출한 소견서에서 인종차별 정책은 "그 자체로 보나 그것이 집행된 방식으로 보나 … 심각한 인권 침해"라고 말했다. 아파르트헤이트의 본질이 온갖 인권에 대한 체계적이고 지독한 침해라는 것이다. 하지만 그것이 전부가 아니다. 많은 남아공 사람들은 과거에 자행된 그 끔찍한 일들을 잊지 못한다. 1960년 3월 21일에 벌어진 샤프빌 대학살이 그중 하나다. 당시 통행법(pass law)에 항의하는 평화 시위에 참가한 시위 군중에게 경찰이 겁을 집어먹고 발포하는 바람에 69명이 목숨을 잃었다. 희생자들 대부분은 달아나다 등에 총을 맞은 사람들이었다.

사람들은 1976년 6월 16일의 소웨토 사태도 기억한다. 당시 비무장한 학생들이 학교에서 아프리칸스어(남아공 백인 인구 중 60퍼센트를 차지하며 남아공의 지배층을 이루는 네덜란드계 백인인 아프리카너의 언어.—옮긴이)를 가르치는 데 반대하여 시위를 벌이다 총을 맞고 살해되었다. 흑인 학생들에게 아프리칸스어는, 주로 아프리칸스어 사용자들로 구성된 국민당이 1948년부터 남아공에 강요한 아파르트헤이트 정책의 상징이었다.

많은 사람들이 경찰에 구금되어 있다가 원인 불명의 죽임을 당했다. 백인들은 대체로 당국의 발표 내용을 그대로 믿었겠지만 대부분의 흑인들은 절대 믿지 않았다. 당국은 그들이 허리띠로 목을 매어 자살을 했고, 샤워를 하다가 비누를 밟아 미끄러져 사망했으며, 구금 중이거나 심문을 받던 중 건물 창밖으로 불쑥 뛰어내렸다고 말했다. 그런가 하면 자해로 죽었다는 이들도 있었다. 그중 한 명이 스티브 비코였다. 그는 '흑인의식화운동'을 창설한 젊은 학생이었다. 경찰은 그가 1977년 9월에 심문자들과 터무니없는 언쟁을 벌이다 갑자기 벽에 머리를 들이박았다고 했다. 당시 경찰청장은 스티브가 죽었다는 보고를 받고도 그의 사망 따위는 "아무 흥미도 없다"는 잊을 수 없는 냉담한 말을 내뱉었다. 경찰은 벌거벗은 스티브를 트럭에 태우고 프리토리아까지 1,500킬로미터를 달렸다. 그들은 그곳에서 치료를 받게 할 참이었다고 했지만 스티브는 도착하자마자 죽고 말았다. 왜 그를 구금했던 포트엘리자베스에서 응급치료를 하지 않았는지, 굳이 프리토리아까지 데려가야 했다면—혼수상태였다고 해도—왜 벌거벗긴 채 이송하는 모욕을 줬는지 누구도 설명하지 않았다.

1985년에는 콰줄루-나탈 주(州)의 아만짐토티에서 폭탄테러가 일어났다. 당시 쇼핑센터 바깥의 쓰레기통에 설치된 흡착폭탄이 터지면서 성탄절 휴가를 앞두고 막바지 쇼핑을 하던 사람들 다섯 명이 죽고 60명이 넘게 부상을 당했다.

1986년 6월, 마구스 바(Bar)에서 벌어진 폭탄테러도 빼놓을 수 없다. 인접국가 보츠와나에 기지를 둔 아프리카 민족회의의 무장세력 움콘토위시즈웨[3]의 어느 지휘관의 명령에 따라 로버트 맥브라이드와 공범 두 명이 설치한 차량폭탄이 터져 세 명이 죽고 69명이 부상을 당했다.

사람들은 이른바 '목걸이'로 무시무시하게 살해하는 모습에 극도의 혐오감을 느꼈다. 희생자의 목에 타이어를 끼우고 석유를 가득 부은 뒤 불을 지르는 처형 방식이었다. 이 끔찍한 방식은 아프리카 민족회의를 지지하는 타운십 '동지들'이 특히 정부와 내통한다고 의심받은 '밀고자들'에게 사용했다. 그뿐만 아니라 아프리카 민족회의가 금지된 시기에 그 지지자들이 주로 참여한 연합민주전선(United Democratic Front, UDF)과 스티브 비코 및 그의 동료들이 발전시킨 흑인의식화운동의 원리를 지지하는 아자니아 민중기구(Azania People's Organization, Azapo) 같은 해방운동조직들이 세력 다툼을 벌이며 서로를 죽일 때도 사용되었다. 그들은—심지어 아이들까지도—고통스럽게 불에 타 죽어 가는 사람 옆에서 춤을 추었다. 참으로 소름끼치는 일이었다. 아파르트헤이트는 피해자들과 집행자들 모두를 비인간화하는 데 더없는 성공을 거두었다. 사람들은 이 모든 일이 분명한 우리 과거의 일부, 우리 역사의 일부임을 알고 있다.

　　1983년 5월, 프리토리아의 처치스트리트에서는 끔찍한 대학살이 벌어졌다. 당시 남아공 공군 행정본부 건물 바깥에서 대형폭탄이 터져 스물한 명이 죽었고 200명이 넘는 사람들이 부상을 당했다. 아프리카 민족회의는 자신들의 소행이라고 주장했다.

　　최근 일어난 사건으로는 1993년 7월 케이프타운의 세인트제임스 교회에서 벌어진 대학살이 있다. 1959년 아프리카 민족회의에서 분리해 나간 해방운동 조직 범아프리카회의 소속 무장단체 조직원 두 명이 주일 예배 시간에 교회로 뛰어들어 가 기관총을 난사하여 예배에 참석한 열한 명을 죽이고 56명에게 부상을 입혔다. 그들에게 더 이상 신성불가침 영역은 없는 듯했다.

이런 만행들은 우리 역사에 지울 수 없는 흔적을 남겼고, 우리는 이 과거를 심각하게 고려해야 한다는 데 모두 동의했다. 우리는 이런 일들이 벌어진 적이 없는 척 가장할 수 없었다. 이 일들은 수많은 지역사회의 기억 속에 너무도 생생하게 살아 있다.

우리가 새로운 체제로 넘어가려면 과거를 효과적으로 처리해야 한다는 데 대해서는 거의 논란이 없었다. 논쟁의 쟁점은 너무나 생생한 우리의 과거를 처리해야 할지 말지가 아니라 **어떻게** 처리할 것인지에 있었다.

여기서 몇몇 사람들은 뉘른베르크 재판의 패러다임을 따르고 싶어 했다. 심각한 인권 침해를 저지른 모든 사람을 재판에 회부하여 정상적인 사법절차에 따라 처벌받게 하자는 것이다. 하지만 이것은 실현 가능성이 전혀 없는 대안이라는 사실임이 곧 드러났다. 우리 남아공으로선 어쩌면 천만다행인지도 모른다. 제2차 세계대전에서 연합국은 나치와 그 동맹국들에게 완승을 거두었기에 '승자의 정의'를 부과할 수 있었다. 피고자들에겐 발언권이 전혀 없었고, 피고자들을 재판한 사람들 중에는 스탈린 치하에서 악독한 인권 침해를 저지른 러시아인들처럼 비슷한 악행을 범한 사람들도 있었다. 따라서 그 재판의 전 과정이 많은 독일인들을 분노로 끓어오르게 했다. 나는 50년 전 뉘른베르크 재판이 집행된 바로 그 공간에서 열린 BBC TV 패널토의에 참가하고 나서야 그런 사실을 알게 되었다. 독일인들이 재판을 받아들인 것은 완전히 바닥에 쓰러진 패자로서 승자들의 발길질을 피할 도리가 없었기 때문이다. 따라서 민주주의와 법치, 인권 존중의 사회로 나아가는 민감한 이행 과정을 놓고 협상을 벌인 모든 사람이 뉘른베르크 대안을 거절했다. 어느 쪽도 승자의 정의를 강요할 수 없는 상황이었다. 어느 한쪽이 결정적 승리를 거두지 못한 채 군사적인 교착 상태에 빠져 있었기 때문이다.

당시에는 사람들 대부분이 대학살과 엄청난 재난이 닥칠 거라는 흉흉한 예측을 해대고 있었다. 그런 위태로운 상황에서 아파르트헤이트 정권의 보안 세력이 협상을 통한 사태 해결을 지지하지 않았다면 남아공은 억압에서 벗어나 민주주의로 이행하는 '기적'을 이룰 수 없었을 것이다. 그런데 협상이 끝난 뒤 아파르트헤이트 정부의 보안 세력이 범죄자가 되어 법의 엄격한 처벌을 받아야 하는 상황이었다면 그들은 협상을 절대 지지하지 않았을 것이다. 그들은 여전히 화기(火器)를 장악하고 있었고 이행 과정 전체를 방해할 수 있는 힘이 있었다.

평화로운 체제 이행의 수혜자들, 상당히 민주적인 통치체제를 누리게 된 일부 남아공 사람들과 국제사회의 일각에서는 모든 범죄자를 재판에 회부했어야 한다고 불평한다. 한마디로 배부른 소리다. 불행히도 우리의 기억력이 상당히 좋지 않기 때문에 나오는 얘기일 뿐이다. 우리가 1994년까지 최악의 재난을 우려하면서 너무나 노심초사했지만 그 모든 위험을 면할 수 있었던 것이 순전히 하나님의 은혜였다는 사실을 잊어버린 것이다. 체제 이행 과정 전체가 얼마나 위태롭고 가망 없어 보이는 일이었는지, 전 세계 사람들이 이 나라의 변화를 진정한 기적이라 부르며 지금도 감탄하는 이유가 무엇인지 너무나 빨리 잊어버린 것이다. 이 기적은 협상을 통한 합의의 결과였다. 협상 참가자들 한쪽이 모든 범죄자를 고발해야 한다고 주장했다면 협상을 통한 합의도, 민주적인 새 남아공도 없었을 것이다. 연합국 사람들이야 뉘른베르크 재판이 끝난 후 짐을 싸서 집으로 돌아가면 그만이었지만, 우리 남아공 사람들은 함께 살아야 했다.

그렇기 때문에 우리의 헌법재판소장 이스마일 마호메드 판사는 헌법재판소 부소장 시절, 우리 법의 사면 규정에 위헌성이 있다는 주장에 맞서 마빈 프랭클 판사의 책《어둠의 장막을 뚫고: 국제 인권을 위한 투쟁》(*Out of the Shadows of Night: The Struggle for International Human Rights*)의 글을 인용한 뒤 남아공의 상황에 대해 이렇게 말했다.

"인권 범죄자를 처벌하라는 요구는 간단히 해결할 수 없는 복잡하고 골치 아픈 문제들을 양산할 수 있다. 뉘른베르크 재판을 둘러싼 논쟁은 아직도 진행 중이지만, 패전국 전범들에 대한 재판이라는 복잡한 사건도 한 나라가 자국 내의 범죄자들을 처벌하려 할 때 발생하는 민감하고 어려운 문제들에 비하면 아무것도 아니다. 이 문제들은 나라를 분열시킬 수 있기 때문이다.

압제 정권하에서 분열된 나라는 압제의 시기가 지나갔다고 하여 하루아침에 갑자기 단결된 모습을 갖추는 게 아니다. 인권 범죄자들은 나머지 사람들과 함께 살아가는 동료 시민이며 매우 힘이 강하고 때로 위험할 수도 있다. 더구나 군대와 경찰이 테러 대행 기관이었다면, 하룻밤 새 그들이 인권 존중의 전형으로 바뀌길 기대할 수는 없을 것이다. 그들의 수적 우위와 살인무기를 다루는 능숙한 솜씨는 엄연한 삶의 현실이다. …군인들과 경찰은 권력을 되찾을 음모를 꾸미며 때를 기다리고 있을 수도 있다. 어쩌면 대중 속에 숨어 동조자들을 관리하거나 모으고 있을지도 모른다. 그들이 너무 가혹한 대접을 받거나 처벌의 그물이 너무 넓게 쳐진다면 오히려 반발이 일어나 그들에게 유리한 상황이 전개될 수도 있다. 그러나 피해자들이 그들을 그냥 용서하고 잊을 수는 없을 것이다.

이런 문제들은 추상적이고 일반적인 논의가 아니다. 10여 개 이상의 나라에서 엄연히 존재하는 현실이다. 우리의 바람대로 더 많은 나라들이 압제 정권에서 벗어난다면, 앞으로 이와 비슷한 문제들이 계속 생겨날 것이다. 나라마다 상황이 다르기에 문제의 성격도 달라진다."[4]

협상을 통한 성공적인 체제 이행을 위해서는 학대 피해

자들뿐 아니라 "자유와 평등에 기반을 둔 민주사회"[5]로의 이행에 위협을 느끼는 사람들도 이행 조건에 동의해야 했다. 헌법이 지속적인 보복과 복수의 여지를 남겨 두었다면, 그 시행에 위협을 느끼는 이들의 동의는 결코 얻어 낼 수 없었을 것이다….

뉘른베르크 재판 방식이 협상 참가자들의 지지를 거의 받지 못한 중요하고 실질적인 이유는 또 있다. 만일 여건이 되어 그 방식을 선택했다면, 이미 상당한 무리를 감수하고 있던 사법 체계가 도저히 감당할 수 없는 추가 부담을 지게 되었을 것이다. 우리는 비슷한 성격의 사건들을 몇 가지 경험했다. 1995년과 1996년에 정부는 경찰암살대의 총책임자로 있던 유진 데 코크 대령을, 1996년에는 전 국방장관 마그누스 말란 장군 및 많은 장군들과 장교들을 기소함으로써 두 차례의 주요 재판을 진행했다. 데 코크를 기소하는 데 사법부와 안전보안부(경찰) 직원들이 떼 지어 달려들어 18개월이 걸렸다. 그가 전직 국가공무원인 탓에 법률 비용은 모두 국가에서 부담해야 했는데, 그 비용이 500만 란드(미화 100만 달러가량)에 이르렀다. 이것은 검찰 당국과 관료들이 쓴 비용이나 값비싼 증인보호 프로그램 운영비는 포함되지 않은 액수다. 말란 장군과 그 부하 장교들이 피소된 사건의 경우, 검찰이 담당 인원을 줄이지 못하여 비용이 천문학적인 수치에 이르렀다. 이번에는 정부가 부담해야 했던 변호 비용만 거의 1,200만 란드(미화 200만 달러)에 달했다.

남아공은 현금이 부족하고, 교육, 보건, 주택 및 그 밖의 분야들에서 긴급한 우선순위가 산적한 나라이기에 정부가 감당할 수 있는 일과 없는 일이 무엇인지 어렵지만 결정을 내려야 했다.

사건의 성격상 많은 사람들에게 괴로움을 안겨 줄 것이 분명하고, 자칫하면 취약한 평화와 안정을 파괴할 수도 있는 내용들을 꼬치꼬치 캐내기 위해 날이면 날마다 돌아다닐 여유도 없었다. 50년이 지난 지금까지도 나치 전범들을 뒤쫓고 있는 추격자들의 집요함을 어찌 따라갈 수 있겠는가? 우리는 정의, 책임, 안정, 평화, 그리고 화해의 요구 사항들 사이에서 조화를 이루어야 했다. 정의, 보복의 정의를 추구할 수도 있겠지만 그러면 남아공은 잿더미 속에 주저앉고 말 것이었다. 그것은 상처뿐인 승리, 그야말로 '피루스 왕의 승리'(고대 에피루스의 왕 피루스는 기원전 279년, 로마군과의 전투에서 이겼으나 대부분의 병력을 잃었다.—옮긴이)가 될 것이다. 우리나라는 한정된 재원을 어디에 써야 가장 유익할지 주의 깊게 결정해야 했다.

뉘른베르크 대안이 가능하지 않은 또 다른 중요한 이유가 있다. 형사법정에서는 사건에 제시되는 증거가 더없이 엄격한 기준을 통과해야 하고, 의심의 여지가 없을 만큼 기소 내용이 분명하게 입증되어야 한다. 진실화해위원회에 상정된 상당수의 사건들의 경우, 유일한 생존 증인이 범죄자들 자신이며, 그들은 증거를 인멸하고 극악한 행위를 은폐하기 위해 국가의 상당한 재원을 이미 사용한 터였다. 이것으로 위원회가 법정보다 진실에 이르는 더 나은 길임이 입증되었다. 사면 신청자들은 자신의 범죄 사실을 완전히 밝혀야 사면 조건을 충족시키게 된다. 따라서 범죄자들은 사실을 있는 대로 밝히려 했고, 이 점에서 위원회의 진행 과정은 통상적인 재판 과정과는 정반대로 이루어졌다.

진실화해위원회 조사와 활동 과정에서 우리는 아파르트헤이트 지지자들이 언제라도 거짓말을 할 준비가 되어 있음을 알게 되었다. 참으로 속이 쓰렸다. 장관과 경찰국장은 물론 하급직 공무원들도 마찬가지였다. 그들은 자신들이 내뱉는 말이 허공으로 사라져 버리기라도 할 것처럼 뻔뻔스럽고 자신만만하게 거짓말을 했다. 법정에서는 당황한 피해자 한 사람이 여러 명의 범죄자들과 그들에게 유리하게 증언하는 다른 경찰 관리, 장교들과 맞서는 상황이 벌어졌다. 그랬던 그들이 사면을 신청하는 자리에 서서 비로소 그때 법정에서 위증을 했음을 인정했다. 당시 사건을 맡았던 판사나 치안판사가 비열한 짓은커녕 사소한 거짓말조차 안 할 것 같은 백인 경찰관 무리의 일관된 증언을 무시하고 한 사람뿐인 흑인 증인의 손을 들어 주려면 대단한 용기가 필요했을 것이다.

사법 체계가 흑인들의 원성을 산 것은 당연한 일이었다. 판사들과 치안판사들이 경찰과 공모하여 오심을 내리는 것은 당연한 일로 여겨졌다. 최근까지만 해도 치안판사와 판사들은 모두 백인이었다. 그들은 다른 백인들과 똑같은 불안과 편견이 있었고, 불의한 아파르트헤이트가 아낌

없이 제공하는 특권들을 마음껏 누렸다. 따라서 그들 역시 현상유지에 반대하는 모든 주장을 공산주의자들의 음모라고 믿었고, 정치 참여의 기회가 법적으로 봉쇄된 흑인들을 적대시하는 행정부와 사법부를 대체로 지지했다. 과거 체제에서 일하던 많은 판사들은 한마디로 정치 판사들이었기에 사법부가 불의한 체제와 기꺼이 결탁한다는 오명을 씻기 위해 어떤 조치도 취하지 않았다. 물론 일부 예외가 있었지만, 재판은 대체로 흑인 소송인이나 피고, 고소인에게 상당히 불리하게 진행되었다. 우리 흑인들이 어두웠던 지난 세월 동안 너무나 평판이 나빠진 경찰과 사법부를 신뢰하려면 시간이 좀 걸릴 것이다.

모하메드 판사의 유창한 판결문을 다시 인용하는 것보다 내 생각을 더 잘 표현할 길은 없을 것이다.

건전한 정신의 소유자라면 누구나, 악행을 저지른 자들이 처벌 대신 완전히 사면을 받고 자유롭게 이 땅을 활보하게 해주기로 한 결정을 받아들이기가 참으로 거북할 것이다. 하지만 이런 노선을 택할 수밖에 없는 상황을 주의 깊게 헤아려 볼 필요가 있다. 대부분의 잔혹 행위들과 고문은 사람들을 제멋대로 억류하고 조사하도록 허용하는 법과 잔인하고 가혹하게 조사를 진행하는 관행이 있던 시절에 벌어졌다. 그러나 당시 그런 법과 관행은 좀처럼 공적 조사나 검증과 교정의 대상이 되기 힘들었다. 이 부끄러운 시기에 발생한 많은 일들이 비밀에 가려져 있고, 그것을 객관적으로 증명하거나 논증하기도 어렵다. 사람들이 사라졌다. 때로는 쥐도 새도 모르게 사라졌다. 그들 대부분은 더 이상 살아 있지 않기에 어떤 일이 있었는지 우리에게 말해 줄 수가 없다. 자유를 침해당하고, 존엄성을 짓밟히고, 얼토당토 않은 부당한 비난 때문에 명예를 잃은 사람들도 있다. 희생자 중엔 나쁜 사람들뿐 아니라 선량한 사람들도 있다. 비밀주의와 권위주의 때문에 진실이 역사의 어두운 틈 속에 묻혀 버렸다. 기록은 쉽게 구할 수 없고, 증인은 누군지 알 수 없거나 죽었거나 찾을 수 없거나 나서지 않는다. 제대로 남아 있는 거라곤 하나같이 본능적인 의심을 품고 있는 가족들의 상처 입은 기억에 담긴 진실뿐. 그것은 살아남은 이들에게 많은 아픔을 주지만 법정의 엄격한 기준을 통과할 만한 객관적이고 확인된 증거는 되지 못한다.

증거의 제약과 법적 한계로 인해 오래된 몇몇 범죄들에 대한 기소는 아무래도 어려웠다. 설령 재판이 가능하다 해도 채택할 만한 대안은 아니었다. 모하메드 판사는 판결문의 다른 구절에서 이 대안이 가져올 수 있는 결과를 이렇게 지적했다.

진실 고백의 대가로 범죄자를 사면하는 방안의 대안은 무엇인가? 제대로 고소할 만한 증거도 없이 특정인들을 기소할 수 있는 막연한 권리를 유지하는 것, 남은 가족들이 희생자에게 정확히 어떤 일이 벌어졌는지 알 수 있는 길을 계속 막아 놓는 것, 진실을 알고 싶은 그들의 갈망이 채워지지 않은 상태로 방치하는 것, 그들이 적개심과 슬픔에서 벗어날 길을 아예 없애 버리는 것이다. 그런 상태에서는 악행의 원흉들 또한 몸은 자유로울지 몰라도 혼란스러운 두려움과 죄책감, 불확실성, 불안에서 헤어 나오지 못하게 된다. 따라서 새로운 질서에 온전히 참여하여 창의적으로 기여할 수 없게 된다.

진실화해위원회는 형사법정이 아니었으므로 피해자들의 증언을 듣고 사실관계를 확립할 때 개연성이 중요한 기준이 되었다. 위원회 활동의 근거가 된 법률은 위원들에게 피해자들의 인간적, 시민적 존엄성을 회복시키도록 촉구했다. 따라서 우리는 증언하러 온 모든 사람이 자기 말로 자기 이야기를 하도록 허용했다. 우리는 이 이야기들을 보강하기 위해 최선을 다하는 과정에서 헌법재판소 알비 삭스 판사의 지적이 옳다는 걸 알게 되었다. 진실에는 여러 종류가 있고 그것들이 반드시 서로를 배척하는 건 아니었던 것이다. 증빙 자료를 갖추어 검증 가능한 '법적 사실적 진실'이 있고, "사회적 진실, 상호작용, 토론과 논쟁을 통해 확립되는 체험의 진실"[6]이 있었다. 모하메드 판사가 "상처 입은 기억의 진실"이라 부른 '개인적 진실'은 치유하는 진실이었다. 그러나 법정이었다면 증언하러 온 사람들 중 상당수가 당혹감을 느끼고 이전보다 더 큰 충격을 받고 말았을 것이다. 그들은 교육받지 못했고 세련되지 못한 사람들이었기 때문이다. 하지만 많은 사람들이 위원회에서 이야기하고 난 뒤 상당한 치료 효과가 있었다고 입을 모았다. 우리는 '크래독 4인' 중 한 명의 형을 통해 이 사실을 알게 되었다. '크래독 4인'은 크래독의 집을 떠나 포트엘리자베스에서 열린 정치집회에 참석하러 갔다가 경찰에게 무참하게 살해당한 아프리카 민족회의 활동가들이다. 진실화해위원회의 첫 번째 청문회에서 친척 중 한 명의 증언이 끝난 뒤, 그는 내게 이렇게 말했다. (그때는 살인을 저지른 경찰들이 죄를 털어놓고 사면을 신청하기 전이었다.)

"대주교님, 이전에도 우리 이야기를 여러 차례 많은 사람들에게 했고 신문과 방송에도 했습니다. 하지만 얘기를 한 뒤 어깨에서 무거운 짐이 벗겨지는 느낌이 든 것은 이번이 처음입니다."

따라서 우리는 재판을 통한 과거사 정리라는 방안은 거절했다. 하지만 또 다른 극단이 여전히 남아 있었다.

다른 쪽 극단에는 재판을 반대하고 과거는 과거로 흘려보내자고 입심 좋게 말하는 사람들이 있었다. 이전 정부의 장관들과 보안부대에서 그들의 명령을 수행했던 사람들이 이런 주장을 열심히 내세웠다. 그들은 칠레의 예를 들며 일괄사면 또는 일반사면을 요구했다. 칠레의 아우구스토 피노체트 장군과 그의 동료들은 군사정권을 민간 정부에 이양하는 전제조건으로 스스로에게 사면을 베풀었다. 그들은 진실화해위원회의 설립 자체에는 동의했다. 하지만 위원회가 비공개로만 심의하게 했고, 위원회의 조사, 특히 책임을 묻기 위한 조사 대상에서 피노체트 장군과 그의 내각, 보안세력에 대한 기록은 제외했다. 그들의 처벌 면제를 둘러싸고 많은 논쟁이 있었는데, 피노체트 장군과 그의 부하들과 내각이 자기들만 아는 잘못을 스스로 용서한 것은 그들이 피고인으로 출두한 사건에서 검찰과 판사까지 맡은 꼴이라는 게 중요한 쟁점이 되었다.

범죄자에 대한 사면은 남아공의 경우처럼 책임소재를 밝힌다는 분명한 목적 없이는 허용될 수 없다. 따라서 나는 피노체트 장군에 대해 최근 행해진 범죄인 인도 절차를 적극 지지한다. 범죄자가 자신의 사면을 스스로 결정하고, 사면의 대상이 되는 죄목과 그 근거가 무엇인지 묻지도 못하게 한다는 건 도저히 참을 수 없는 일이다.

남아공 사건의 경우 일반사면은 없었다. 사면 신청자는 개별적으로 사면 신청을 한 다음, 엄중한 사면 조건을 만족시켰는지에 대해 독립 심사원단의 판단을 받아야 했다. 따라서 우리는 과거사 정리의 또 다른 극단적인 방법인 일괄사면도 거절한 것이다. 앞에서 그 이유를 여러 가지로 제시했지만, 무엇보다 우리는 일반사면이 사실상 망각과 같다는 느낌을 지울 수 없었다. "과거는 과거로 흘려보내자"라는 말 한마디로 과거를 정말 지나간 일로 만드는 재주를 가진 사람은 없다. 우리가 겪은 경험은 오히려 그 반대라고 말한다. 정말 제대로 처리하지 않으면, 과거는 그냥 사라져버리거나 얌전히 누워 있기는커녕 당혹스럽고 끈질기게 되돌아와 우리를 괴롭힌다. 우리가 그 야수의 눈을 똑바로 쳐다보지 않는 한, 그놈은 어김없이 되돌아와 우리를 볼모로 사로잡는다.

남아공의 영국인들과 아프리카너들이 이 문제의 완벽한 사례이다. 20세기 초 보어전쟁 기간에 영국인들은 보어인 여성들과 어린이들, 그리고 보어인 농장에서 일하던 흑인 노동자들까지 포함해 20만 명 이상을 강제수용소에 감금했다. 강제수용소는 이후 히틀러가 아리아인의 혈통적 순수성에 미친 듯이 집착하여 자행한 유대인 대학살의 대명사가 되어 그에 합당한 오명을 얻게 되지만, 당시만 해도 영국인들의 새로운 발명품이었다. 그곳에 수용된 이들 중 5만여 명이 비인간적인 환경에서 죽은 것으로 추산된다. 전쟁이 끝난 후 이 부분에 대해서는 어느 쪽도 거론하지 않았다. 시간이 지나자 당시의 상처가 아물고 영국인과 아프리카너는 행복하게 어울려 사는 듯했다. 하지만 슬프게도 그들의 우호관계는 상당히 불안정하고 어색하며 피상적인 수준에 불과했다. 1998년 나는 다보스에서 열리는 세계경제포럼에 참석하기 위해 차를 타고 취리히에서 출발했다. 젊은 아프리카너 한 사람이 동행했는데, 그는 강제수용소에서 당한 끔찍한 일들에 관한 할머니의 이야기를 생생하게 기억한다고 했다. 또, 할머니의 이야기가 떠오를 때마다 보어전쟁을 다시 벌일 각오가 솟구친다고 다소 흥분해서 말했다.

뉘른베르크 근처, 강제수용소가 있던 다카우에는 그곳에서 벌어진 일을 기념하기 위한 박물관이 서 있다. 가스실도 볼 수 있고 유대인들의 시신이 불태워진 가마도 볼 수 있다. 가스실은 보통 샤워실과 똑같아 전혀 해롭게 보이지 않지만 독가스를 실내로 집어넣는 구멍들을 보면 생각이 달라진다. 박물관 안에는 포로들이 관악대를 따라 한 수용자를 처형장으로 끌고 가는 모습을 담은 사진도 있다. 참으로 섬뜩한 장면이다. 독일인들은 너무나 꼼꼼하고 체계적이었다. 그들은 모든 것을 기록으로 남겼다. 심지어 인간이 어느 정도 깊은 곳에서, 어느 정도 높은 곳에서 견딜 수 있는지 알아보는 실험들도 했는데, 물론 실험 재료는 아리아인이 아니라 인간보다 못한 유대인 수감자들이었다. 끔찍한 괴물처럼 얼굴을 찌푸리고 있는 그들의 모습을 지금도 그곳의 사진들을 통해 볼 수 있다.

박물관 입구 위에는 "과거를 기억하지 못하는 사람은 과거를 반복하기 마련이다"라는 철학자 조지 산타야나의 글이 적혀 있는데, 한 번 보면 뇌리에서 떠나지 않는다. 남아공의 미래가 걸린 협상에 참여한 사람들은 그 사실을 알고 있었다. 과거를 인정하고 제대로 처리하지 않으면 유독한 질병처럼 우리에게 달라붙어 미래를 엉망으로 만들어 버릴 수 있었다.

국민적 망각을 받아들일 수 없는 또 다른 중요한 이유가 있다. 바로 아파르트헤이트의 피해자들을 두 번 죽이는 일이 될 것이기 때문이었다. 그것은 그들의 존재에서 중요한 부분을 이루는 사실을 부인하는 일이었다. 칠레의 극작가 에어리얼 도프만은 〈죽음과 소녀〉(*Death and the Maiden*)라는 희곡을 썼다. 여주인공의 남편은 칠레 진실위원회의 위원장으로 임명되었다. 그녀가 부엌에서 바쁘게 일하는데 차가 고장이 나서 발이 묶여 있던 어떤 사람이 남편의 도움을 받고 집으로 들어온다. 여주인공은 그의 모습을 보지 못하지만 그의 목소리를 듣고 옛날 그녀가 구금당했을 때 자신을 고문하고 성폭행한 남자임을 알게 된다. 그녀는 그 남자를 꼼짝도 못 하게 결박하여 완전히 마음대로 할 수 있게 된다. 하지만 그는 과거를 완강하게 부인하며 그럴듯한 알리바이를 자꾸 만들어 낸다. 그러자 총을 들이대며 그를 죽이려 한다. 그런데 남자가 마침내 자신이 범인임을 인정하자, 참으로 이상하게도 그를 풀어 준다. 그가 범죄 사실을 한사코 부정한 것은 그녀의 경험, 그녀의 기억과 긴밀하게 이어진 그녀 존재의 핵심, 인격과 정체성을 비웃는 일이었다. 그녀의 개성을 파괴하는 일이었다. 그녀의 기억이 참으로 그녀 자신이었기 때문이다. 알츠하이머병에 걸린 사람은 더 이상 우리가 알던 그 사람이 아닌 것이다.

우리는 아주 오랫동안 침묵을 강요당하며 이름 없는 존재가 되어 주변부로 밀려나야 했던 사람들의 존엄성과 개성을 회복시키고 인정해 주어야 했다. 이제 그들은 자신의 이야기를 할 수 있을 것이고, 기억할 것이고, 기억하는 과정에서 양도할 수 없는 인격을 가진 인간으로 인정받게 될 것이다.

우리나라의 협상 참가자들은 두 극단을 거절하고 '제3의 길'을 택했다. 뉘른베르크 재판과 일괄사면 또는 국민적 망각이라는 극단 사이의 타협이었다. 제3의 길은 사면 신청자가 사면을 요청하는 범죄와 관련된 사실을 모두 털어놓으면 그 대가로 사면을 베푸는 것이었다. 이미 감옥살이를 하고 있는 사람들의 경우, 진실을 대가로 자유를 얻을 수 있다는 것이 당근이라면, 앞으로 살아야 할 긴 형량은 채찍이었다. 아직 잡히지 않은 사람들에게는 체포되고 기소당해 투옥될 수도 있다는 사실이 채찍이었다.

남아공이 선택한 이 방식은 심각한 질문들을 야기했다. 앞으로 차차 다루겠지만, 범죄자 처벌을 면하게 해줄 수 있는가? 이것이 대표적인 질문이다. 정부가 진실화해위원회를 통해 추진하는 활동이 범죄를 저질러도 된다는 생각을 부추기지는 않을까? 범죄자들에게 사과를 받아 내고 범죄 사실이 공개되는 창피를 주는 것만으로 충분할까? 정의는 어떻게 되는 건가? 신청자가 사면을 받게 되면 민·형사상 책임이 모두 없어지게 되는데, 범죄자와 국가를 대상으로 손해배상금을 청구할 수 있는 희생자의 헌법적 권리를 부인하는 것이 과연 공평한 일일까?

이번 장을 마치기에 앞서, 사면이라는 제3의 길은 응구니족 언어로 '우분투'(*Ubuntu*), 소토족 언어로는 '보토'(*botho*)라고 부르는 아프리카 세계관의 핵심 특성과 궁극적으로 일치한다는 점을 지적하고 싶다. 어떻게 해서 그토록 많은 남아공 사람들이 징벌을 요구하는 대신 용서를 선택하고, 복수를 꾀하기보다 아량을 베풀며 기꺼이 용서할 수 있었을까?

'우분투'는 서구 언어로 번역하기가 무척 어렵다. 이것은 인간됨의 본질을 뜻한다. "유, 우 노분투"(*Yu, u nobuntu*, 이봐, 아무개가 우분투가 있어)라는 말은 최고의 찬사다. 관대하고 호의를 베풀며 친절하고 다정하고 남을 보살필 줄 알고 자비롭다는 뜻이다. 가진 것을 나누는 사람이라는 뜻이다. 또한 "내 인간성은 당신의 인간성과 뗄 수 없이 연결되어 있다"는 뜻이다. 우리의 삶은 여러 사람과 한데 묶여 있다. "사람은 다른 사람들을 통해 사람이 된다"는 말도 같은 뜻이다. "나는 생각한다, 고로 나는 존재한다"가 아니다. "나는 속하고 참여하고 나누기 때문에 인간이다"라고 해야 마땅하다. 우분투가 있는 사람은 열려 있고, 다른 사람을 위해 시간을 내고, 다른 사람들을 인정하고, 인격과 능력이 탁월한 사람 앞에서도 위협을 느끼지 않는다. 자신이 더 큰 전체에 속한 존재임을 아는 그에게는 온당한 자기 확신이 있기 때문이다. 다른 사람들이 모욕을 받거나 위축되거나, 고문이나 압제를 당하거나, 실제보다 못한 취급을 당할 때 그 자기 확신은 줄어들 수밖에 없다.

조화, 친절함, 공동체는 모두 가치 있는 선이지만, 사회적 조화는 우리에게 숨뭄 보눔(*summum bonum*), 즉 '최고선'이다. 우리는 지금까지 추구해 온 이 선을 파괴하거나 훼손하는 모든 것을 역병처럼 피해야 한다. 분노, 적개심, 복수심, 심지어 치열한 경쟁을 통한 성공은 이 선을 좀먹는다. 용서는 그저 이타심만 발휘하는 것이 아니다. 그것은 자신에게 가장 큰 유익이 된다. 상대방을 비인간화하려는 것은 틀림 없이 나도 비인간화한다. 용서함으로써 우리는 회복할 힘 을 얻고, 사람들을 비인간화하려는 모든 것을 이겨 내며 여 전히 인간답게 살 수 있다.

케냐에 우후루(*uhuru*), 즉 자유와 독립이 찾아왔을 때, 많은 사람들은 마우마우(Mau Mau, 케냐 주민인 키쿠유족이 1950 년경에 조직한 반反백인 테러집단.—옮긴이)가 군사 행동에 들어갈 것이라 예상했다. 그들의 살벌한 보복과 응징으로 케냐는 백인의 무덤이 되고 말 거라 우려했다. 하지만 조모 케냐타 (Jomo Kenyatta) 대통령은 화해와 용서의 정책을 펼쳐 케냐를 안정시키고 온 국민의 존경을 한 몸에 받았다. 그가 죽은 뒤 많은 사람들은 당황하며 케냐의 앞날을 불안해했다. 하지 만 부질없는 걱정이었다. 우후루 이후 케냐에는 우분투가 널리 퍼져 나간 것이다.

반면 1960년대 벨기에령 콩고에서와 그보다 최근인 1994년 르완다에서 인종대학살이라는 정반대의 사태가 벌 어진 것은 도대체 어찌된 일일까? 우분투는 어디로 간 걸 까? 하지만 짐바브웨에서는 수많은 사상자를 낸 내전이 끝 난 뒤 로버트 무가베가 1980년 선거에서 승리한 날 저녁에 화해와 회복, 재건을 이야기하여 모두를 놀라게 했다. 그것 은 살아 있는 우분투였다. 나미비아에서는 1989년에 실시 된 최초의 민주선거에서 남서아프리카 인민기구(South West Africa People's Organization, SWAPO)가 승리를 거둔 뒤, 삼누조마 대통령이 매력적인 미소로 모든 사람을 열광시켰다. 백인

들에 대한 보복은 없었다. 그것은 누구에게나 분명한 우분
투였다. 남아공에서 일어난 일은 이런 나라들에서 이미 벌
어진 일이었다.

3

때가 차매

우리는 상호의존이라는 긴밀한 관계망으로 묶여 있다. "사람은 다른 사람들을 통해 사람이 된다"라는 아프리카 속담은 진실이기 때문이다. 다른 사람을 비인간적으로 대하면 필연적으로 자기도 비인간화된다. 아파르트헤이트 같은 사악하고 비인간적인 정책에 깊숙이 관여했던 각료 지미 크루거가 구금 중이던 스티브 비코가 죽었다는 소식에도 "아무 흥미 없다"라고 냉혹하게 선언한 것은 그리 놀라운 일이 아니다. 따라서 용서는 자신에게 가장 유익한 일임이 분명하다. 분노, 적개심, 복수는 숨몸 보눔(최고선), 즉 공동체 내 모든 사람의 인간성과 개성을 증진하는 조화를 갉아먹기 때문이다.

르완다인들은 왜 우분투를 보여 주지 못하고 끔찍한 인종대학살을 저질러 서로를 파괴하고 그들의 아름다운 나라를 혼란에 빠뜨렸을까? 그 이유를 내가 어찌 다 알까마는, 그것이 기계적이거나 자동적이고 불가피한 과정이 아님은 분명하다. 그리고 한 가지만은 자신 있게 말할 수 있다. 우리 남아공은 흑인뿐 아니라 온갖 인종의 아주 놀라운 사람들을 축복으로 받았다는 사실이다. 프리토리아의 요한 스미트 씨는 아프리카 민족회의가 벌인 폭탄 테러로 어린 아들을 잃었다. 아파르트헤이트 정부는 아프리카 민족회의를 공산주의자 테러 분자들로 매도하고 있었고 아프리카너들은 보통 그 말을 그대로 믿었다. 그렇다면 아프리카너였던 스미트 씨도 그런 아프리카 민족회의에 대해 분노와 증오를 품게 되지 않았을까? 아니었다. 스미트 씨는 아들의 죽음을 두고 매우 놀라운 말을 했다. 그는 자신이 화나지 않았다고 했다. 그리고 화가 났다면 아파르트헤이트 정부를 향한 것일 거라고 말했다. 그는 아들의 죽음이 우리 모두가 억압과 불의에서 벗어나 민주주의와 자유로 이행하는 데 기여했다고 믿었다.

그때 남아공에서 왜 그런 일이 일어났을까?

사도 바울은 갈라디아의 새로운 기독교 회심자들에게 보낸 편지에서 멋진 표현을 사용했다. "때가 차매"[1]라는 구절이다. 바울은 예수님이 딱 적당한 때에 태어나셨다고 말한다. 모든 조각과 선행 조건들이 딱 들어맞고, 모든 일이 정확히 제때 일어났다고 말이다. 조금만 빨랐다면 너무 일렀을 것이고, 조금만 늦었어도 너무 늦고 말았을 것이다. 그 일이 벌어진 시점은 바로 그 일을 위한 순간이었다.

자유는 1990년대, 전혀 예상치 못한 장소들에서 터져 나왔다. 베를린 장벽이 무너졌고, 미하일 고르바초프가 추진한 페레스트로이카와 글라스노스트의 결과로 공산주의 제국이 해체되기 시작했다. 레오니트 브레즈네프처럼 그보다 앞선 강경파 공산당 서기장들이 이끄는 시대였다면 상황은 달랐을 것이고, 전 세계의 지정학적 상황이 그렇게 돌아가지 않았다면 이후 벌어진 일들의 상당 부분 역시 달리 진행되었을 것이다. 혹 그대로 진행되었다 해도 훨씬 많은 인명 손실이 있었을 것이고 훨씬 더 큰 불안과 혼란을 초래했을 것이다.

레이건 대통령이 "악의 제국"이라 불렀던 강경하고 오만한 공산주의 제국이 여전히 건재했더라면, F. W. 데 클레르크가 1990년 2월에 발표한 그 비범하고 용감한 개혁안이 나오기가 훨씬 더 어려웠을 것이다. 그것은 남아공에 변화를 일으키는 데 기여한 조각들 중 하나였다. 그전까지만 해도 아파르트헤이트 정권은 남아공이 아프리카에서 공산주의에 맞서는 최후의 보루라는 주장으로 어수룩한 서구 국가들을 속여 넘길 수 있었다.

하지만 공산주의가 참패한 이후, 아파르트헤이트 정부는 더 이상 공산주의의 흐름을 막기 위해 억압적인 조치들이 불가피하다는 주장을 국제사회에서 내세울 수 없게 되었다. 세계사와 남아공의 역사를 가른 결정적인 이 시기에 완고하고 성미 급한 P. W. 보타가 아니라 F. W. 데 클레르크 같은 사람이 대통령으로 있었던 것은 우리에게 큰 복이었다. 1985년, 보타 씨는 주요 연설에서 "루비콘 강을 건너고" 개혁안을 발표할 거라고 선전해 놓고는 시원찮은 소리만 늘어놓는 식으로 상황 대처에 철저히 실패한 바 있었다. 완고한 보타에게서, 데 클레르크가 운명적인 2월 의회연설에서 발표하여 전 세계 사람들을 깜짝 놀라고 반신반의하게 한 대담한 개혁안을 상상하기는 어렵다. 그 개혁안은 1960년의 샤프빌 대학살 이후 금지된 정치 조직들의 금지 해제를 통해 남아공의 정치 상황을 정상화하겠다는 내용이었다. 즉 아프리카 민족회의, 범아프리카회의 그리고 남아프리카 공산당을 아파르트헤이트의 불의와 억압에서 벗어나려는 남아공의 합법단체로 허용하겠다는 뜻이었다.

그 무엇도 당시 F. W. 데 클레르크가 이룬 엄청난 과업을 앗아가지 못할 것이다. 그는 남아공의 역사에 큰 자취를 남겼다. 그가 그렇게 한 이유가 무엇이든, 이후 그의 행보에 대해 어떤 평가를 내리든 우리는 그가 1990년에 한 일에 경의를 표해야 마땅하다.

당시 그가 그 일을 하지 않았다면 남아공은 수많은 사람들이 예측한 대로 대학살과 재난을 겪었을 것이다. 협상을 통해 정치권력의 독점 상태에서 벗어나는 것이 남아공 백인 사회에 가장 이득이 된다고 백인들을 설득하는 데는 상당한 용기가 필요했을 것이다. 오랫동안 적으로 여긴 사람들에게 권력을 넘겨주는 정책을 내세우는 공직 출마자들을 환영할 유권자는 거의 없기 때문이다. 물론 데 클레르크가 그렇게 단정적으로 말하지는 않았다. 그는 권력분배를 이야기했고 생각도 못한 불쾌한 내용들을 다소 부드럽게 전달했다. 그는 정치 경력이 끝날 위험을 감수했다. 그런 온갖 희생을 감수한 사람에게 경의를 표하기를 꺼린다면 대단히 옹졸한 처사가 아닐 수 없을 것이다. 데 클레르크는 협상을 통해 자신과 추종자들이 거부권을 행사할 수 있을, 백인을 위한 직책을 얻기를 원했을 수도 있다. 순환식 3인 대통령제를 도입하고 그중 한 사람으로 다스릴 수 있기를 바랐을 수도 있다. 설령 이것이 사실이라 해도, 우리 역사의 결정적 시점에서 그가 대통령으로서 위험을 감수하고 앞장섰다는 것은 복이 아닐 수 없다.

물론 그의 상대가 시대의 도전을 감당할 만한 사람이 아니었다면 모두 부질없는 일이 되었을 것이다. 데 클레르크가 감옥에서 만난 사람이 원한과 복수심으로 들끓는 사람이었다면, 그가 계획대로 자신의 개혁안을 발표했을지 의문이다. 그러나 감사하게도, 그가 감옥에서 만난 사람은 참으로 훌륭한 양심수로 발전해 있었다. 넬슨 만델라는 감옥에서 높은 명성을 얻게 되었다. 성인(聖人)으로까지 추앙받는 이 사람이 감옥에서 나온 뒤 인격적 결함을 드러내어 그를 존경하던 이들에게 환멸을 주지 않을까 은근히 걱정할 정도였다. 그가 감옥에서 얻은 명성에 미치지 못하여 세상 사람들에게 깊은 실망을 안겨 줄까 봐 우려한 나머지 그가 속한 조직의 일부 조직원들이 그를 암살할 계획을 세운 다는 소문까지 돌았다. 그들은 아프리카 민족회의가 후원 자들에게 버림받을까 봐, 감옥에 있는 그들의 리더에 대한 세상 사람들의 과장에 가까운 이미지 때문에 그동안 받아 온 엄청난 국제적 지원을 잃게 될까 봐 두려워했다.

그러나 다 쓸데없는 걱정이었다. 데 클레르크 대통령 이 만난 만델라는 복수심에 불타 백인들에게 당한 대로 갚 아 주고, 받은 것보다 더 많이 부어 줄 것을 다짐하는 사람 이 아니었다. 그는 품위 있고 당당한 사람, 아량이 넘치는 사람, 인종차별 정책의 불의와 고통으로 갈라진 사람들을 화해시키는 일에 기꺼이 헌신하고자 하는 사람이었다. 넬 슨 만델라는 감옥에서 나올 때 증오와 복수의 말을 쏟아 내 지 않았다. 그는 화해와 용서를 영웅적으로 구현하여 우리 모두를 놀라게 했다. 누구도 그가 용서와 화해에 대해 속편 하게 입바른 소리만 한다고 비난할 수 없었다. 체포되기 전 에도 그는 오랫동안 당국에 시달려 정상적인 가정생활이 불가능했다.

1990년 2월 11일 출옥할 무렵, 그때까지 감옥에서 보 낸 세월은 무려 27년에 이르렀다. 그가 고통을 모른다고 말 할 수 있는 사람은 없었다. 로벤 섬에서 월터 시술루와 만델 라가 함께 있는 모습을 찍은 유명한 사진이 있다. 그들은 사 진 속 뒤쪽에 보이는 다른 수감자들과 함께 교도소 안마당 에 줄지어 앉아 돌을 망치로 때려 자갈로 만드는 작업을 하 고 있었다. 그가 나약한 보통사람이었다면 의미 없는 고된 일을 하면서 뜻이 꺾이고 말았을 것이다. 나중에 그는 석회석 채석장에서 노역을 하다 강렬한 햇빛 때문에 시력이 상하기까지 했다. 그 모두가 그의 의지를 꺾고 증오를 불러일으키기 위해 계획된 일이었다. 다행히도 그 모든 시도는 철저히 실패했다. 그는 온전한 사람으로 출옥했다. 인간적으로 말해서, 27년의 세월이 참으로 안타까운 낭비였다고 말하고 싶은 사람들이 있을 것이다. 그가 갇혀 있지 않았더라면 남아공과 전 세계의 유익을 위해 얼마나 많은 기여를 했겠는가 하고 말이다.

하지만 내 생각은 다르다. 그 27년의 세월과 만델라가 겪은 온갖 고통은 용광로의 불길처럼 그의 강철 같은 의지를 담금질하고 불순물을 제거해 주었다. 그 고통이 없었다면 그는 그렇듯 자비롭고 관대한 사람이 되지 못했을지도 모른다. 다른 사람들을 위한 그 고통 덕분에 만델라는 다른 어디서도 얻을 수 없는 놀라운 권위와 신뢰를 얻게 되었다. 진정한 리더는 어느 시점에 이르러 자신의 활동이 자신의 명예나 권력을 위한 것이 아니라 다른 사람들을 위한 것이라는 확신을 추종자들에게 심어 줘야 한다. 그리고 고통만큼 이 사실을 설득력 있게 입증해 주는 것은 없다.

데 클레르크는 그런 상대를 만났고 원래 생각대로 추진할 수 있는 용기를 얻었다. 만델라가 너무 훌륭한 위인이고 도덕적 거인이다 보니 그가 지시를 내리고 다른 사람들은 모두 그 지시에 따라야 한다고 생각하는 사람들이 있다. 하지만 이것은 아프리카 민족회의의 성격과 민족회의 당원인 그의 놀라운 충성심을 잘 몰라서 하는 말이다. 모든 정치 단체가 다 그렇듯, 아프리카 민족회의도 다양한 정치철학과 견해와 토대를 가진 조직들이 한데 모인 거대한 연합체다. 1912년, 남아프리카연방이 수립되면서 연방을 이끄는 백인 정부가 흑인 지도자들을 정치권력에서 배제하고 아프리카인들에게까지 지배력을 확대하자, 이에 맞서 다양한 배경의 흑인 지도자들이 모여 결성한 조직이 아프리카 민족회의이다. 처음 투쟁을 시작한 날부터 지금까지 아프리카 민족회의 내에는 완고한 마르크스주의자부터 가장 노골적인 자유주의자들까지 온갖 인물과 동맹과 조직들이 한데 어우러져 있다. 당장이라도 감옥을 습격하고 싶어 하는 젊은 열혈파가 있는가 하면, 학구적이고 도회적인 사상가들도 있다.

1990년 아프리카 민족회의가 합법화되었을 당시의 리더는 망명생활을 하면서 조직을 하나로 유지하는 데 특별한 역할을 한 올리버 탐보였다. 1990년 이후 그와 동료 지도자들은 망명자들과 남아공 국내에 숨어서 활동하던 사람들, 그리고 27년 만에 감옥에서 풀려나온 사람들로 구성된 단체를 하나로 통합해야 했다. 구성원들이 의견일치를 '지령 받기'라 말하며 대단히 중시하는 조직을 하나로 유지하기란 매우 힘든 일이다. 소수의 견해 하나하나까지 고려하여 당원들의 참여를 이끌어 내고 당을 운영하려는 진지한 노력이 참으로 놀랍다. 그러나 때로는 그것이 당의 추진력을 약화해 조직 전체의 움직임을 더없이 느리게 만들기도

한다. (당에 대한 만델라의 충성심은 높이 살 만하지만 지나친 감이 있고 오히려 그것이 그의 주된 약점으로 드러났다는 것이 내 판단이다.)

그런 정당에서 모두가 잠자코 화해 정책을 받아들이리라 기대할 수는 없었다. 흑인들에게 고통을 강요한 범죄자들이 재판을 면하고 대가도 치르지 않게 한다는 주장에 모두가 순순히 동의할 리 만무했다. 많은 젊은 당원들이 분통을 터뜨리며 또래들의 분노에 쉽사리 휩쓸렸다. 아프리카민족회의는 협상 진행 여부마저도 심각하게 판단해야 했다. 진실화해위원회가 출두명령을 무시한 P. W. 보타를 모욕죄로 고소했을 당시, 그 재판에 매일 방청객으로 참석한 흑인 청년이 있었다. 어느 날 점심시간에 그가 내게 말했다.

"대주교님, 이 늙은이는 단 며칠만이라도 감옥에 보내야 합니다."

P. W. 보타의 나이가 너무 많지 않느냐고 대답하자 그는 이렇게 응수했다.

"그자는 우리 지도자들이 겪은 고통을 조금이라도 느껴 봐야 합니다. 보세요. 그들이 오스카 음페타 씨를 가뒀잖아요." (음페타 씨는 웨스턴케이프의 지도자로서 팔십대의 고령에다 당뇨병까지 앓고 있었지만 구금되었다. 내가 병문안을 갔을 때 그는 병원 침대에 사슬로 묶여 있었다. 나는 그를 지키는 경찰에게 그와 말을 해도 되냐고 물었다. 경찰은 "안 됩니다"라고 말했다. 내가 그와 함께 기도해도 되냐고 다시 물었더니 그것도 안 된다고 했다. 그래서 나는 "그럼 원하는 대로 하세요. 나는 기도할 테니까"라고 하고 기도했다.)

아프리카 민족회의보다 더 급진적으로 보이고 싶어 하고 '적'과의 모든 협상을 나약함의 증거로 매도하며 반대하던 정치 단체들도 있었다. 범아프리카회의와 그들의 무장세력인 아자니아 민중해방군(Azanian People's Organization, APLA)은 협상이 진행되는 동안에도 무장투쟁을 계속했다. 아프리카 민족회의에는 그런 그들의 견해에 공감하는 사람들도 있었을 것이다. 만델라는 그들과도 논쟁을 벌여야 했다.

조직을 이끌어 원하는 방향으로 나아가는 데는 엄청난 정치적 용기와 기술과 권위가 필요하다. 다행히 만델라를 포함한 아프리카 민족회의의 지도부는 화해 정책이 올바른 방향이라고 확신했다. 만델라는 당내의 좀 더 급진적인 사람들의 도움과 격려를 받았다. 그들은 젊은 급진주의자들에게 상당한 영향력을 행사할 수 있었다. 널리 존경받던 공산당 서기장 조 슬로보는 협상과 양보, 타협의 전 과정에 적극 힘을 보탰다. 특히 그는 급진파를 설득하여 과거 체제하에서 일하던 정부 관리나 공무원들이 체제 이행 후에도 일자리와 연금을 잃지 않도록 보장해 준 소위 '일몰 규정'을 받아들이게 하는 데 큰 역할을 했다. 아파르트헤이트 치하에서 일하던 공무원들을 처벌하고 싶어 하던 사람들을 설득해 이 타협안을 받아들이게 한 것은 조 슬로보처럼 국민적 신뢰를 쌓은 사람만이 할 수 있는 일이었다. 협상 과정 전반에 이런 정신이 깃들어 있었고, 특히 아프리카 민족회의 측에서 더욱 분명하게 볼 수 있었다.

이후 역사적인 선거일 전날 밤에 암살당한 크리스 하니는 전투적인 타운십 젊은이들의 마음속에 확고한 위치를 차지했던 인물이다. 그는 움콘도위시즈웨의 리더 중 한 명이었고, 조 슬로보의 뒤를 이어 공산당 서기장이 되었다. 그의 경력은 흠이 없고 젊은이들 대부분이 그의 말을 잘 따랐다. 전투적인 성향의 그가 협상에 반대하고 계속 무장투쟁을 원하는 사람들 편에 섰다면 많은 무리를 자기편으로 끌어들일 수 있었을 것이다. 하지만 그는 자신의 명성을 활용해 전국을 다니며 젊은이들에게 이제부터 '평화의 군인'이 되라고 촉구했고, 젊은이들은 평화와 화해를 위해 일하라는 그의 외침에 뜨겁게 호응했다.

분열된 흑백 양쪽 진영 모두에는 자신들의 정치경력과 생명까지 내어놓으며 위험을 무릅쓰고 평화, 용서, 화해를 역설한 탁월한 지도자들이 있었다. 나는 아프리카 및 세계 여러 지역을 다니면서 갈등을 겪는 중이거나 갈등과 억압의 후유증을 처리하고 있는 나라들을 방문하곤 하는데, 거의 모든 곳에서 넬슨 만델라와 같은 능력, 용기, 인격, 비전을 가진 지도자가 없다는 한탄과, 데 클레르크처럼 자신의 자리에 집착하지 않는 용기와 상식을 갖춘 지도자가 없다는 탄식을 듣게 되었다.

넬슨 만델라는 평화와 화해를 지향한 아프리카 민족회의를 대표하는 인물이지만, 헌신적인 지도자는 그만이 아니었다. 만델라보다 어리고 그리 알려지지는 않았지만, 인종차별 옹호자들의 손에 끔찍한 일을 당하는 혹독한 시련에도 굴하지 않은 리더들이 있었다. 그들은 범죄자들에 대한 복수를 꾀하지 않고 상처 입고 분열된 나라의 치유를 위해 노력하는 아름다운 모습을 보여 주었다. 그중 두 사람이 정치권의 유명한 스타로 떠오르고 있었다. 그들은 가장 길게 끌어 온 반역 재판에 기소되었는데, 사람들은 재판이 열린 이스트란드의 소도시 이름을 따서 '델마 반역 재판'이라 불렀다. 패트릭 '테러' 레코타와 포포 몰레페가 그들이다. 두 사람 모두 잠깐 감옥살이를 했고, 로벤 섬에서 넬슨 만델라를 비롯한 전설적인 인물들을 만났다.

새로운 체제가 생겨난 뒤, 테러는 남아프리카의 아홉 개 주 가운데 하나인 자유주(州)의 주지사로 선출되었다. ('테러'라는 별명은 정치활동 때문이 아니라 그의 축구 실력 때문에 얻은 것이다.) 자유주에서 주교회의가 열렸을 때 테러는 회의장을 찾아와 교회가 남아공에서 한 일, 특히 교육 분야에서 감당한 큰 역할에 대해 따뜻한 감사의 말을 전했다. 흑인 사회의 대다수 지도자들은 교회가 운영하는 미션스쿨에서 교육받았다. 우리가 그에게 화해를 위해 그토록 헌신하며 적들에게도 기꺼이 양보하는 이유를 묻자, 그는 주저 없이 그 모두가 교회에서 받은 영향과 가르침 덕분이라고 말했다. 산업이 발달한 가우텡 주의 토코 섹스웨일 초대 주지사도 그의 주에서 열린 주교회의에 인사차 방문하여 같은 말을 했다.

교회의 메시지와 역할이 상당히 복합적이긴 했지만, 교회가 우리 땅에서 벌어지고 있는 일에 기여를 한 것은 분명하다. 교회의 영향이 없었다면 상황은 다소 다르게 흘러갔을 것이다. 반(反)아파르트헤이트 투쟁이 큰 어려움에 처했던 시기, 흑인 지도자 대부분이 감옥에 갇히고 망명생활로 내몰리고 어떤 식으로건 발이 묶여 있었을 때, 교회의 일부 지도자들이 떠밀리다시피 투쟁의 최전선에 섰고, 그 덕분에 교회는 특별한 신뢰를 얻게 되었다. 예를 들면 네덜란드 개혁선교교회의 지도자였던 알란 부삭, 남아프리카 교회협의회(South Africa Council of Church, SACC) 사무총장을 역임한 프랑크 치카네, 감리교단장을 역임한 피터 스토리, 아프리카너 교회에서 아파르트헤이트에 반대하는 가장 유명한 목소리이자 남아프리카 교회협의회 사무총장인 베이어스 나우데, 더반의 로마 가톨릭 대주교였던 데니스 헐리, 그리고 고통받는 사람들과 함께했던 다른 신앙공동체의 지도자들이 있었다. 그들이 용서와 화해를 이야기하자 사람들은 마음을 열고 경청했다.

포포 몰레페는 민주주의가 찾아오자 노스웨스트의 주지사가 되었다. 얼마 후 그는 주의 수도에서 집회를 열어 교회협의회와 델마스 재판 기간에 그들을 지원한 사람들에게 감사를 표했다. 유엔 주재 미 대사였던 앤드루 영이 그 자리에 참석했고, 내 자리는 그의 옆이었다. 앤드루는 주지사에게 그의 옆자리에 앉아 선물까지 받은 백인이 누구냐고 물었다는 이야기를 했다. 그리고 "우리 재판의 판사를 맡았던 사람입니다"라는 포포 몰레페의 대답을 듣고 그만 눈물을 쏟을 뻔했다고 말했다.

신임 법무장관 둘라 오마르는 진실화해위원회의 토대가 되는 법안을 의회에 제출하게 된다. 그는 변호사로 일할 때 인종차별 반대자들 몇 명을 변호한 경력이 문제가 되어 런던 대학에서 공부할 장학금을 확보하고도 막판에 출국 거부를 당하고 말았다. 나는 당시 그가 얼마나 낙심했는지 기억한다. 훨씬 나중에 그는 남아공 정부 암살단이 작성한 제거자 명단에 올랐던 것으로 드러났다. 그들은 그가 심장병 때문에 먹는 약을 다른 약으로 바꿔치기 하려고 했다. 자신을 죽이려 했던 사람들이 사면을 신청할 수 있게 하는 법안을 의회에서 통과시킨 사람이 바로 둘라 오마르였다.

우리는 참으로 큰 복을 받았다. 아프리카 민족회의 멤버였던 카데르 아스말 교수는 웨스턴케이프 대학의 인권법 교수 취임 강연에서 남아공은 뉘른베르크 재판이 아니라 진실화해위원회를 둬야 한다고 제안했다. 어떤 의미에서 아프리카 민족회의는 진실화해위원회가 활동할 수 있는 길을 열었다고 볼 수 있다. 아프리카 민족회의는 해외 활동 지역에서 잔학 행위가 있었다는 주장의 진상을 조사하기 위해 해방운동체로서는 전례 없는 일을 했기 때문이다. 진상조사위원회를 무려 세 개나 세운 지도부는 밝혀진 학대행위에 대해 책임을 인정하고 공개적으로 사과했다.

길고 힘겨운 협상 과정 끝에 마침내 우리를 민주주의로 인도할 임시 헌법이 만들어졌다. 이 역사적인 법률문서에는 진실화해위원회의 합법적 기반이 되는 후기가 담겼다. 어찌 보면 당연한 일이었다.

국민적 통합과 화해

본 헌법은 수많은 투쟁과 분쟁, 막대한 고통과 불의로 깊게 분열된 우리 사회의 과거와, 피부색, 인종, 계급, 신념, 성을 초월한 모든 남아공 국민의 평화로운 공존과 발전 기회와 인권, 민주주의를 인정하는 바탕 위에 세워질 우리 사회의 미래를 이어 주는 역사적인 다리이다. 국민적 통합과 모든 남아공 국민의 행복, 평화를 추구하기 위해서는 남아공 국민들 사이의 화해와 사회의 재건이 필요하다.

본 헌법의 채택으로 남아공 국민들이 과거의 분열과 투쟁을 뛰어넘을 확고한 토대가 놓인 것이다. 이 분열과 투쟁은 엄청난 인권 침해와 인도주의적 원리를 어긴 무력충돌, 증오, 두려움, 죄책감과 복수의 유산을 낳았다. 이제 우리는 이 문제들을 복수가 아닌 이해로, 보복이 아닌 보상으로, 희생양 만들기가 아닌 우분투가 필요하다는 인식을 가지고 다뤄야 한다. 이 화해와 재건을 추진하기 위해, 우리는 과거의 분쟁 과정에서 정치적 목적으로 저질러진 작위, 부작위, 불법에 대해 사면을 추진하기로 한다. 이 목적을 위해 의회는 명확한 시한을 규정하고 … 사법재판소 등 사면 추진에 필요한 기구와 사면의 기준, 절차를 마련하는 법안을 채택해야 한다.

4

어떤 정의를 선택할 것인가?

많은 사람들이 진실화해위원회의 활동이 처벌 면제를
조장한다는 점에서 부도덕하다고 생각했다. 자기 죄를 고
백하고 완전히 털어놓는 것이, 가장 비열하고 끔찍한 잔학
행위를 저지른 범죄자가 처벌을 면하는 조건으로 과연 충
분할까? 진실화해위원회 활동의 기반이 되는 법률에는 사
면 신청자가 뉘우침이나 양심의 가책을 표현해야 한다는
규정이 없기 때문이다. 위원회 설치를 규정한 법률 '국민통
합화해촉진법'에 따르면, 사면 신청자는 다음의 핵심 조건
만 충족하면 사면받을 수 있었다.

- 사면 신청의 대상이 되는 행위는 샤프빌 대학살이 벌어
  진 1960년부터 만델라 대통령이 민주적으로 선출된 남
  아공 최초의 국가원수로 취임한 1994년 사이에 벌어진

것이어야 한다.

- 정치적 동기에 의한 행위여야 한다. 개인의 탐욕 때문에 살인을 저지른 범죄자는 사면 신청 자격이 없다. 아파르트헤이트 정부나 그 위성국 반투스탄 홈랜드들, 아프리카 민족회의나 범아프리카회의처럼 널리 인정받는 해방 운동 단체들을 비롯한 정치 조직의 명령을 받았거나, 그 대리자의 신분으로 저지른 행위에 대해서는 사면을 신청할 수 있다.

- 신청자는 사면을 구하는 범죄와 관련된 모든 사실을 철저히 밝혀야 한다.

- 균형의 원리가 지켜져야 한다. 정치적 목적에 의한 범죄라 해도 그 목적과 행위가 균형을 이루어야 한다.

촉진법은 이상의 조건이 충족되면 사면을 부과'하게 될 것'이라고 밝혔다. 희생자들은 이런 조건들이 충족되지 않았음을 증명함으로 사면 신청에 반대할 수 있었지만, 사면 자체에 대한 거부권은 없었다.

법률에는 뉘우침에 대한 조항이 하나도 없었다. 이것 때문에 처음엔 우리 중 상당수가 격분했다. 하지만 입법부가 우리가 처음 생각한 것보다 훨씬 더 지혜로웠다는 것을 깨닫고는 생각이 달라졌다. 만약 뉘우침을 요구하는 조항을 만족시키기 위해 신청자가 미안해하고 뉘우치는 모습을 과도하게 보여 준다면, 전혀 진실성이 없다는 지적과 함께 사면위원회 심사원단에게 좋은 인상을 심어 주기 위해 연기를 하고 있다는 비난을 받았을 것이다. 반면 무뚝뚝하고 공식적인 태도로 임하면 무정하다느니, 제대로 뉘우치지 않았다느니 하는 비난을 받았을 것이다. 한마디로 '진퇴양난'에 처하게 되는 것이다. 실제로 사면 신청자들 대부분은 양심의 가책을 토로했고 희생자들에게 용서를 구하기도 했다. 그들의 사죄가 진정한 참회에서 나온 것인지의 여부는 어차피 알 수 없는 문제다.

그러나 우리가 피할 수 없는 날카롭고 절박한 질문이 있다. "사면을 베풀기 위해 정의를 희생하고 있는 것이 아닌가?" 악당들은 범죄와 관련된 온갖 사실을 모두 털어놓기만 하면 되니, 사실상 벌을 모면하는 것이 아닌가? 범죄자를 처벌하지 않다니, 그럼 정의는 어떻게 되는 것인가? 우리는 지극히 심각한 이 문제를 다룰 필요가 있다. 이것은 가벼운 의문 정도가 아니기 때문이다. 이 질문의 전제가 옳다면, 진실화해위원회 활동 전체의 정당성이 설 자리를 잃게 될 것이다.

인권을 심각하게 침해한 범죄—납치, 살인, 고문, 혹독한 학대로 정의하고 있다—의 경우, 법률은 신청 내용을 공개 청문회에서 다루도록 규정하고 있다. 다만 조사받는 사람이 공개된 장소에서 말하는 것에 극도의 공포감을 느껴 진실을 밝히는 데 지장이 있다고 판단되는 경우에는 예외를 인정한다. 사실상 거의 모든 사면 신청이 텔레비전 카메라의 환한 조명 아래에서 공개적으로 검토되었다. 따라서 범죄자가 사람들 앞에서 자신의 범죄를 밝히는 굴욕 자체가 처벌이 되었다. 사면 신청자로 나선 이들 중 치안부대에 소속되어 있던 많은 사람들은 지역사회에서 존경받던 인물들이다. 그들이 살던 지역의 주민들이나 심지어 가족들조차 실은 그들이 암살대원이었고 자신이 맡은 구금자들을 정기적으로 고문했다는 사실을 그 자리에서 처음 알게 된 경우가 종종 생겨났다. 그 사실을 안 배우자가 충격을 이기지 못하여 부부관계가 깨진 경우도 있다. 그것이 사면 신청자들이 치러야 했던 대가의 일부다. 따라서 범죄자에게 처벌을 모면하게 하고 빠져나가게 했다는 말은 결코 사실이 아니다.

진실화해위원회의 활동을 취재하던 남아공 공영방송 SABC 라디오 방송팀이 헬레나라는 여성에게 받은 편지 한 통이 이것을 잘 보여 준다. 동부 음푸말랑가 주에서 산다는 그녀는 보복이 두려워 이름을 밝히길 꺼려했다. SABC는 주간 다큐멘터리 프로그램에서 편지의 상당 부분을 소개했다.

제 이야기는 십대 후반, 오렌지자유주 베슬리헴 지구의 한 농장에서 일하던 시절로 거슬러 올라갑니다. 열여덟 살 때 저는 20대의 젊은 남자를 만났습니다. 상급 보안부대에서 일하는 사람이었습니다. 멋진 관계가 시작되고 결혼 이야기도 오갔습니다. 야성적인 매력이 넘치는 활기차고 명랑한 사람이었지요. 대단히 지적이기도 했습니다. 영국인이지만 '보어인' 아프리카너들도 모두 그를 좋아했습니다. 친구들이 모두 저를 부러워했지요. 그러던 어느 날, 그가 저에게 '여행'을 떠나게 되었다고 했습니다.

"우린 다시 못 볼 거야. …어쩌면 영원히."

가슴이 찢어지는 것만 같았습니다. 그 사람도 그랬고요. 그를 잊어 보려고 다른 사람과 결혼했지만 얼마 못 가 헤어지고 말았습니다.

그런데 일 년 전쯤, 친한 친구를 통해 첫사랑을 다시 만났습니다. 그 사람이 해외에서 작전임무를 수행했다는 것과 사면을 요청하려 한다는 것을 그때 처음 알게 되었습니다. 크고 멋지고 강하던 옛 모습을 찾아보기 어려운 그의 초라한 몰골에 저는 주체할 수 없는 고통과 참담함을 느꼈습니다. 그가 바라는 것은 오로지 진실을 밝히는 일이었습니다. 사면 자체는 중요하지 않았습니다. 그건 진실에 이르는 수단에 불과했습니다. 털어놓아야 할 것이 있었던 겁니다. 우리가 사귀던 그때, 그는 제 곁을 매몰차게 떠나야 했습니다. 그건 그 사람이 신념을 지키기 위해 치러야 했던 대가였을까요?

첫 결혼이 실패로 끝난 뒤, 저는 한 경찰관을 만났습니다. 첫사랑의 남자와는 달랐지만 보기 드문 사람이었습니다. 아주 특별했지요. 활기차고 매력적인 사람이었습니다. 때와 장소에 따라 웃길 줄도 알고 화를 낼 줄도 알았습니다. 어느 날 그가 친구 세 명과 함께 승진했다고 말했습니다.

"우리 모두 특수부대로 옮기게 됐어. 자기야, 이제 우린 진짜 경찰관이 된 거야."

우리는 아주 기뻐하며 함께 축하잔치도 벌였습니다. 그와 친구들은 정기적으로 저를 찾아왔습니다. 가끔은 오랫동안 머물기도 했습니다. 그런데 어느 순간이 되면 갑자기 초조해했습니다. 불쑥 그 무서운 단어, '여행'을 중얼거렸고 곧이어 자리를 떴습니다. 저는 … 사랑하는 사람으로서 … 그의 안부와 소재가 염려되고 불안해서 잠도 제대로 이루지 못했습니다. 하지만 저는 그저 '모르는 게 약이거니' 하고 스스로 위로할 따름이었습니다. 가족이라곤 해도 눈에 보이는 것 말고는 아는 게 없었으니까요. 특수부대에 배치된 지 3년쯤 지나고부터 지옥 같은 생활이 시작되었습니다. 그는 부쩍 말수가 줄고 성격도 내성적으로 바뀌었지요. 가끔은 두 손으로 얼굴을 감싸 쥐고 부르르 몸을 떨기도 했습니다. 그가 술을 너무 많이 마신다는 것도 알게 되었습니다. 밤에도 쉬지 못한 채 방 안을 왔다 갔다 했습니다. 그는 주체할 수 없는 격렬한 두려움을 숨기려 했지만 제 눈에는 다 보였습니다. 어느 날 새벽 2시에서 2시 반 사이에 저는 그의 거친 숨소리에 놀라 잠이 깼습니다. 그는 침대 위를 데굴데굴 굴렀습니다. 얼굴은 창백했고, 무더운 여름밤이었는데도 땀으로 흠뻑 젖은 몸은 얼음처럼 차가웠습니다. 부릅뜬 눈은 죽은 사람처럼 풀려 있었습니다. 그는 몸을 떨었습니다. 끔찍한 경련을 일으켰고 영혼의 밑바닥에서 울려오는 두려움과 고통의 비명이 제 피를 얼어붙게 했습니다. 가끔은 꼼짝 않고 앉아서 멍하니 앞만 바라보기도 합니다. 저는 이해하지 못했습니다. 결코 알지 못했습니다. 저는 '여행'들 도중에 그가 어떤 일을 해야 했는지 깨닫지 못했습니다. 그냥 지옥을 겪고 있을 수밖에 없었습니다. 그래서 이렇게 기도하고 간청했습니다.

"하나님, 이게 무슨 일입니까? 무엇이 잘못된 걸까요? 어떻게 사람이 이렇게 변해 버릴 수 있나요? 그이가 미쳐 가는 걸까요? 저는 이 사람을 더 이상 감당할 수 없어요! 그렇다고 떠날 수도 없어요. 제가 떠난다면 평생 저를 쫓아다닐 거예요. 하나님, 왜 이런 일이 벌어지는 거죠?"

이제 저는 그 모든 질문과 상심에 대한 답을 압니다. 모든 것이 어디서 시작되었는지, 배경이 무엇인지도 압니다. '저 꼭대기에 있는 사람들', 그 '일당들'과 그들의 잔인한 명령을 그저 '독수리'처럼 수행해야 했던 '우리 사람들'의 역할을 압니다. 오늘 그들은 아무 죄가 없다고 시치미를 떼며 진실위원회에 저항하고 있습니다. 그래요, 저는 저를 포함해 백인들만의 옛 남아공이 평화롭게 잠들 수 있도록 해준 살인자를 모른 체 할 수 없습니다. 우리가 편히 자는 동안에도 '꼭대기에 계신 분들'은 독수리들을 시켜 '사회로부터 영구 제거'할 다음 표적을 정하고 있었습니다.

저는 이제 남아공 흑인들이 벌이는 투쟁의 본질을 압니다. 저도 그들처럼 모든 것을 부정당했다면 똑같이 했을 것입니다. 저와 제 아이들과 부모님의 생명을 법률로 위협해 왔다면 저라도 가만히 있지 않았을 겁니다. 백인들이 가장 좋은 것을 가지고도 더 좋은 것을 원하고 그것을 차지하는 모습을 봐야 했다면 저도 싸웠을 것입니다. 그렇게 싸워 온 사람들이 부럽고 존경스럽습니다. 적어도 그들의 지도자들은 그들의 독수리들 편에 서고, 그들의 희생을 인정할 용기가 있으니까요. 우리에게는 무엇이 있습니까? 우리의 지도자들은 너무 거룩하고 너무 결백합니다. 그들에겐 얼굴이 없어요. 데 클레르크 씨가 몰랐다고 말하는 건 이해할 수 있습니다. 하지만 일당이 있을 게 분명해요. 그 온갖 작전을 수행하게 한 '상부의 명령'을 누가 내렸는지 말해 줄 사람이 어딘가 살아 있을 거예요. 젠장! 이런 비정상적인 삶이야말로 잔혹한 인권 침해가 아니고 무엇입니까? 사람의 영혼을 죽이는 것은 육체를 끔찍하게 죽이는 것보다 더 무자비한 일입니다. 살해 피해자는 그래도 쉴 수 있잖아요. 이 피폐해진 가엾은 사람들을 다시 온전하게 만들 힘이 제게 있다면 얼마나 좋을까요. 모든 사람의 과거에서 옛 남아공을 지워 버릴 수 있다면 얼마나 좋을까요. 어느 날 밤, 피폐해진 제 독수리가 제게 했던 몇 마디 말을 인용하는 것으로 이 편지를 끝맺을까 합니다. "천 번 만 번 사면을 받으면 뭐하나. 하나님과 다른 모든 사람이 나를 천 번이나 용서해 줘도, 나는 이 지옥을 안고 살아야 해. 문제는 내 머리에, 내 양심에 있어. 여기서 벗어나는 길은 하나뿐이야. 권총으로 내 골통을 날려 버리는 거지. 내 지옥이 거기 있으니까."

추신. 시간을 내어 읽어 주셔서 감사합니다. 옛 남아공에서 헤어나지 못하는 한 가족의 이야기를 경청해 주셔서 감사합니다. 그 고통에 함께해 주셔서 감사합니다.

사면을 베푸는 것이 처벌 면제를 조장한다는 말 역시 사실이 아니다. 범죄 사실을 인정하고, 자신이 저지른 범죄에 대한 책임을 받아들이는 사람들에게만 사면이 주어지기 때문이다. 죄 없는 사람들이나 죄 없다고 주장하는 사람들에게는 사면이 주어지지 않는다. 스티브 비코를 죽게 만든 일에 대해 사면을 신청한 경찰관들이 사면을 받지 못한 이유가 바로 여기에 있다. 그들은 비코가 이유 없이 자신들을 공격해 와서 거기에 대응한 것뿐이라는 주장을 펼쳐 그들의 범죄 사실을 사실상 부인했던 것이다. 이처럼 진실화해위원회의 활동은 오히려 책임소재를 분명히 가리는 동기가 되고, 민주적인 남아공 내에 인권을 존중하고 개인의 책임과 책무를 인정하는 새 문화가 자라는 데 도움을 주었다.

사면 조항은 이런 구체적인 목적을 염두에 둔 특별규정이라는 사실도 주목해야 한다. 남아공의 사법정의가 언제까지나 이런 방식으로 집행되지는 않을 것이다. 한정된 기간 동안 한정된 목적을 위한 조항이다.

정의의 개념을 징벌을 주된 목표로 하는 응보의 정의로만 본다면, 남아공에서는 정의가 행해지지 못했다고 할 수도 있을 것이다. 응보의 정의에서 피해 당사자는 국가가 된다. 하지만 비인격적 조직인 국가는 실제 피해자는커녕 범죄자도 거의 고려하지 않는다.

그러나 응보의 정의 외에 또 다른 정의가 있다. 회복적 정의이다. 이것은 전통적인 아프리카 사법제도의 특징이었다. 회복적 정의의 주된 관심사는 징벌이나 처벌이 아니다.

우분투의 정신에 따른 불화의 치유, 불균형의 시정, 깨진 관계의 회복, 희생자와 범죄자 모두의 복권 추구이다. 범죄자도 자신이 상처 입힌 공동체에 재통합될 기회가 필요한 대상이라고 본 것이다. 범죄를 사람들에게 벌어진 일로, 그 결과를 관계의 파괴로 보는, 훨씬 더 인간적인 접근법이다. 따라서 정의, 즉 회복적 정의가 실현되기 위해서는 반드시 치유와 용서, 화해를 위한 노력을 병행해야 한다.

일단 법률이 규정하는 모든 조건이 충족되어 곧장 사면이 이루어지면, 범죄자의 민형사상 책임과 공무원의 경우 국가의 민형사상 책임이 면제된다. 범죄 행위가 발생한 적이 없는 것처럼 만드는 것, 이것이 사면의 효력이다. 범행과 관련된 범죄자의 법원 기록이 타불라 라사(tabula rasa), 즉 빈 면이 된다. 이것은 희생자가 범죄자에게 민사배상을 청구할 수 있는 권리를 잃는다는 뜻이며, 전직 국가공무원의 경우 국가가 희생자에 대한 배상 책임을 면하게 된다는 뜻이다.

범죄자 사면은 희생자들에게 대단히 큰 희생을 요구한다. 하지만 남아공이 억압 체제에서 민주주의로 비교적 평화롭게 이행하기 위한 협상에 참여한 사람들은 그것이 나라를 위해 피해자들이 감수해야 할 불가피한 희생이라고 믿었다.

우리의 자유는 매우 값비싼 대가를 지불하고 얻은 것이다. 그러나 그 대가를 과대평가해서도 곤란하다. 우리가 누리는 상당한 사회안정과, 우리처럼 급진적 변화를 겪은 구소련에 몰아닥친 서글픈 혼란과 격변을 비교해 보라. 구 (舊)유고슬라비아의 끔찍한 살육과 불안정은 또 어떤가. 그 곳에서는 국제사회가 극악한 전쟁범죄에 대한 책임을 묻고 자 일부 범죄자들을 뒤쫓고 있다. 아파르트헤이트 아래에 서 끔찍한 인권 침해를 당한 남아공의 흑인들은 흑인 지도 자들을 자신들의 진정한 대표자로 기꺼이 인정한다. 이들 은 지도자들이 흑인 전체의 목소리를 대변하고, 흑인들의 갈망에 부합하는 결정 또는 무시할 수 없는 상황과 현실을 참작할 때 기대할 수 있는 희망을 근사치까지라도 채워 줄 결정을 내릴 것이라 믿고 있다.

1999년 1월, 나는 예루살렘의 한 회당에 모인 엄청난 청중 앞에서 진실화해위원회 활동을 설명하는 강연을 했 다. 그런 모임에서 으레 그렇듯, 어떤 사람이 정의의 도덕 적 필요성에 대해 열변을 토하면서 진실화해위원회의 활동 이 그것을 훼손한 것 아니냐고 말했다. 그는 도덕적으로 말 해 사면과 용서는 피해자들만이 할 수 있는 일이라고 목청 을 높였다. 아무리 동기가 고상하다 해도 다른 사람이 대신 할 수는 없는 일이라는 것이다. 그 자리에 참석한 많은 사람 들이 그 말에 동의하는 듯했다. 그간 내가 참석한 다른 많은 모임과 크게 다르지 않은 분위기였다. 나는 그 점에서 그를 만족시키는 대답을 할 수 있었다. 평화로운 체제 이행을 위 해 협상했던 사람들 중 해방운동 측 대표자들은 사악한 아 파르트헤이트의 피해자들이기도 했다. 그들은 구금, 괴롭 힘, 투옥, 고문, 유배를 당했고, 이전부터 줄곧 아파르트헤이트의 온갖 불의와 억압의 피해자였다. 그들은 그 모든 일에 관한 개인적 경험을 낱낱이 열거할 수 있었다. 예를 들면, 그들 거의 전부가 1994년 4월의 그 기념비적인 날이 이르기 전까지 선거권도 없었다. 그전까지는 자신들이 태어난 땅에서 단 한 번도 투표를 해본 적이 없었던 것이다. 그들은 간악한 통행제한법의 모욕을 겪었고, 강제 인구이동 계획에 따라 동포들이 살던 곳에서 쫓겨나 집단거주지에 쓰레기처럼 던져졌다. 따라서 나는 유대인 질문자를 향해 협상 참가자들이 주제넘게 행동한 것이 아니라고 장담할 수 있었다. 그들은 본인과 가족들이 겪어 온 일에 대해 말한 것이기 때문이다.

선거 결과는 어땠는가. 협상 참가자들은 유권자들의 견해와 입장을 반영하지 못한다는 이유로 거부당하지 않았다. 오히려 국민의 절대적인 지지를 받아 선거에서 압승을 거두고, 아프리카 민족회의는 국민통합정부의 실권을 쥐게 되었다. 그리고 바로 이 사람들이 이제 국민의 대표로 선출되어 새로운 헌법을 만들었고, 헌법 조항에 따라 법률을 통과시켜 진실화해위원회를 탄생시켰다. 진실화해위원회는 일부 건방진 이상주의자들의 작품이 아니라, 통상 다음 선거를 염두에 두고 처신하며 자신들을 공직에 앉히기도 하고 권력에서 쫓아낼 힘도 있는 유권자들을 의식하는 실제적인 정치가들의 산물이었다. 이 정치가들과 의원들은 넬슨 만델라와 그의 후계자 타보 음베키의 지도하에서 활동했다. 그들이 법률을 적용하여 시행한 일이 유권자들의 정서와 맞지 않았다면, 그것은 그들에 대한 여론조사 점수에 반영되었을 것이다. 치열한 논쟁이 있었던 3년간의 진실화해위원회 활동을 통해 많은 사면이 이루어진 후 정치 지도자에 대한 인기투표가 있었는데, 넬슨 만델라는 10점 만점에 거의 8점을, 음베키는 거의 7점을 받았다. (그다음 순위의 경쟁자는 고작 3점이었다.) 압제가 끝나고 처음 들어선 민주정부에 대해 유권자들은 환멸을 느끼게 마련이다. 하지만 아프리카 민족회의는 지키지 못한 약속이 많고 기대에 못미치는 부분이 있음에도 여전히 국민의 지지를 받고 있다. 협상에 참여하고 진실화해위원회 법률을 제출한 사람들이 피해자들을 대표할 자격이 있고 국민의 지지를 받았다고 **주장하는 것이 불합리한 일은 아닐 것이다.** (런던 킹스칼리지에서 나를 가르친 어느 교수님의 잊히지 않는 표현을 빌려 보았다.)

그들은 피해자들이 범죄자들에 대한 형사고발권뿐 아니라 민사배상 청구권까지 포기하는 것이 평화로운 체제 이행을 위해 치러야 할 대가라고 받아들였다. 그들은 피해자로서 이런 결정을 내렸고, 그것이 피해자들을 위한 것이라고 주장할 수 있었다. 그러나 결코 가볍게 내린 결론이 아니다. 이것 때문에 많은 사람들이 크게 괴로워한 것은 사실이다. 하지만 사면을 받아도 형사책임만 없어질 뿐 민사상 책임이 여전히 남는다면 사람들이 아예 사면을 신청하지도 않을 가능성이 높다. 그들을 진실화해위원회로 이끈 당근의 매력은 현저히 줄어들었을 것이다. 사전에 침묵을 지키기로 공모했거나 진실을 말하지 않기로 동료들과 약속해

두어 끔찍한 잔학 행위에 동참한 사실이 잘 감춰져 있던 경우라면, 기소당할 위험을 무릅쓰고라도 버티는 사람이 더 많았을 것이다. 말란 장군과 공동 피고인들이 방면된 후 남아공 공군에서 근무한 많은 사람들이 바로 그런 선택을 내렸다. 그래서 우리는 완벽하지는 않지만 현실적으로 최선의 선택을 찾아냈다. 범죄자들에게 자유를 주고 진실을 얻는 것이다.

범죄자들에 대한 피해자들의 민사배상 청구권을 박탈한 터라, 진실화해위원회 활동에서 배상은 매우 중요한 문제가 된다. 배상은 위원회의 활동에서 거의 조명을 받지 못하는 부분이지만 화해의 기반을 놓는 과정에서 핵심적인 위치를 차지한다. 그래서 우리는 진실화해위원회 보고서에서 이렇게 밝혔다.

"적절한 배상과 재활 조치 없이는, 개인 차원에서도 공동체 차원에서도 치유와 화해는 있을 수 없다. … 게다가 … 배상은 사면 조치의 보완 차원에서도 필수적이다. 사면 조치는 피해자들이 범죄자들에게 민사소송을 제기할 권리를 박탈한다. 따라서 정부는 배상 책임을 받아들여야 한다."

헌법재판소 판결문에서 마호메드 헌재소장은 국가에 민사소송을 제기하여 보상받을 기회를 한정된 피해자들에게 허용하는 것보다는, '섬세하고 개별화된 배상' 정책을 세우는 것이 아파르트헤이트가 남긴 광범위한 문제들에 좀 더 창의적으로 대응할 방법을 제공할 것임을 명료하고 설득력 있게 지적했다.

수많은 사람들이 참으로 오랫동안 어리석고 비인간적인 인종차별의 결과로 '말 못할 고통과 불의'를 견뎌야 했다. 고문과 학대로 기본적인 인권이 침해당한 사람들의 가족들만이 피해자인 것은 아니다. 갓 태어났거나 앞으로 태어날 수많은 세대의 아이들이 인종차별 정책이 만들어 내고 유지한 가난과 영양결핍, 무주택, 문맹, 무력함의 결과와 그것이 수많은 사람들의 생명과 삶에 끼치는 뚜렷한 영향을 피하지 못할 것이다. 우리나라는 이 엄청난 잘못을 완전히 뒤엎을 재원도 기술도 없다. 이전 세대 대다수 국민에게는 진정한 발전의 기회가 원천적으로 막혀 있었다. 처음에는 인종차별 정책 때문이고, 그것이 공식적으로 종언을 고한 뒤에는 그 정책이 남긴 필연적 결과가 오랫동안 이어졌기 때문이다. 하지만 이제 새로운 세대들에게는 진정한 발전의 기회가 열렸다. 그들이 정당한 꿈을 이루기 위해서는 '우리 사회를 재건'하기 위한 투철한 사명과 굳은 다짐과 노고가 오랜 세월 있어야 할 것이다. 국가의 자원이 창의적이고 지혜롭고 효율적이고 공평하게 나누어 쓰여야만 우리 사회의 재건 과정이 올바로 진행될 수 있고, 가능한 한 사회의 많은 영역에 가장 적절하게 자원을 제공하고 희망을 안겨 줄 수 있으며, 인종차별의 과거가 물려준 수치와 고통에 직간접적으로 짓눌려 있던 모든 사람의 잠재력과 재능이 적절히 계발되어 나라 전체가 유익을 얻을 수 있다.

헌법의 협상자들과 나라의 지도자들은 이런 고민스러운 문제들에 맞서 어려운 결정을 내려야 했을 것이다. 그들은 국가공무원들이 저지른 살인, 고문, 공격에 피해를 입은 사람들에게 엄청난 국가배상금을 지급하는 데 한정된 자원을 우선적으로 사용할 수도 있었다. 그것은 교육과 주택, 주요 보건서비스 등의 핵심적 분야에서 절실히 필요로 하는 투자를 그만큼 포기한다는 뜻이었을 것이다. 그러나 그들은 여러 다양한 요구 사항들을 고려해 그와 다른 결정을 내렸다. 그들은 공소시효가 지난 과거의 사건들과 최근의 사건들을 구분하여, 민사소송에 대한 국가배상 책임을 제한하기로 결정할 수도 있었을 것이다. 그러나 그들은 그런 결정은 불합리하다고 보고 거부했다. 그들은 국가공무원들의 범법 행위로 피해를 본 단체들에게 보상금을 지급한 보험사들이 제기한 배상 책임을 국가에 지울 수도 있었다. 그것은 굶주린 자들에게 음식을 제공하고, 집 없는 자들에게 집을 주며, 정원을 이미 훌쩍 초과한 학교에 입학하기 원하는 학생들에게 흑판과 책상을 제공하는 데 절실히 필요한 자금들을 그만큼 포기한다는 뜻이었을 것이다. 하지만 그들은 학생들과 가난한 사람들과 무주택자들의 권리를 우선적으로 생각하기로 했다.

헌법 제정자들이 선거에 승리함으로써 의회는 '사회 재건'에 더욱 힘을 쏟는 동시에 그 과정에서 더욱 폭넓은 '배상' 개념을 반영할 수 있게 되었다. 이제 국가는 자원이 필요한 여러 시급한 일들을 챙기면서 과거의 분쟁 속에 인권을 유린당한 개인과 가족들의 '말로 다할 수 없는 고통'도 참작할 수 있게 된 것이다. 어린 자녀의 미래를 준비하기 위한 학비가 가장 아쉬운 가족들도 있을 것이고, 직업훈련과 재활이 가장 효과적인 배상이 될 가족도 있을 것이다. 여러 외과적 치료와 의료 지원이 우선적으로 필요한 가정도 있겠고, 집세가 밀려 쫓겨나지 않도록 보조금을 지급해야 할 가정들도 있을 것이다. 그런가 하면 희생자의 용기와 고결함을 기리는 문구를 적은 묘비를 세우는 일이 남은 가족의 상처를 위로하는 데 도움이 될 수도 있다. 두 사람이 똑같은 불법 행위를 당해 똑같은 피해를 보았다 해도, 한 사람은 공직에 있으면서 잘살고 있고 또 한 사람은 가난하게 살고 있다면 배상의 형태와 내용이 달라야 할 것이다.

국민통합화해촉진법과 진실화해위원회가 만델라 대통령에게 제출한 권고안은 법에 따라 배상받을 수 있는 피해자를 정하는 조항을 마련했다. 진실화해위원회 위원들은 '보상'이라는 단어 사용을 의도적으로 피했다. 사랑하는 남편, 아버지, 가장이 잔인하게 살해당한 그 가족에게 보상할 방법이 없기 때문이다. 그 상실이 주는 고통은 측정할 도리가 없다. 더욱이 우리가 그들에게 모종의 보상을 시도한다 해도, 피해자들의 상황이 모두 다른데 어떻게 같은 보상을 할 수 있겠는가? 따라서 대통령과 의회에 제출한 위원회 권고안은 피해자로 지정된 사람들에게 상당한 액수의 금액을 지급하되 그것이 실질적인 보상이라기보다는 상징적인 의미를 갖게 될 것임을 인정해야 한다고 규정했다. 그것은 어떤 면에서 국가가 피해자들에게 이렇게 말하려는 시도였다.

"당신이 엄청난 권리 침해를 당하셨음을 인정합니다. 그 무엇도 사랑하는 사람을 대신하진 못할 것입니다. 그러나 한 국가로서 우리는 이렇게 말하려 합니다. 죄송합니다. 당신이 고통으로 받은 상처를 깨끗하게 해 드리고 싶습니다. 이 배상금은 그 상처가 낫도록 돕고자 붓는 향유이고 연고입니다."

진실화해위원회법은 위원회가 '피해자 친화적'이 되어 피해자들의 인간적·시민적 존엄의 복권에 힘쓰도록 훌륭하게 권고하고 있다. 그러나 여기에는 범죄자와 피해자에 대한 조치가 불균형하다는 커다란 약점이 있었다. 사면 신청이 제대로 이루어질 경우 범죄자들은 즉시 사면된 반면, 피해자들의 경우는 진실화해위원회가 활동하고 몇 년이 지나서야 대통령에게 보고서가 건네져 배상을 권고할 뿐이었다. 그러면 대통령은 자신이 받은 권고안을 의회에 넘기고, 의회는 다시 특별위원회를 통해 활동을 개시할 터였다. 이런 과정을 거쳐 진실화해위원회의 권고안이 마침내 의회의 승인을 받게 되면, 그때 비로소 피해자들에게 배상금이 지급될 수 있을 것이다. 불행히도 이것은 매우 복잡한 과정이어서 진실화해위원회 활동이 시작된 지 3년이 지나도록 최종 배상에 대한 승인이 나지 않았고, 그동안에도 범죄자들의 사면은 줄곧 이루어졌다. 위원회에서 증언했던 피해자들의 좌절과 분노, 진실화해위원회가 내세운 피해자 친화성을 비웃으며 위원회 활동이 실제로는 범죄자

친화적이라고 주장한 가혹한 비판자들의 냉소를 충분히 이해할 만했다.

진실화해위원회 위원들도 촉진법의 이런 측면에 불만을 토로했다. 그 결과, 1998년 10월 29일 보고서가 대통령에게 건네질 무렵 진실화해위원회가 피해자로 지정한 2만 명 안팎의 사람들에게 소위 '긴급임시지원금'이 지급되기 시작했다. 이 긴급지원금은 피해자 1인당 대략 2,000란드(미화 330달러) 정도의 균일한 액수였다.

더 나아가 위원회는 보고서를 통해 국가가 피해자들에게 '개별 배상금'을 지급할 것을 권고했다. 우리가 희망하는 배상액은 거의 모든 피해자가 최고 23,000란드(미화 3,830달러)에 이르는 최종 배상금을 6년 내에 받는 것이다. 우리는 그 비용이 29억 란드(미화로 거의 4억 7,700만 달러)에 이를 것으로 추정했다. 보고서 작성 당시, 정부는 향후 3년에 걸쳐 이 액수의 5분의 1에 해당하는 예산을 편성했다.

피해자들에게 개별적으로 돈을 지급하라는 위원회의 권고안은 많은 의문을 불러일으킨다. 고통에 현금 가치를 매길 수 있는가? 부족한 국고로 감당해야 할 일이 너무나 많은 현실을 고려할 때, 남아공이 과연 이 정도 액수라도 감당할 수 있을 것인가? 인종차별이 참으로 반인륜적 범죄 행위였고, 5인의 원로 판사가 지적한 것처럼 그 자체로 엄청난 인권 침해였다면, 그 사악한 체제하에서 고통받은 모든 사람을 피해자로 지정해야 마땅할 것이다. 이 모든 과정에 공정함이 살아 있는가? 강제이주를 당한 사람들, 교육을 제대로 받지 못해 미래가 완전히 막혀 버린 사람들, 인종별 불평등한 자원 배분의 결과로 영양결핍에 따른 질병에 걸린 사람들은 어떻게 할 것인가? 목록은 거의 끝없이 이어질 수 있을 것이다.

진실화해위원회 위원들 모두가 국민통합화해촉진법에서 인권 침해의 시기와 범위를 제한적으로 규정한 것이 상당히 자의적이란 걸 알았다. 그러나 입법부는 감당할 수 있는 범위 내의 문제를 다룬다는 원리를 따른 것이다. 배상 시점이 1960년 이전까지 훨씬 더 거슬러 올라가야 했다는 주장은 분명히 일리가 있다. 어쩌면 1948년을 출발점으로 잡을 수도 있었을 것이다. 그해, 국민당은 처음으로 집권하여 인종차별적인 법률들을 무차별적으로 통과시키기 시작했다. 이 법률들의 목적은 남아공 국민 대다수의 기본 인권을 체계적으로 짓밟고 그들을 자신들이 태어난 나라의 이등 시민으로 전락시키기 위함이었다. 하지만 1960년을 출발점으로 삼은 의회의 결정은 위원회의 임무를 달성 가능한 수준으로 제한해 준다는 점에서 상당히 분별 있는 것이었다. 또 그것은 남아공이 과거를 처리하는 데 너무 오랫동안 발이 묶여 아예 과거의 포로가 되어 버리거나 평화로운 체제 이행에 큰 방해를 받는 상황을 막아 주었다.

같은 논리에서 우리는 위원회를 찾아온 피해자들에게만 배상 자격을 주는, 소위 피해자 '한정 목록'을 정하라고 정부에 권고했다. 위원회는 이미 광범위한 홍보활동을 벌여 증언의 기회를 충분히 주었으므로 위원회에 나와 증언하거나 진술하는 수고를 감수한 사람에게만 배상 혜택을 주어야 한다고 주장했다. 정부가 파악할 도리 없는 피해자들을 찾아내어 배상금을 지불하는 일을 어찌 감당할 수 있겠는가.

배상의 의미에 대해서는 누구도 환상을 갖지 않았다. 진실화해위원회 활동의 후원자인 둘라 오마르 법무장관은 위원회 보고서 발표 이후 벌어진 논쟁에서 남아공은 피해자들의 나라이자 좀 더 중요하게는 생존자들의 나라라는 점을 상당히 정확하게 지적했다. 그는 또 개인적 배상보다는 공동체적 배상이 고려되어야 한다고 말했다. 인종차별 정책으로 개인보다 공동체가 더 큰 피해를 본 경우가 종종 있었기 때문이다. 하지만 개별 배상을 받을 자격이 있는 사람들이 배상을 받지 못하는 일이 없도록 모든 조치를 다해야 한다는 나의 확신에는 변함이 없다. 분별력 있는 사람들 대부분이 이런 내 생각에 동의할 것이다. 피해자들은 이미 자신들의 손해배상 청구권을 포기하지 않았는가. 그들에게 지나치게 많은 희생을 강요해서는 안 된다.

우리 진실화해위원회 위원들은 위원회를 찾아온 피해자들의 기대와 요구 사항이 너무나 소박하여 종종 큰 부끄러움을 느꼈다.

"우리 아이를 위해 묘비를 하나 세울 수 있을까요?"

"진실화해위원회가 남편의 유해를 찾도록 도와주실 수 있나요? 그냥 뼛조각 한 점이라도 괜찮아요. 제대로 장례를 치러 주고 싶거든요."

"우리 아이들을 교육시킬 수 있도록 지원금을 받을 수 있을까요?"

더없이 소박한 것을 요청하는 이 사람들을 실망시킨다면 너무나 슬플 것이다. 우리는 정부 재정을 요구하는 일이 얼마나 많은지 잘 안다. 대단히 어려운 선택을 해야 할 상황이 많을 것이다.

위원회는 쓰러진 영웅들의 이름을 따라 거리와 학교의 이름을 짓고 그들을 기념하여 병원, 지역주민센터, 휴양시설 같은 공공시설을 세울 것을 권고했고, 이 일들은 벌써 이루어지고 있다. 또 우리는 우리가 누리는 자유를 위해 큰 희생을 감수한 사람들을 기념하는 기념비와 기념물들을 세워야 한다고 생각했다. 인종의 구분을 넘어 가능한 한 많은 사람들을 포괄하고, 보복심을 부추기기보다는 긍정적인 방식으로 그들을 기억하도록 도와주는 기념물이 되어야 할 것이다. 일부 사람들을 소외시키지 않고 치유와 화해의 과정에 기여할 수 있는 기념물. 우리를 찢어 놓고 적의와 부조화를 부추기려 하던 해묵은 것들이 무너졌으니 이제 우리를 다시 이어 줄 기억들을 만들어야 한다. 나는 역사적인 총선, 넬슨 만델라의 대통령 취임, 럭비 월드컵이나 축구 아프리카네이션스컵 우승처럼 우리를 한데 묶어 준 행사와 사건들을 기념했으면 한다. 그런 사건들은 이 나라가 참으로 무지개국가('다양한 인종이 조화를 이루는 나라'를 표방하는 남아공의 별칭.—옮긴이)라는 사실을 알게 해주었다.

우리가 무한한 자원을 보유하여 모든 피해자에게 지난

날 겪은 학대에 적절하게 보상할 수 있다면 얼마나 좋을까. 하지만 불행히도 오늘날의 현실은 가혹하다. 우리의 자원은 한정되어 있으며 이 자원을 요구하는 목소리는 다양하고 절박하다. 주어진 자원을 가장 공평하게 나누기 위한 선택과 판단이 이루어져야 한다.

　우리는 사면과 배상의 길을 선택했다. 황폐한 과거에서 떠나 더 나은 미래의 약속에 이르기 위해 헌법이 '역사적 다리'라 부른 그 길을 건너고 있다. 진실화해위원회는 그 기둥의 하나가 될 것이다. 어쩌면 다른 길들을 택하는 것이 나았을 수도 있다. 그럴지도 모른다. 그러나 남아공은 이 길을 선택했다. 우리는 이미 이 길을 걸어왔고, 이 선택이 국민통합과 화해 촉진에 중요한 기여를 했다고 믿는다.

5

용서의 물꼬를 트다

대주교 임기가 얼마 남지 않았을 때였다. 1995년 9월에 열린 주교회의는 두 번째 모임에서 만장일치로 나를 진실화해위원회 위원 후보로 뽑아 대통령에게 지명 추천했다. 나는 200여 명에 이르는 후보 명단에서 최종 후보로 뽑힌 45명 중 한 명이었다. 우리는 남아공의 중심지 여러 곳에서 여러 당파로 구성된 심사위원단이 개최한 공청회에 참가해 면접을 받았다. 심사위원단은 그중 25명의 명단을 대통령에게 보냈고, 대통령은 국민통합정부의 각료들과 상의하여 17명을 신설 진실화해위원회 위원으로 뽑았다. 나는 위원장으로, 알렉스 보레인 박사가 부위원장으로 뽑혔다.

대통령의 요청을 받으면 선택의 여지가 별로 없다. 만델라 대통령에게 누가 안 된다고 말할 수 있겠는가? 간절히 바라던 안식년은 물 건너갔다. 하지만 나는 거의 3년 동안 힘은 들었지만 참으로 즐거웠던 위원회 활동을 통해 끔찍한 잔학 행위들에 대한 가슴 아픈 사연들도 듣고, 수많은 동포가 보여 준 비범하도록 관대한 정신에 깊은 감명을 받았다. 그것은 놀라운 특권이었다.

대통령은 1995년 12월 15일 자 정부 관보에 우리를 진실화해위원회 위원으로 임명한 사실을 공식 발표했고, 우리는 그다음 날인 12월 16일에 첫 모임을 가졌다. 어떤 사람들은 우리가 첫 모임을 가진 공휴일이 '화해의 날'이라는 사실을 길조로 여겼다. 진실화해위원회로서는 그것도 그리 나쁘지 않았지만, 그날은 우리 위원회가 추구하는 목표를 암시한다는 점에서 더욱 의미가 깊었다. 그 공휴일은 흥미로운 변화를 겪어 왔다. 한때 사람들은 그날을 '딩간 (Dinggan)의 날'이라 불렀다. 하지만 줄루족 추장 딩간을 기념하기 위한 것은 아니었다. 그날은 '원주민'을 백인과 동등하게 대하려는 듯한 영국의 정책에 분노하여 1830년대에 케이프 식민지를 떠난 소수의 아프리카너 '이주민들' (Voortrekkers)이 거둔 뜻밖의 승리를 기념하는, 백인 강경파적 색채가 짙은 공휴일이었다.

그들은 하나님이 이집트의 속박에서 그분의 백성을 구해 낸 출애굽을 자신들이 재현한다고 보고, '대이주'(Great Trek)라 불리게 되는 길에 나섰다. 그들은 영국 제국주의의 속박에서 탈출하는 새로운 택한 백성, 하나님의 선택된 자들이었다. 1838년에 이주민 무리 중 하나가 줄루족 군대의 임피스(impis), 즉 대규모 병력과 전투를 앞두게 되었다. 그들은 닥쳐 올 버거운 싸움에서 이기도록 하나님께 축복을 구하며 처음으로 간절히 기도했고, 하나님이 미개한 원주민 무리를 이기게 해주시면 그날을 엄숙한 기념일로 길이길이 지키겠노라 맹세했다. 그들은 짐마차들로 야영지를 둘러싸고 그것을 일종의 이동식 요새—이것을 '라거'(laager)라고 한다—로 삼아 몸을 숨기면서 적들을 격퇴하는 새로운 전략을 채택했다. 그러자 기적에 가까운 일이 벌어졌다. 하나님이 그들의 기도에 응답하셨고 그들은 엄청난 수적 열세를 딛고 전투에서 완벽한 승리를 거두었다. 그때부터 아프리카너들은 12월 16일에 일어난 '피의 강 전투'의 승리를 기념했다. 그들은 이 승리가 흑인 이교도 원주민들에 대한 자신들의 우월성을 분명히 보여 준다고 생각했다. 12월 16일은 이 사실을 기념하는, 철저하게 백인우월주의적이고 파벌적인 공휴일이었다. '라거 정서'(laager mentality)는 꽉 막힌 사람들, 외부의 영향력을 받아들일 수 없는 이질적 요소로 여겨 거부하며 반대하는 사람들이 보여 주는 태도, 즉 닫힌 마음을 가리킬 때 가끔 쓰는 경멸조의 표현이다.

딩간의 날은 남아공 흑인들 사이에서 악명을 떨쳤다. 그들은 그날이 오는 것을 두려워했다. 몹쓸 옛 시절, 그날이 되면 어린 나는 우리가 살던 흑인 타운십에서 백인 구역으로 가지 말라는 충고를 들었다. 그 조언을 무시하면 끔찍한 일을 겪게 될 거라고 했다. 그 공휴일에는 대부분 흑인들이 역병이라도 도는 양 시내를 피해 다녔다. 무모하게 그 조언을 무시한 흑인들이 어떤 일을 당했는지에 관한 소름 끼치는 이야기들도 많았다. 그들은 인종차별적 공격을 당하고 야유와 모욕적인 말을 들어야 했다. 수염을 기른 흑인들이 수염을 잡아 뜯겼다는 이야기들도 있었다. 백인들이 수염을 옛 이민자들의 특징으로 여겼기 때문에 흑인이 주인의 선조들의 스타일을 따라하는 것을 참지 못한 것이다. 요약하면, 그날은 국민적 통합과 화해를 촉진하는 데 중요한 기여를 할 가능성이 거의 없었다. 그래도 변화, 또는 변화의 시도가 일어나기 시작했다.

백인우월주의적인 그 공휴일이 '딩간의 날'로 알려지다니, 정말 이상한 일이었다. 마치 줄루족 딩간 왕을 기념하는 이름처럼 들리기 때문이다. 하지만 딩간의 날은 사실 그의 패배를 기억하는 날이다. 그래서 1948년부터 아파르트헤이트를 공식적으로 도입한 국민당 정부는 '언약의 날'로 이름을 바꾸었다. 개명 지지자들은 그날이 기념하는 것이 줄루족의 군사적 패배가 아니라 아프리카너들과 하나님의 언약이라고 주장했다. 정부가 반투 홈랜드 정책을 받아들이도록 줄루족을 설득하는 시점에서 그들의 쓰라린 패배의 상처를 자극하는 것이 적절하지 않다고 여긴 것이다. 그들은 이 정책 덕분에 흑인들이 종족별로 나뉜 작은 흑인 국가들(반투 홈랜드)에서 자치권을 누리며 살게 될 거라고 말했다. 하지만 이 정책이 보장하는 독립은 남아공과 그 위성국가들을 제외한 전 세계 어느 나라의 인정도 받지 못한 허울뿐인 것이었다. 이 이상한 나라의 앨리스 같은 계획에 따르면, 남아공의 흑인들은 자신이 태어난 나라 남아공에서 이방인이 되어 정치적 권리를 전혀 행사할 수 없게 될 터였다. 국민당 관계자들은 이 정책으로 남아공이 탈식민지화 과정에 새롭게 참여하고, 흑인들이 새로운 국가들을 발전시켜 가도록 돕게 된다고 진지하게 선전했다. 하지만 실제로 그것은 '분할 통치'라는 오래된 정책의 현대판에 불과했다. 남아공 흑인들이 다양한 부족 공동체의 구성원이 아니라 아프리카인으로 단결하려는 운동을 종족주의를 부추겨 무력화하려는 전략이었다. 백인 우월주의 지지자들은 아무리 터무니없고 부도덕한 정책이라도 얼마든지 밀어붙일 준비가 되어 있었다.

그들은 기념일의 초점이 조금 더 종교적인 것에 맞춰지길 바랐다. 선조 이민자들이 전투 전날 하나님께 했던 약속, 즉 하나님이 적을 이기게 해주시면 그 승리를 영구히 기념하여 지키겠다고 한 언약을 부각하고 싶어 했다. 그래서 공휴일 이름은 '언약의 날'로 바뀌었다. 딩간의 날이 언약의 날이 된 것을 생각하면, 그날이 다시 '화해의 날'로 바뀐 것은 그리 큰 변화도 아니다. 화해의 날은 치유와 화해를 촉진하고, 남아공이 (1955년 해방운동이 채택한 '자유헌장'의 표현에 따르면) "그 안에 사는 모든 사람의 것이다"라는 사실을 널리 알리는 날이 된 것이다.

'화해의 날'은 진실화해위원회를 뒷받침하는 철학을 구현하고 있었다. 한마디로, 점점 더 많은 남아공 사람들이 공통점들, 즉 다양한 사람들을 한데 묶어 주고, 서로 배제하지 않고 받아들이게 해주고, 한 인종을 모독하거나 어느 한

쪽만 높이고 다른 쪽은 깎아내리려 하지 않는 행사나 사람이나 축제를 찾게 하자는 취지였다. 구성원들이 무척 오랫동안 서로에게 소외되어 왔고, 불의하고 차별적인 법들 때문에 서로 적대감만 키워 온 사회가 실천하기엔 무리한 요구였다. 그러나 우리가 무지개 국민으로 살아남으려면 그 과정에서 반드시 성공을 거두어야 했다.

우리가 '화해의 날'에 만난 것은 바로 그런 이유 때문이었다.

우리는 케이프타운의 성공회 대주교 공관인 비숍스코트에서 만났다. 이 사실도 묘한 감동을 주었다. 한때 비숍스코트는 1652년에 남아공 최초의 백인 이주자가 된 얀 반 리베이크의 저택 보스헤펠로 알려졌었기 때문이다. 동양으로 가는 선원들을 위한 중간 기착지를 세우기 위해 네덜란드에서 케이프로 온 그는 자신이 정착한 지역에 토착민 코이코이족 사람들이 들어오지 못하게 하려고 억센 아몬드나무 울타리를 둘렀다. 지금도 비숍스코트 근처에서 그 울타리 중 남은 것들을 볼 수 있다. 저널리스트 앨리스터 스파크스가 지적한 것처럼,[1] 그 울타리는 미래의 남아공 모습을 상징하고 있었다. 반 리베이크는 유럽을 아프리카로 들여왔고, 아프리카 사람들은 자기 땅에서 밀려나야 할 이방인이 되었다. 남아공의 백인들과 다른 인종들 간의 적대감과 갈등으로 얼룩진 과거의 한 부분을 살펴야 하는 위원회가 한 나라 역사의 색채를 상당 부분 정해 버린 사람의 집이었던 곳에서 모인다는 것은 매우 뜻깊은 일이었다. 우리의 임무는

1960년부터 1994년까지 34년의 기간을 다루는 것이었지만, 실제로는 1652년부터 우리의 아름다운 땅에서 벌어진 일 전부를 다루고 있었다.

비숍스코트에서 진실화해위원회가 모이는 것은 내게 특별한 감동을 주었다. 1980년대 후반, 점점 더 억압적이 되어 가는 아파르트헤이트 정권에 맞서 계속 커져 갔던 저항 세력의 지도자들이 그곳에서 자주 모였다. 1989년 9월 13일 있었던 대규모 행진도 당시의 어떤 모임에서 결정된 일이다. 그 행진은 이후 몇 주 동안 전국에서 일어난 대규모 시위들의 기폭제가 되었고, 1990년 2월 2일 데 클레르크 대통령이 발표한 획기적인 변화들을 이끌어 내는 데 기여했다. 그 행진은 1989년 9월 6일의 인종차별적 선거를 거부하자고 촉구하는 과정에서 일어났다. 평화 시위 도중 케이프타운 부근에서 몇 사람이 치안부대에 의해 살해됐다. 사상자 중에는 어린아이들도 있었는데, 그중 어떤 아이들은 자기 집 마당에 서 있다가 총에 맞았다. 나는 벌써 스무 명이 죽었다는 보고를 받고 괴로운 심정으로 비숍스코트 예배당으로 들어가 눈물을 흘리며 하나님께 항의했다.

"어떻게 이런 일이 벌어지도록 두실 수 있습니까? 어떻게 그들이 우리에게 이런 일을 하도록 내버려 두실 수 있습니까?"

천국에 긴급 직통전화를 설치한 건 아니었지만, 하나님과 씨름한 후 예배당에서 나올 때 나는 그분이 우리가 행진하기 원하신다는 걸 알았다. 나는 깜짝 놀란 스태프 앞에서 우리가 평화행진을 할 거라고, 분노를 토해 낼 길을 찾고 있는 케이프타운 사람들의 울분을 보여 줄 거라고 선언했다.

1990년 2월 11일, 넬슨과 위니 만델라 부부가 27년의 감옥살이를 마치고 첫 번째 자유의 밤을 보낸 곳도 비숍스코트였다. 그날 저녁, 그곳에서 만델라는 백악관을 포함한 각국 대통령과 왕들의 전화를 받았고, 다음 날에는 최측근 동료들과 향후 전략을 세웠다. 나는 그 모임에 들어가 국가(國歌)와 다름없는 찬양 "오, 진리의 주 하나님, 당신의 뜻이 이루어지이다, 이루어지이다"(Lizalis' idinga lakho)를 부르기 시작했고, 모인 사람들 모두 목숨이 거기 달린 듯 힘차게 노래했다. 그다음 나는 하나님이 하신 놀라운 일들에 감사하며 기도드렸다. 그곳에 모인 모든 사람과 우리나라를 긍휼히 여겨 달라고 기도했다. 그러고 나서 그들끼리 회의를 하도록 자리를 떴다. 출옥 후 만델라가 최초의 기자회견을 한 곳도 비숍스코트의 정원이고, 나중에 교회 지도자들이 흑인 정치 지도자들을 불러 모아 중요한 수뇌회의를 연 곳도 그곳이다. 그리고 바로 그날, 가장 급진적인 지도자 몇몇이 이전까지는 아파르트헤이트 정부와 협력했다는 이유로 상종 못할 자들이라 혹평했던 홈랜드 지도자들과 협상 테이블에 앉기로 처음으로 동의했다.

비숍스코트에서 모인 진실화해위원회 위원들은 비슷한 규모인 남아공의 어떤 모임보다 구성원이 다양했다. 총 열여섯 명인데 위원 한 명은 참석하지 못했다. 흑인 열 명,

백인이 여섯 명이고 그중 두 명은 아프리카너였다. 컬러드, 인도인, 아프리카인, 백인 등 우리 사회의 모든 인종이 다 있었다. 정치적으로는 좌파부터 보수적인 백인 우파까지 있었다. 크리스천이 다수였고, 무슬림, 힌두교인이 한 명씩, 신앙을 버린 사람들도, 그리고 불가지론자도 한두 명 섞여 있었다.

보레인 박사는 야당 의원으로 활동한 적이 있는데, 당시 의회에서 그의 견해는 친(親)아파르트헤이트 의원들의 거센 공격을 받았다. 그는 의회 내에서의 활동에 한계를 느끼고 1980년대에 의회를 떠나 민주주의를 위해 의회 바깥에서 일하는 단체들을 세우고 거기서 일해 왔다. 메리 버튼 씨는 남아공 흑인들의 권리를 위해 일하는 여성 운동 조직 '검은띠'(the Black Sash)에서 열성적으로 활동한 것으로 알려져 있었다. 크리스 데 야헤르는 극우파 정당의 당원이었고 판사 출신의 수석변호사였다. 봉가니 핑카 목사는 아파르트헤이트에 맞서 싸운 이스턴케이프의 유명한 교회 지도자였다. 시시 캄페페 씨는 노동권 투쟁에 깊이 관여한 변호사였다. 리처드 리스터 씨는 싸움으로 분열된 나탈 주에서 일한 인권 변호사였다. 위넌드 말란 씨는 여당인 국민당 의원으로 있다가 탈당하여 새로운 백인 야당 결성을 도왔다. 코자 응고조 박사는 감리교 총회장과 남아공 교회협의회 회장을 맡았고 나탈 주에서 평화를 위해 일하는 나탈 교회 지도자의 중요한 일원이었다. 흘렝기위 음키제 씨는 정신보건 전문의로, 공무원으로 일한 심리학자였다.

종종 알렉스 보레인이나 내 역할을 대신한 두미사 응체베자 씨는 정치범이었고, 이스턴케이프에서 대표적인 인권변호사로 일했다. 웬디 오르 박사는 이스턴케이프 주에서 주정부 의사로 일했는데, 구금자들 사이에서 고문의 증거를 발견한 후 그곳 경찰을 상대로 법원 금지명령을 받아내어 명성을 얻었다. 수석 변호사 덴질 포트히터는 여러 정치재판 변호사로 나섰던 케이프타운의 변호사였다. 마풀레 라마샬라 박사는 임상심리학자였고 망명생활을 했으며 의료연구회의에서 고위직을 맡았다. 파젤 란데라 박사는 인종차별에 맞선 투쟁에 오랫동안 활발히 참여한 의사였다. 야스민 수카 씨도 변호사였고 여러 종교 단체가 함께 참여하는 '세계종교인평화회의'의 남아공 책임자였다. 글렌다 윌드슈트 씨는 정신과 간호사이자 케이프타운에 있는 '폭력피해자 트라우마센터'의 리더로서 고문과 분쟁의 피해자들을 치료한 상당한 경험이 있었다.

모임 장소는 나중에 위원회의 자체 사무실로 옮겼지만, 첫 번째 비숍스코트 모임에서 우리는 위원회 소속 3개 소위원회에 위원들을 배치했다. 17명 중 15명은 인권 침해 소위원회와 배상재활 소위원회 중 한 곳으로 배치되었다. 인권 침해 소위원회 위원장은 내가 겸임했다. 위원회는 이두 소위원회에 추가로 위원을 임명할 권한이 있었다. 그래서 두 소위원회의 총 인원은 17명이 되었는데, 나중에 추가된 두 위원은 위원회의 공식 멤버는 아니었다. 이 두 사람을 추가로 뽑을 때도 지역, 성별, 정치적·종교적 대표성을 진지하게 고려하여 진실화해위원회 구성이 편파적이지 않도록 만전을 기했다. 진실화해위원회에 유대인과 백인 네덜란드 개혁교회(Dutch Reformed Church, DRC) 지도자가 적어도 한 명씩 들어오게 한 것이 그 예다.

변호사였던 두 위원은 사면 소위원회에 임명되었다. 얼마 후 대통령이 다시 세 명의 판사를 임명하여 사면 소위원회는 총 5명으로 구성되었다. 그 후 7,000건이 넘는 사면 신청을 처리하면서 속도를 높이기 위해 구성원을 19명으로 늘렸다. (사면 소위원회는 진실화해위원회에서도 독특한 위치를 차지했다. 진실화해위원회 위원은 아니지만 대통령이 직접 임명한 판사들이 이끌었고, 자율적인 의사결정권이 있었다. 나는 물론 사면 소위원회 외부의 어떤 위원도 사면 제공 여부에 대한 판단에 영향력을 행사할 수 없었다. 법적으로 위원회는 사면 소위원회의 결정을 검토할 수 없었다.)

초기 모임에서 위원회는 지역별로 나누어 활동하기로 했다. 그래서 더반, 이스트런던, 요하네스버그, 케이프타운에 각각 사무실을 열었다. 케이프타운은 진실화해위원회의 본부이기도 했다. 얼마 후 우리는 350명가량의 직원을 확보해 활동을 개시했다. 사무실 공간을 찾아내고 직원을 임명하는 데 탁월한 역량을 발휘한 보레인 박사가 가장 큰 역할을 했다.

우리 위원회처럼 거대한 조직을 맨 처음부터 시작하는 부담스러운 임무는 철천지원수에게라도 맡기고 싶지 않다. 그러나 우리는 포기하지 않았고, 결국 유능하고 양심적이고 헌신된 위원과 소위원회 멤버, 직원들로 구성된 효율적인 조직을 만들어 냈다. 그런 탁월한 팀의 책임자가 된다는 것은 대단한 특권이었다. 이기는 팀을 이끄는 건 언제나 쉬운 일인데, 우리가 바로 그런 조직이 되었다. 나는 그들에게 뜨거운 찬사를 보내고 싶다. 우리가 보고서를 제출하기 전에 동료 위원 두 명이 사임했다. 라마샬라 박사는 더반웨스트빌 대학의 교장이자 부총장으로 임명되었고, 보수당 의원이던 변호사 데 야헤르는 자신과 뜻이 맞지 않는 위원회 위원직을 계속 맡을 수 없다고 느꼈다. 그러나 그는 사면 소위원회 위원직은 계속 맡았다. 따라서 끝까지 남은 아프리카너 위원은 한 명뿐이었다.

초기 모임 중에 나는 위원 모두가 소속 정당의 당원 자격을 반납하는 것이 뜻깊은 조치가 되지 않겠냐고 제안했다. 그러자 진실화해위원회 위원으로 지명추천을 받은 이유가 바로 우리의 정치적 입장 때문이 아니냐는 타당한 지적이 나왔다. 우리 각자를 개인적으로나 집단적으로 우리이게끔 하는 모든 것을 가지고, 즉 모든 정치적 편견과 입장, 통찰과 맹점을 가지고 이 중요한 위원회 활동에 참여하는 것이 마땅하다는 지적이었다. 위원들 대부분은 정당 멤버들이 정당에서 물러나는 건 오해만 불러일으킬 쇼가 될 거라고 주장했다. 그들은 우리가 정치와 무관한 척하는 것은 부정직하고 투명하지 못한 일이라고 말했다. 우리는 공정한 태도로 일할 작정이었지만, 아파르트헤이트가 본질적으로 악한 정책이었느냐, 아니면 괜찮은 정책인데 적용 과정에서 문제가 발생한 것뿐이냐, 이런 문제들에 대해서까지 서로 입장이 다르지는 않았다. 우리 대부분은 아파르트헤이트가 본질적으로, 그 자체로 철저히 악하다고 분명하고 단호하게 주장하고 있었다. 우리가 신뢰를 얻고 위원회에 임명될 수 있었던 것은 아파르트헤이트를 정죄하는 이런 분명한 입장 때문이기도 했다.

따라서 우리는 대체로 남아공 사회를 대표할 만한 조직이라 할 수 있었다. 하지만 첫날부터 우리는 일부 아프리칸스어 언론과 정치 지도자들로부터 '투쟁' 타입(반아파르트헤이트 투쟁을 말한다)이고 아프리카 민족회의 지지 성향이 강한 사람들로 가득한 흠투성이 위원회라는 비판을 받았다. 그들은 아파르트헤이트를 지지한 사람들과 반대한 사람들이 같은 수로 위원회에 참여해야 한다고 주장했다. 그들은 자신들의 요구가 얼마나 오만한 것인지 자각하지 못했다. 그들은 자신들의 통치방식에 국민 대다수가 전혀 발언권을 행사하지 못하던 시절의 사고방식에서 조금도 벗어나지 못하고 있었다. 폐기된 옛 아파르트헤이트 체제를 지지하는 이들은 세상이 예전의 왜곡된 방식으로 돌아가기를 바라는 마음을 버리지 못하고 있었다. 그들은 위원회가 활동을 시작하기도 전에, 따라서 아무 증거도 없이, 진실화해위원회가 옛 질서와 특히 아프리카너들을 겨냥한 마녀사냥을 계획하고 있다고 주장했다.

우리는 이런 생각의 어리석음을 깨우치기 위해 힘썼다. 우리 중 일부는 아주 오래전부터, 진실화해위원회라는 아이디어가 나오기 훨씬 전부터 화해를 위해 열정적으로 일해 왔고, 충격과 상처를 입은 사람들을 치유하는 일에 뜨겁게 헌신하고 있었기 때문에 불공평한 처사로 화해의 활동 자체를 위험에 빠뜨릴 리가 없다는 점을 분명히 했다. 비슷한 우려를 표명한 백인 네덜란드 개혁교회 지도자 그룹에게 나의 인격을 믿으라고, 내가 어떻게 살아왔는지 보라고 말했다. 그들 중 상당수는 내가 순전히 정치적인 이유 때문에 아파르트헤이트에 반대한다고 믿었고, 아무리 아니라고 말해도, 내가 아프리카 민족회의가 주도하는 정부를 비판하지도 않을 것이며 설령 비판하더라도 시늉에 그칠 거라고 생각했다. 그들은 내가 장관 자리 하나 챙겨서 정치판에 뛰어들 거라 확신하고 있었다.

나는 어떤 공직도 요구하지 않았고 제의받은 바도 없으며, 아프리카 민족회의가 정권을 잡은 직후 그들이 지나치게 높은 봉급을 받기로 한 것을 비판한 사실을 상기시켰다. 나는 위원회가 어떤 보고서를 제출할지 두고 보라고, 그것을 근거로 우리를 판단해 달라고 말했다. 그들은 우리가 공정하겠다는 약속에 충실했음을 공공연히 인정하지 않을 것이다. 하지만 위원회 보고서의 공평무사함은 아프리카 민족회의가 그 내용에 불만을 표시하고 보고서 출간 자체를 제지하려 할 정도였다. 아프리카 민족회의는 보고서가 사실을 말하고 있지 않다고 주장했다. 아파르트헤이트에 맞서 싸운 사람들과 아파르트헤이트를 시행한 사람들을 어떻게 도덕적으로 같은 수준으로 취급할 수 있느냐는 불평이었다. 하지만 이것은 훨씬 나중에 등장해야 할 이야기다.

슬프게도 우리는 아프리카너 공동체 중에서도 유독 목소리가 크고 노골적으로 불만을 드러내는 사람들을 도무지 설득할 수 없었다. 그들은 공정하게 일하려는 우리의 다짐을 보여 주는 증거를 아무리 내놓아도 자신들의 비뚤어진 견해를 바꾸려 들지 않았다. 이야기에 나오는 어린 소년과 너무도 똑같았다. 그 아이는 엄마에게 달려가 이렇게 말했다.

"엄마, 저기 닭새끼 좀 보세요!"

"저건 닭새끼가 아니라 병아리라고 한단다."

어린 아들은 조금도 위축되지 않고 이렇게 대꾸했다.

"그래도 닭새끼처럼 보이는걸요!"

우리는 과거 정치 분쟁의 결과로 우리나라에서 벌어진 엄청난 인권 침해의 실상을 가능한 한 온전히 보여 주기 위해 본연의 임무를 소홀히 하지 않는 선에서 모든 시도를 다했다. 잘못에 책임을 지고 인권을 존중하는 문화를 배양하고자 우리는 어느 한쪽에만 허물을 묻지 않았다. 우리는 이 중요한 역할을 누구도 겁내지 않고 공평무사하게 수행하고자 단단히 다짐했고, 전 세계와 대부분의 합리적인 남아공 사람들은 우리가 일을 썩 나쁘지 않게 했다고 보아 주었다. 우리는 대체로 남아공 사회를 대표하고 있었다. 그 대표성은 우리에게 필요한 매우 중요한 특성이었지만, 아주 골치 아픈 문제를 일으켰다. 출신배경이 저마다 달랐고, 아파르트헤이트에서 받은 영향도 모두 달랐다. 유감스럽게도 우리 위원회가 바로 남아공 사회의 축소판이었고, 우리의 상처는 생각보다 훨씬 깊었다. 우리는 종종 서로를 대단히 의심했고 진정한 신뢰를 쌓기가 쉽지 않았다. 우리 모두가 다른 집단에 속한 사람들을 자동적으로 정형화하는 선입견에 갇혀 있음을 나중에야 깨달았다. 우리 대부분은 자신이 그런 고정관념에 사로잡히지 않았다고 한사코 부정했을 것이다.

처음 일 년 정도는 모임이 지옥과도 같았다. 각자가 자기 영역의 권리를 주장하고 자리를 확보하려다 보니 한마음이 되기가 쉽지 않았다. 흑인은 백인이 그들을 차별한다고 생각했고, 백인 역시 똑같은 생각을 했다. 우리 가운데 몇몇 사람은 진보적 백인이라는 비난을 받기도 했는데, 남아공에서 '진보적'이라는 말은 욕이다. 자기에게 유리하도록 교묘하게 상황을 조종하는 성향을 뜻한다. 나는 이런 식의 모임에 준비가 되지 못한 상태였다. 교회 모임, 특히 참석자 모두가 간절히 기다리는 주교회의 모임에 너무 익숙해져 있었던 것이다. 그런 모임에는 뜻이 잘 맞는 사람끼리 모여 서로를 인정하고 긍정해 주는 분위기가 가득했다. 하지만 진실화해위원회 초기 모임은 달랐다. 거기엔 가시 돋친 말이 난무하고 빈정거림, 경멸과 섣부른 피해의식이 가득했다. 우리 모임은 아파르트헤이트 사회의 일부로 확고히 자리 잡은 소외와 분열과 의심을 그대로 반영하고 있었다. 우리는 이 나라의 본보기가 될 터였다. 우리 위원회가 결국 서로에게 마음을 활짝 열고 하나가 되어 화해하는 그룹으로 조화를 이룰 수 있다면 남아공에도 희망이 있는 것이었다. 실제로 우리가 임명한 첫 번째 직원들은 모두 백인이었고, 백인들이 그들의 뜻대로 위원회를 좌지우지할 거라는, 불안 섞인 온갖 경고 신호가 울리기 시작했다.

진실화해위원회는 어느 정도 준사법기관이었는데도 대통령은 판사가 아닌 대주교를 위원장으로 임명했다. 흥미로운 대목이다. 살펴보니 위원 중 일곱 명이 법률가로, 법조계 사람들이 높은 비율을 차지하고 있었다. 그러나 현직 성직자가 셋이 있었고, 그들 모두 각자의 교파에서 총회장을 역임한 바 있었다. 보레인 박사는 목사 안수를 받았고 감리교단 최연소 총회장도 지냈다. 그는 목회를 그만두고 정치에 입문한 뒤 비정부 기구들을 이끌었고, 민주주의의 증진과 진실화해위원회를 탄생하게 한 법률 제정에 큰 역할을 했다. 그러니까 위원회에 성직자가 네 명이 있었다고 할 수 있는데, 그것은 우리의 토의와 사업 진행방식에 큰 영향을 끼칠 수밖에 없었다.

대통령은 우리의 활동이 대단히 영적인 것이 되리라 믿었던 듯하다. 아무래도 용서, 화해, 배상은 정치권에서 흔히 쓰는 용어가 아니었다. 정치권에서는 만족을 요구하고, 당한 대로 갚아 주고, 받은 대로 주는 것이 정상이었다. 정글과도 같은 정치 세계에서는 '냉혹한 경쟁'의 정서가 흔했기 때문이다. 적의 얼굴을 땅바닥에 처박고, 가차 없이 잔인하게 행동하고, 비수를 품고 있다가 푹 찔러 상처를 후비고 거기다 소금까지 뿌릴 기회를 엿보는 곳이다. 상처를 치유하고 불균형을 바로잡고 차이를 줄이자는 호소에는 거의 관심을 기울이지 않는다. 남과 다르기 때문에 뽑혔고 차이점을 강조하기 위해 존재하는 이들이 정치가였다. 용서, 고백, 화해는 종교계에서 훨씬 더 친숙한 용어다.

각자 걸어온 길이나 입장이 다르지만 위원들은 첫 번째 모임에서 묵상 기간을 갖고 우리의 영적 자원을 풍성하게 가꾸며 감수성을 예민하게 하자는 내 제안에 동의했다. 우리는 나의 멘토이기도 했던 영적 지도자에게 가르침도 받고, 하루 동안 침묵의 시간을 가지며, 각 사람마다 신을 이해하는 방식이나 부르는 이름은 다르지만 각자 그 초월적인 영(靈)의 흐름을 받아들이고 인도를 받고자 했다. 위원회 임기가 끝나갈 무렵, 우리는 또 한 번 묵상 기간을 가졌는데, 로벤 섬에서 무척 감동적인 체험을 했다. 우선 우리는 섬을 둘러본 후, 독방을 하나씩 살피며 그 역사와 고통 속에 깊이 잠겼다. 그러다 보니 우리나라가 현 지점에 이르기 위해 얼마나 많은 희생을 치러야 했는지 깨달을 수 있었다. 그 무렵 우리는 상당히 가까워진 상태였다.

위원회는 기도로 모임을 시작하고 마치자는 나의 요구도, 한낮에 잠시 업무를 중단하고 명상과 기도의 시간을 갖자고 한 제안도 받아들였다. 인권 침해 소위원회는 피해자와 생존자들이 가슴 아픈 경험들을 증언하기 위해 희생자 청문회에 참석할 때 기도와 찬양을 준비하고, 투쟁 과정에서 죽은 이들을 추모하는 뜻으로 촛불을 피워 엄숙한 분위기를 갖추기로 동의했다. 이스턴케이프에서 열린 첫 청문회를 앞두고 나는 내 공적 페르소나(persona, 타인에게 비쳐지는 나.—옮긴이)의 일부인 자줏빛 대주교복을 입고 청문회 진행을 맡아야 하느냐고 물었다. 위원회는 그래야 한다고 했다. 힌두교도인 위원도 적극 권했다.

진실화해위원회에 임명된 후, 나는 세계 각국의 성공회 사무국에 연락하여 위원회가 활동하는 동안 소속 수사와 수녀들이 정기적인 중보기도로 지원해 줄 것을 요청했다. 그래서 우리는 적어도 성공회 수도자들의 열렬한 기도가 정기적으로 우리를 둘러싼다는 것을 인식하고 있었다. 또 여러 다른 지인들을 통해 전 세계 많은 사람들의 사랑과 기도가 우리를 붙들어 주었음을 알게 되었다. 그런 놀라운 일을 해준 그들에게 정말 감사하다고 말하고 싶다. 우리가 이룬 일은 상당 부분 우리를 둘러싸고 붙들어 준 이 구름 같은 증인들 덕분이다. 위원들 대부분은 위원회가 요청받은 일을 대단히 종교적이고 영적인 일로 여겼다. 따라서 우리의 과제를 감당하는 데 영적인 자원들을 활용하는 것은 매우 적절한 일이었다.

위원회의 대단히 영적인 특성, 특히 기독교적 강조점을 반대하는 사람은 거의 없었다. 저널리스트들이 위원회의 이런 성격을 두고 문제를 제기했을 때, 나는 내가 종교 지도자이며 종교 지도자로서 선택받은 것이라고 말했다. 나는 그 외의 다른 사람인 척 가장할 수 없었다. 나는 내 모습 그대로 활동했고 위원회는 그런 내 모습을 받아 주었다. 그것은 신학적·종교적 통찰과 시각이 우리가 한 일과 일하는 방식에 상당한 영향을 주게 된다는 의미였다. 위원회는 적절한 부분에서 기꺼이 보건 전문가들의 지도를 받아들였다. 심리학자, 의사, 간호사들은 우리가 권고안으로 대통령에게 제출한 배상 정책, 재활 정책을 발전시키는 데 크게 기여했다. 이와 마찬가지로, 우리는 우리 활동에 적용할 수 있는 신학적 진리도 적절히 활용했다.

나이가 들수록 내가 믿는 신학이 얼마나 적절한 것인지 새삼 깨닫고 놀라움과 흐뭇함을 느낀다. 위원회 활동을 하면서 우리 모두가 실제로 아담과 하와의 후손임을 발견했고 그것은 내게 큰 위안이 되었다. 하나님이 아담을 찾아와 그분이 금하신 명령을 어기고 어떤 열매를 따먹은 그를 꾸짖으셨지만, 아담은 불순종에 대한 책임을 순순히 받아들이지 않았다. 그는 하와에게 책임을 돌렸고, 하나님이 하와에게 물으시자 그녀도 남편의 본을 따라 책임을 떠넘기려 했다. 뱀이 자기에게 떠넘겨진 책임에 대해 어떻게 반응했는지는 성경에 나와 있지 않다. 그러니 대부분의 사람들이 아파르트헤이트 아래서 자행된 잔학 행위에 대한 책임을 좀처럼 인정하지 않는 모습이 그리 놀라울 것도 없다. 그들은 선조들의 모습을 그대로 본받아 여전히 책임을 부인했고 자신 외의 모든 것과 모든 사람을 탓했다. '그들' 탓이라고 했다. 이것이야말로 우리가 첫 번째 조상의 진정한 후손임을 입증하는 증거였다.

하버드 대학교의 신학자 하비 콕스는 《뱀에게 넘겨주지 않기》(On Not Leaving It to the Snake)라는 멋진 제목의 책을 통해 우리의 책임전가 성향에 맞설 수 있는 유익한 대안을 제시했다. 이 책은 내가 사람들을 판단하지 않고 다른 사람의 불행을 고소해하지 않게 도와주었다. 이것은 위원회가 극악한 잔학 행위를 저지른 범죄자들을 대할 때 특히 중요하게 작용했다. 위원회 위원들은 인간이 얼마나 끔찍한 악행에 빠져들 수 있는지 보고 섬뜩함을 느꼈으며, 우리 대부분은 비열한 짓을 저지른 그들을 일컬어 괴물이라 했다. 그 짓들이 너무나 소름끼쳤기 때문이다. 그러나 신학은 그렇게 말하지 못하게 한다. 신학은 사람이 아무리 사악한 행위를 저질러도 그가 악마가 되는 건 아니라고 말한다. 우리는 악행과 범죄자, 죄인과 죄를 구별해야 한다. 죄는 미워하고 나무라되 죄인에 대해서는 연민의 마음을 가지고 보아야 한다.

요점은 우리가 범죄자들을 괴물과 악마로 단정하고 포기해 버리면 자연히 그들에게 책임을 물을 수도 없게 된다는 것이다. 그들이 자신의 행위에 책임을 질 수 있는 도덕적 존재가 아니라고 선언하는 셈이 되기 때문이다. 더욱이 그것은 그들이 더 나아질 수 있다는 희망을 모두 버렸다는 뜻이 된다. 그러나 신학은 그들이 참으로 끔찍한 일을 저질렀음에도 여전히 회개하고 달라질 수 있는 하나님의 자녀들이라고 말한다. 그렇지 않다면, 우리 위원회는 진작 문을 닫았어야 했을 것이다. 우리는 사람들이 달라질 수 있고, 자신의 길이 잘못되었음을 인식하고 인정하며 참회, 혹은 최소한의 뉘우침을 경험할 수 있으며, 어느 시점에 이르면 자신의 비열한 행동을 고백하고 용서를 구하게 될 거라는 전제 아래에서 활동했기 때문이다. 그러나 그들을 괴물이라 부르며 내쳐 버리면, 그들에겐 용서와 화해 같은 지극히 인격적인 과정에 참여할 가능성 자체가 없어지고 만다.

기독교 신학에 따르면, 우리는 누구도 포기할 수 없다. 우리 하나님은 죄인들에게 특히 약한 분이기 때문이다. 예수님이 들려주신 비유에 등장하는 선한 목자는 고분고분한 아흔아홉 마리의 양을 광야에 버려두고 길 잃은 양을 기꺼이 찾아 나섰다. 복슬복슬한 어린 양들은 보통 엄마 곁을 떠나지 않는 법이니, 잃어버린 그놈은 예쁘고 복슬복슬한 어린 양이 아니라 말썽쟁이에다 난폭하고 늙은 숫양이었을 것이다. 바로 그런 놈을 위해 선한 목자는 그토록 많은 힘을 쏟았다. 목자가 그놈을 찾았을 때 그놈의 양털이 곱고 아름다웠을 리는 거의 없다. 그놈은 속까지 지저분해졌을 것이 분명하고, 어쩌면 더러운 물웅덩이에 빠져 지독한 악취를 풍기고 있었을지도 모른다. 선한 목자는 바로 그런 양을 찾아 나섰고, 마침내 그놈을 발견했을 때 인상을 찌푸리며 코를 막지 않았다. 그는 그놈을 들어 살며시 어깨에 걸치고 집으로 돌아온 후 잃어버린 양을 찾았다고 잔치를 벌였다. 예수님은 천국에서는 회개할 필요가 없는 아흔아홉 명의 의인보다 회개하는 죄인 한 명을 두고 더 기뻐한다고 말씀하신다.

그리스도인들은 이 복음의 의미에서 자유롭지 못하다. 이 좋은 소식은 세상의 통상적인 기준과 달리, 죄인들을 편애하시는 하나님을 보여 준다. 예수 그리스도로 오신 이 하나님 때문에 흠잡을 데 없는 사람들, 정통파 종교 지도자들은 분개했다. 그분은 존경받는 사람들, 사회의 엘리트 집단과 어울리지 않고, 사회의 주변부를 형성하는 쓰레기 같은 존재들, 즉 매춘부, 죄인, 배척당한 사람들과 어울리셨기 때문이다. 내가 믿는 신학에 따르면, 도저히 구제불능이고 분명 지옥에 갈 자라고 단정할 수 있는 사람은 아무도 없다. 예수님이 십자가에 달리신 날, 두 강도도 그분과 함께 십자가에 달렸다. 그중 한 명이 회개했고, 예수님은 그 강도가 그날 그분과 함께 낙원에 있게 될 거라고 약속하셨다. 그 이야기는 우리 가운데 누구도 어떤 사람이 지옥에 갔다고 말할 수 없게 한다. 아무리 악랄한 죄인이라도 마지막 순간에 그가 회개하고 용서를 받았는지 아무도 알 수 없기 때문이며, 우리 하나님은 무엇보다 은혜의 하나님이시기 때문이다.

우리의 존재, 우리가 가진 것, 우리의 구원마저도 모두 선물이며 은혜다. 따라서 이 모든 것은 우리가 획득해야 할 대상이 아니라, 감사하게 받아야 할 값없는 선물이다. 죄인들에 대한 하나님의 편애가 어찌나 큰지 천국에 가면 전혀 예상치 못한 사람들을 발견하고 놀라게 될 거라는 말이 있다. (반대로 우리가 예상했던 사람들이 그 자리에 없어서 놀라기도 할 것이다. 물론 놀라기 위해서는 천국에 가야 할 것이다!) 궁극적으로 전혀 가망 없는 구제불능의 사람이란 없다. 이 신학에서는 구제불능이며 희망이 없는 상황이란 없다.

하나님은 누구도 포기하지 않으신다. 하나님은 우리를 영원부터 사랑하셨고, 지금도 사랑하시고, 언제나 사랑하실 것이기 때문이다. 선하고 악한 우리 모두를 영원히 영원토록 사랑하시고, 그 사랑은 우리를 놓아주지 않을 것이다. 선하고 악한 우리 모두를 향한 하나님의 사랑은 변하지 않고, 변할 수 없기 때문이다. 어떤 사람은 하나님이 이미 완벽하게 우리를 사랑하시니 어떤 일을 해도 그분이 우리를 더 사랑하시게 만들 수는 없다고 말했다. 놀랍게도, 하나님이 나를 덜 사랑하게 만들 수 있는 일도 없다. 하나님은 우리를 있는 그대로 사랑하셔서 우리 안의 모든 잠재력이 드러나게 도우신다. 우리를 향한 하나님의 깊은 사랑을 깨달을 때, 우리는 사랑 때문에 연인이신 하나님을 기쁘게 해 드리려고 힘쓰게 된다. 이것이 도덕적 방종으로 가는 문을 연다고 생각하는 사람들은 사랑에 빠져 본 적이 없는 게 틀림없다. 사랑의 요구는 율법보다 더욱 가차 없기 때문이다. 금세라도 침대에 고꾸라질 것처럼 피곤해도 엄마는 기꺼이 병든 아이의 침대 곁에서 밤을 지새우지 않는가.

진실화해위원회에서 범죄자들의 이야기를 들으며 나는 우리 각자가, 우리 모두가 끔찍한 악을 저지를 능력이 있음을 깨달았다. 그 범죄자들과 똑같은 영향을 받고 똑같은 세뇌를 당했어도 나는 절대 그들처럼 되지 않았을 거라고 말할 수 있는 이가 있을까? 그들의 잘못을 너그럽게 봐주거나 못 본 체하자는 말이 아니다. 오히려 하나님의 자비로 마음을 가득 채우고, 하나님이 사랑하시는 사람 중 한 명이 그렇듯 서글픈 처지에 이르렀음을 한탄하며 함께 울자는 것이다. 우리는 값싼 신앙심에서가 아니라 진심으로 자신에게 이렇게 말해야 한다.

"하나님의 은혜가 아니었다면 나도 같은 처지였을 것이다."

참으로 고맙고 놀랍게도, 나는 피해자들의 사연을 들으면서 그들의 아량에 탄복했다. 그들은 그토록 많은 고통을 겪고도 복수심에 타오르지 않았고 기꺼이 용서하려는 비범함을 보여 주었다. 나는 나를 포함한 우리 모두에게 선과 관대함, 아량을 베풀 놀라운 능력을 주신 하나님께 감사했다.

신학은 우리가 도덕적 우주에 살고 있고, 선과 악은 실재하며 매우 중요한 것임을 진실화해위원회 위원들이 파악하도록 도와주었다. 선악은 어떻게 되건 상관없는 일이 아니었다. 이곳은 도덕적 우주이다. 이 말은, 그렇지 않다고 말하는 듯한 온갖 증거가 있긴 하지만, 악과 불의와 압제와 거짓은 결코 최후의 승리를 거둘 수 없다는 뜻이다. 그리스도인인 우리에게, 예수 그리스도의 죽음과 부활은 사랑이 증오보다 강하고, 생명이 죽음보다 강하고, 빛이 어둠보다 강하며, 웃음과 기쁨, 자비와 온유함과 진리가 눈물, 슬픔, 잔인함, 난폭함, 거짓보다 비할 수 없이 강하다는 명확한 증거이다.

우리는 위원회 자리에 앉아서 눈앞에서 이 사실을 보았다. 아파르트헤이트 시절에 오만하게 활보하며 죽음과 불의와 무도한 행위들을 신나게 쏟아 내던 자들은 자기들이 비밀리에 꾸몄던 음모와 몹쓸 짓들이 한낮의 밝은 빛을 보게 될 줄 꿈에도 상상하지 못했을 것이다. 그들은 자신들이 원하는 만큼 오래오래 지배하게 될 거라고 맹신했을 것이다. 그러나 이제 그 모든 일이 드러나고 있었다. 다른 사람들의 입에서 나오는 억측이나 검증되지 않은 주장이 아니었다. 범죄자들 자신이 스스로의 입으로 쏟아 내고 있었다. 사람들을 납치하고, 총을 쏘아 죽이고, 시체를 태워 버리거나 악어가 우글대는 강물에 던져 넣은 이야기들을 제 입으로 털어놓았다. 그들의 도움으로 우리는 그들이 납치해서 죽이고 몰래 파묻은 시체 50구를 발굴할 수 있었다. 그 끔찍하고 섬뜩한 비밀들이 마침내 드러나, 이곳이 도덕적 우주라는 것과 진실은 밝혀지게 마련임을 보여 주었다.

투쟁의 어두운 나날, 미쳐 날뛰는 악을 보며 우리 흑인들의 사기가 바닥을 쳤을 때, 나는 이렇게 말하곤 했다.

"이곳은 도덕적인 우주입니다. 아파르트헤이트 지지자들은 이미 싸움에서 졌습니다."

나는 남아공의 백인들에게 이렇게 호소하곤 했다.

"우리는 당신들을 나쁘게 대하지 않습니다. 이기는 편에 붙으십시오."

아파르트헤이트에 맞서 싸웠던 사람들의 정당성은 가장 놀라운 방식으로 입증되었다. 승리는 우리 모두의 것, 흑인과 백인, 하나님의 무지개 국민들 모두의 것이었다. 기독교 신학이 있었기에 나는 이곳이 도덕적 우주라고 주장할 수 있었다. 신학은 내 진실화해위원회 활동을 떠받쳐 주는 기반이었다.

6

피해자 청문회

진실화해위원회의 모태가 된 국민통합화해촉진법은 위원회가 과거 정치 분쟁의 결과로 빚어진 엄청난 인권 침해를 가능한 한 그대로 보여 주는 동시에, 분쟁의 결과로 피해자들이 잃어버린 시민과 인간으로서의 존엄성을 되찾는 데 힘써야 한다고 규정했다. 소수 집단이 정치권력을 독점하여 온갖 권력과 특권을 누렸고, 사악하고 부도덕한 방법들로 이 사악한 제도를 유지했다.

그것은 인간의 가치를 결정하는 기준이 종족, 피부색, 인종 같은 생물학적 속성이라고 주장하는, 순전히 자의적이고 뚱딴지같은 피부색정치(pigmentocracy)였다. 생물학적 속성은 모든 인간에게 고유한 것이 아니라 특정 인종이나 종족 사람들에게만 있는 것이기에 정의상 배타적일 수밖에 없었다.

아리스토텔레스처럼 지혜롭고 예리한 사람도 같은 실수를 저질렀다. 그는 "노예에게는 인간성이 없다. 그러므로 인간성은 모든 인간의 보편적 소유물이 아니다"라고 주장했다. 그런 입장이 얼마나 터무니없는 것인지 아리스토텔레스가 알아채지 못했다니, 이상한 일이다. 노예 소유주들은 그의 주장에 큰 위안을 얻어 아무 거리낌 없이 노예들을 잔혹하게 학대했을 것이다. 노예는 자신과 똑같은 인간이 아니라고 생각할 근거가 생겼기 때문이다. 그렇다면 해방 노예는 인간인가 아닌가? 노예가 해방이 되면 없던 인간성이 갑자기 생겨난단 말인가? 그래도 그들은 옛날 사람들이니 그런 불합리하고 부도덕한 입장을 고집한 행태를 봐줄 여지가 있을지 모른다.

하지만 아파르트헤이트의 범죄자들은 자신은 몰랐노라고 우길 수 없다. 그들은 미개한 이교도들이 아니었기 때문이다. 그들은 어느 서구인들 못지않게 문명화된 데다가 그리스도인들이었다. 그들은 자신들에게 부과된 경제제재 조치를 반대할 때 그 점을 강력히 부각했다. 그뿐만 아니라 자신들이야말로 소련 공산당이 추진하는 팽창주의의 약탈에 맞선 최후의 보루라 강변했고, 어수룩하기 그지없는 서구인들은 그 말에 넘어갔다. 아닌 게 아니라, 그들은 성경을 읽고 교회를 나갔다. 교회를 얼마나 열심히 다니는지 모른다! 초등학력이 전부이고 가정부로 일하셨던 장모님을 차로 모시고 백인 네덜란드 개혁교회 옆을 지나간 적이 있다. 교회 주차장에는 차들이 수십 대 있었는데, 나는 그 차들을 가리키며 아프리카너들은 참으로 하나님을 경외하며 교회를 잘 다니는 사람들일 거라고 말했다. 장모님은 웃으며 조용히 대답하셨다.

"여보게, 하나님이 그들을 대하시듯 내게 잘해 주신다면, 나도 교회에 아주 열심히 다닐 걸세!"

우리 흑인들은 우리를 그토록 지긋지긋하게 괴롭힌 사람들이 이교도가 아니라 같은 성경을 읽는 자칭 그리스도인들이라는 놀라운 사실에 당황할 때가 많았다. 그러므로 아파르트헤이트 지지자들의 이상한 주장에는 변명의 여지가 없다. 그들이 읽고 우리도 읽는 성경은 모든 인간이 한 사람도 예외 없이 가치 있는, 그것도 무한히 가치 있는 존재이며, 인간의 가치는 이런저런 생물학적 속성이나 그 밖의 외부적인 속성에 따른 것이 아니라, 각 사람이 하나님의 형상대로 창조되었다는 사실에서 나온다고 분명히 가르치고 있다. 각 사람에게 있는 하나님의 형상은 본질적인 요소, 즉 인간됨에 포함되어 있는 요소다. 이것은 우리 각자가 하나님의 매개자, 하나님의 대리 통치자, 하나님의 대표자라는 뜻이다. 그러므로 한 사람을 그보다 못한 존재로 대하는 것은 진정한 신성모독이요, 하나님의 얼굴에 침을 뱉는 일과 같다. 우리 가운데 어떤 사람들은 그 일을 도무지 참을 수 없어서 정의와 자유를 위해 열정적으로 싸우게 되었다. 우리는 정치적인 동기에서 행동에 나선 것이 아니었다. 우리를 움직인 동인(動因)은 성경적 믿음이었다. 성경은 불의와 압제가 판치는 상황을 뒤집을 수 있는 가장 강력한 힘이었다.

우리가 투쟁에 참여한 이유는 정치가 아니라 종교적 관심 때문이었다. 그것은 기독교 신앙이 명령하는 바에 대한 순종이었다.

우리는 백인 동포들에게 인종차별의 어리석음을 자주 지적했다. 그들이 당혹감을 느끼고 그 어리석은 짓을 그만두기 바라는 마음에서였다. 코가 큰 나는 피부색 대신 코의 크기를 기준으로 사람을 나누는 것이 어떠냐고 제안하기도 했다. 아파르트헤이트 치하에서처럼 대학은 백인들만 다닐 수 있다고 말하는 대신, 코가 큰 사람만 다닐 수 있게 하면 어떻겠는가? 학업 성적이 아니라 큰 코를 대학 입학 자격 조건으로 삼는 것이다. 그리고 코가 작은 불행한 사람이 코 큰 사람 전용 대학에 다니려면 작은코부 장관에게 허가를 얻어야 한다. 자, 이러면 상황이 어떻게 될까? 내가 강연장에서 이 이야기를 꺼내면 청중 대부분은 황당하고 터무니없는 얘기에 데굴데굴 구르며 웃는다. 인종차별이 이런 식으로 그냥 웃어넘길 수 있는 문제였다면 얼마나 좋을까. 슬프게도 절대 그렇지 않았다.

내 아버지는 초등학교 교장선생님이셨다. 어머니는 가정부였고 교육을 많이 받지 못하셨다. 그러다 보니 가족의 수입도 변변치 않았다. 하지만 우리 형제는 국민당 정부가 인종차별을 아파르트헤이트의 형태로 법제화하기 전부터 존재했던 흑백 차별의 혹독함으로부터 어느 정도 보호를 받았다. 나는 정치의식이 별로 없었고, 인종차별적인 세상 질서가 하나님이 정하신 것이라는 생각까지 했다. 세상이 원래 그러니 그냥 받아들이고 너무 까다롭게 굴지 않는 게 낫다고 생각했다. 아무리 끔찍한 상황이라도 놀랍도록 잘 적응한 셈이다.

우리는 요하네스버그 서쪽에 있는 조그만 동네 벤터스도르프에서 살았는데, 나중에 그곳은 신(新)나치주의 '아프리카너 저항운동'(Afrikaner Weerstandsbeweing, AWB, 1970년대 후반에 결성, 아파르트헤이트에 대한 제한적 개혁조치에 저항했다)의 본부로 악명을 떨치게 된다. 흑인 거주지에 살던 나는 아버지 심부름으로 신문을 사기 위해 백인 동네로 가곤 했다. 거기서 흑인 아이들이 백인 학교 쓰레기통을 뒤져 백인 학생들이 내버린 멀쩡한 사과와 샌드위치를 꺼내는 모습을 자주 보았다. 백인 학생들은 정부에서 제공하는 무료급식보다 엄마가 싸 준 점심도시락을 더 좋아했다. 도시락을 싸 올 여유가 있는 백인 학생들에게만 무료급식을 제공하는 상황은 인종차별이 낳은 왜곡된 현실의 일부였다. 정작 제대로 된 음식이 절대적으로 아쉽고 도시락을 싸 올 여유조차 없는 흑인 학생들은 학교에서 무료급식을 받지 못했다. 그들의 부모들에게는 정치적인 영향력이 없었기 때문이다. 그들은 주로 하인으로서 일손이 필요할 때 외에는 자신들이 태어난 땅에서 보이지도 않는 존재였다. 어린 나도 그런 상황을 알아챌 수 있었지만, 그것이 지울 수 없는 인상을 남길 줄 진작부터 알았다고 할 수는 없다.

소년 시절의 그 기억을 되살려 준 사건은 그로부터 훨씬 뒤, 페르부르트 박사가 흑인 학생들에 대해 '반투교육'이라는 의도적인 열등교육을 도입하고 일부 흑인 학교에 도입된 학교급식을 중단시킨 일이었다. 페르부르트 박사는 남아공에서 가장 가난한 국민들의 영양부족 문제에 대처할 수 있는 이 저렴하고 효과적인 방안을 중단한 이유를 묻는 질문에 정말 기막힌 대답을 했다. 인종차별주의와 아파르트헤이트의 총체적 불합리성에 걸맞은 그의 대답은, 모두에게 음식을 제공할 수 없다면 누구에게도 음식을 주어선 안 된다는 것이다. 정말 대단한 사람이다. 그의 말대로라면 폐결핵에 걸린 사람들은 처음부터 아예 치료할 생각을 말아야 할 것이다. 모든 폐결핵 환자를 다 고칠 수 없다면 소수의 폐결핵 환자들도 치료하지 말아야 할 테니까. 그런 오만한 헛소리가 거침없이 흘러나올 수 있었던 것은 피해자들에게 정치적 영향력이 전혀 없었기 때문이다. 그들에게는 페르부르트 박사 같은 사람을 몰아낼 투표권이 없었다.

(내게는 이 모든 일과 어울리지 않는 또 다른 기억이 있다. 벤터스도르프에서 가끔 나는 아버지 심부름으로 산 신문을 길에 펼쳐 놓고 무릎을 꿇은 채로 읽곤 했다. 그런데 누구도 그 신문을 밟고 지나간 적이 없었다. 그런 동네 백인들은 흑인이 인도 위로 걷는 것조차 마뜩잖게 여기는 경우가 많았음을 고려할 때 참 놀라운 일이다.)

이동의 자유를 심하게 제한하는 악랄한 통행법 체계 때문에 매일 수천 명의 흑인들이 체포되었다. 흑인은 열여섯 살부터 통행증을 갖고 다녀야 했다. 경찰이 다가와 통행증을 보여 달라고 할 때 몸에 지니고 있지 않으면 불법이었다. 담배 한 갑 사러 나온 길이라고, 통행증은 사무실에 걸어 둔 잠바 주머니 안에 있다고 말해도 소용없었다. 통행법에는 흑인의 자존감을 훼손하려는 의도가 담겨 있었다. 흑인들은 시내에 있을 권리가 없으며, 그럼에도 그들이 그곳에 있는 것은 백인 주인들의 은혜와 호의 덕분이라는 메시지가 담겨 있었다. 우리는 수시로 통행증을 제시해야 했고, 통행법을 어길 경우 다른 위반자들과 함께 수갑을 차고 이열 종대로 선 채 병력수송차가 통행법 위반자들로 가득 찰 때까지 거리의 구경거리가 되어야 했다. 이런 공개적인 모욕을 매일 당하는 심정을 설명하기란 어렵다. 사람들은 병력수송차를 '집배용' 차량, 또는 크웰라크웰라(경찰들이 붙잡힌 사람들에게 외치는 "올라 타, 올라 타"에 해당하는 코사어에서 온 말)라고 불렀다. 점잖은 이들이 상습범들과 뒤섞여 감옥으로 실려 갔고, 다음 날 법정에서 자신들에 대한 재판 절차가 놀랍도록 신속하게 처리되는 광경을 보고 당황했다. 한 사람당 2분도 채 안 걸리는 재판은 컨베이어벨트를 연상시켰다. 눈 깜짝할 사이에 유죄 판결이 내려졌고 대단히 무거운 벌금형이나 징역형을 선고받았다. 거의 모든 흑인이 한두 번 이상 이런 인권 침해를 경험했다.

학교 선생님인 아버지를 따라 시내로 갈 때면 아버지는 거의 어김없이 경찰의 검문을 받았고, 그 모습에 마음이 언짢았던 기억이 생생하다. 지금 생각하면 웃기는 일이기도 하다.

교육을 받은 아버지에게는 이른바 '면제' 자격이 있었

다. 아버지는 통상적인 통행법의 적용을 받지 않았으며, 다른 흑인들에겐 금지된 백인의 술을 사고도 체포되지 않을 특권이 있었다. 그러나 경찰에게 아버지의 면제 특권을 알리려면 상위 문서, 즉 면제증을 소지하고 있다가 제시해야 했다. 따라서 거리에서 경찰의 제지를 당하고 면제증을 제시하라는 거만하고 무례한 요구에 응해야 하는 굴욕은 아버지도 면할 수 없었다. 나는 넌더리가 났다. 그뿐 아니라 많은 이웃들이 집 안에서 불시 단속을 당하는 모욕을 겪었다. 집은 안전한 성채가 아니었다. 경찰은 가장 불편한 시간인 한밤중에 찾아와 사람들을 조금도 배려하지 않고 시끄럽게 소리를 질러 깨웠다.

"콤, 콤―마크 오프, 욜레 펠돔데 카퍼스."(이봐, 문 열어, 망할 놈의 검둥아.)

옷을 제대로 갖춰 입지도 못한 어머니는 당혹감과 수치심에 떨며 서 있었고, 아이들은 겁에 질려 소리를 질러 댔으며, 아버지는 아이들 앞에서 나약하고 무력한 모습으로 굴욕을 당하며 하찮은 존재 취급을 받아야 했다. 삼등 시민에게 쥐꼬리만 한 권리만 부여하는 법의 시각에서 볼 때 그는 하찮기 그지없는 존재였다.

사람을 가장 괴롭게 하는 것은 큰일들이나 악독한 잔학 행위들이 아니었다. 가끔 동원되는 군홧발도 아팠지만, 정말 사람의 존엄성을 심각하게 짓밟는 것은 일상적인 성가심과 작은 무례, 사소한 모욕이었다. 아버지와 상점에 들어갈 때 그런 일이 벌어졌다. 카운터에 있는 키만 껑충한 계집아이는 위엄과 학식을 갖추고 한 학교를 이끌어 가는 아버지를 자기가 백인이랍시고 "어서 와, 보이"라고 불렀다. 버릇없는 아이에게 깍듯이 대하고 비굴하게 구는 아버지에게 나는 자꾸만 실망하게 되었다. 그러나 나는 아버지가 달리 어쩔 도리가 없다는 사실도 알고 있었다. 다른 상점을 단골로 삼아도 똑같은 대접을 받게 될 게 뻔했기 때문이다. 예외가 있기는 했지만 지옥의 눈[雪] 만큼이나 드물었다. 이런 식의 대접은 사람을 속속들이 갉아먹었다.

내가 요하네스버그 주교로, 또 나중에는 요하네스버그 대주교로 담당 교구에 부임했을 때, 아내 리아와 나는 요하네스버그 시내로 들어오기 위해 '승인'을 받아야 했다. 우리는 원주민 위원국 사무소로 가서 통행증에다 내가 성공회에 고용되어 있는 동안은 요하네스버그에서 살 수 있는 허가를 받았음을 입증하는 도장을 찍어야 했다. 원주민 위원국 사무실에서는 백인 나리들이 자기들끼리 잡담하고 신문을 읽고 차를 마시는 동안, 많은 흑인들이 기다랗게 줄을 선 채 하염없이 기다려야 했다. 황송하게도 그들이 담당 흑인들의 일을 봐 줄 때도, 예의 바르게 불러 주는 일은 거의 없었다. 그들은 언제나 무례하게 소리를 질러 대 시골에서 갓 올라와 그렇지 않아도 질려 있는 시골뜨기들을 더 우왕좌왕하게 했다. 흑인 관리들도 그리 나을 것은 없었다.

리아는 나와 결혼생활을 유지하는 한 요하네스버그에 머물러도 된다는 허락을 받았다. 그녀는 흑인이자 여자로서 이중의 차별을 받았다. 그녀가 누리는 권리는 흑인 남자들에게 있는 최소한의 권리 중에서도 극히 일부에 불과했다. 정부는 흑인이 흑인이라는 사실만을 중요하게 고려했다. 흑인도 인간이라는 것은 문제 되지 않았다. 그래서 내가 요하네스버그 대주교이자 노벨평화상 수상자가 된 뒤에도, 국가비상사태가 선포되어 우리 가족이 노상 장애물 앞에서 제지당했을 때, 아내와 딸들이 길가에서 몸수색을 당할 뻔한 것이다. 그나마 내가 항의했기 때문에 그런 일은 벌어지지 않았고, 경찰은 내 가족을 인근 경찰서로 데려가 수색을 했다. 상당히 유명한 흑인들조차 통상 그런 식으로 대한다면, 이름 없는 흑인들에게 어떤 일을 저지를지 답이 너무나 분명하여 그저 끔찍할 따름이었다.

나중에 헌법재판소 부소장이 된 피우스 랑가 판사는 진실화해위원회의 주요 보고서에 인용된 소견서에서, 자신이 흑인으로서 경험한 바를 이렇게 말했다.

내가 법 체계와 처음 제대로 만난 것은 더반에서 일자리를 구하던 젊은 시절 … 1956년이었다. 그 기간 동안 나는 1950년 11월 30일 발효된 주민등록법과 1945년 11월 25일 발효된 원주민(도회지) 통합법, … 그리고 당시 시행되던 여러 차별적 법률들의 특정 규정의 적용을 받는 좌절과 수치와 모욕을 경험했다. 그 모든 법률의 불공평함과 불의함에 나는 극심한 환멸을 느꼈다. 인종에 따라 어디서 살아야 하고 어디서 일할 수 있는지가 정해지다니, 그 이유를 이해할 수 없었다. 당시 10대였던 나는 왜 내가 남자 숙소에서 살아야 하고 부모님과 타운십에서 지내려면 허가증이 있어야 하는지 알 수 없었다. … 젊음이 약동하던 그 시절, 나는 무엇이건 되고 싶고 무엇이건 할 수 있다고, 그 무엇도 나를 막을 수 없다고 생각했다. 그러나 그것은 틀린 생각이었다. 내 꿈은 인종차별이라는 냉혹한 현실의 벽에 부딪혔다. 내 주위를 둘러싼 가혹하고도 모욕적이고 적대적인 환경은 도무지 빈틈이 보이지 않았다. 저들이 그것을 만든 목적은 나처럼 자신과 자신이 속한 공동체의 상황을 개선하려 노력하는 사람들을 낙심시키기 위한 것이었다….

  젊은 시절 나의 사회활동을 지배한 법률과 규제들을 포괄하는 그물망 중심에 바로 이 통행법과 유입 통제 규정이 있었다. … 나는 끝없이 이어진 줄 가운데 서 있는 수만 명 중 한 명에 불과했다. 그 줄 제일 앞에서는 성질 나쁜 직원들과 관리들이 이런저런 조건이 명기된 '돔파스'(dompas, '통행증'을 가리키는 구어)를 내주고 있었다. 유입 통제사무국의 절차 자체가 괴롭고 모욕적이었고, 이 규제들의 하위 항목에 해당하는 수만 명의 사람들에게 깊은 모멸감을 심어 주었다. 어떤 줄에 선 사람들은 모욕적인 신체검사 과정을 수월하게 거치려고 옷을 벗어야 했다. 당시 열일곱 살이던 나는 벌거벗은 어른들이 최소한의 체면이라도 갖추려고 부질없이 노력하는 모습에 애써 눈길을 피해야 했다. 허가증의 유효 기간 내에 직업을 구하지 못할 경우, 원주민국 법정에서 '게으르고 쓸모없는 반투족'이라는 선언을 받고 집단농장으로 보내질 매우 실질적인 위험도 도사리고 있었다. 수십 명의 사람들이 그런 식의 재판을 받고, 경찰이 요구할 때 통행증을 제시하지 못했다는 등의 죄목으로 구형을 당했다….

그러나 법령집에 실려 있는 공공연히 차별적이고 억압적인 법률이 이 어둠의 전부가 아니었다. 흑백 가릴 것 없이 공무원들은 대부분 무례하고 잔인하며 무자비하게 법률을 집행하여 법률 자체의 추악함을 더욱 추악하게 했다. 그들 사이에는 재판을 받거나 도움을 청하러 온 사람들을 적대시하고 위협하는 문화가 있었다. 당국은 힘없는 사람들을 향해 으르렁거렸고, 그것은 다른 무엇보다 인간의 존엄성을 크게 훼손시켰다.

1948년에 정권을 잡은 아파르트헤이트 정부는 처음부터 인종차별적 법률을 잔뜩 만들어 냈다. 그들은 많은 흑인 타운십을 파괴하고 안정된 공동체들을 몰아내어 하나님의 자녀들을 가난에 찌든 반투홈랜드 이주캠프에 내버렸다. 실제로 그곳은 쓰레기장보다 나을 게 없었다. 물건이나 내버리는 것이지 사람들은 내버리는 대상이 아니다. 그런데 그들은 하나님의 형상을 따라 창조된 사람들에게 흑인이라는 죄목을 붙여 그런 짓을 저질렀다. 한마디로 그들은 사람을 물건 취급했다. 우리에게는 이런 투쟁가가 있었다.

"우리가 무슨 잘못을 저질렀는가? 우리의 죄/잘못은 흑인이라는 것뿐이다."(*Senzenina? Isono sethu bubumnyama.*)

국민당 정권은 인종과 인종 순수성에 집착했다. 그들

은 인종 분리 정책을 거의 예술의 경지로까지 발전시켰다. 우리는 거주지, 학교, 놀이터, 직장별로 분리되었다. 인종이 다르면 결혼이 허용되지 않았다. 다른 인종 간의 성관계도 금기사항이었다. 특정 직업들은 백인의 전유물이어서 흑인에게 금지되었는데, 오늘날 그것을 바로잡기 위한 인종차별폐지정책을 두고 백인들은 반칙이라며 소리를 높이고 있다.

남아공이라는 인종의 오믈렛을 인종별로 갈라내려는 정부의 시도 때문에 350만 명의 사람들이 강제이주를 당했다. 여기서 350만은 단순히 통계수치가 아니다. 그들은 정부의 강제이주 계획에 삶을 볼모로 잡힌 피와 살을 가진 사람들이었다. 리아와 나는 요하네스버그에서 서쪽으로 50킬로미터쯤 떨어진 웨스트랜드에 있는 흑인타운십 문시빌의 한 가톨릭 성당에서 결혼했다. 그 성당은 주위의 많은 주거용 건물들과 함께 파괴되었다. 문시빌 자체가 부수어질 운명이었기 때문이다. 그곳은 백합처럼 새하얀 주변 지역에 끼인 유일한 흑점이었다. 문시빌이 파괴되지 않은 이유는 오로지 레온 베셀스가 개입한 덕분이었다. 당시 그는 국민당 소속 크루거스도르프 총리였고 이후 아파르트헤이트에 대해 솔직하게 사과했으며, 제헌의회의 부의장이 되어 우리에게 훌륭한 헌법을 마련해 주었다.

그러나 다른 지역들은 문시빌만큼 운이 좋지 않았다. 나는 소피아타운을 포함해 적어도 다섯 지역에서 살거나 공부를 했는데 그곳들은 모두 파괴되었다. 요하네스버그에서 정원사로 일하던 한 사람은 그 마을 안에 손수 근사한 집을 지어 살고 있었다. 어느 날, 정부는 그의 고향마을을 부수고 지역 사람들을 다른 곳으로 옮길 거라고 발표했다. 그는 정부에 한 가지 요청을 하여 허락을 받았다. 여러 해에 걸쳐 공들여 지은 집을 부수는 일만은 자기 손으로 하고 싶다고 한 것이다. 다음 날 아침, 결국 그는 나무에 목을 매단 모습으로 발견되었다. 자살이었다. 더는 도저히 견딜 수가 없었던 것이다.

케이프타운에는 테이블 산 기슭에 자리 잡은 제6구역이라는 곳이 있었다. 그 지역은 여러 인종과 문화가 한데 어우러져 살아가는 활력 넘치는 장소였다. 기독교인, 무슬림, 유대인들이 함께 사는 생기 있는 다인종 지역이자, 거의 어떤 인종차별적 사건도 없이 서로서로 호의적으로 대하며 정답게 살던 곳이기도 했다. 그러나 국민당 정부 관계자들이 찾아와 '지역 개발부'라는 괴상한 이름의 부서를 내세워 인종간 조화라는 명목으로 제6구역을 파괴하기로 했다. 이후 컬러드들과 아프리카 사람들은 그들의 일터가 있는 도심에서 수 킬로미터 떨어진 곳으로, 넓은 집에서 성냥갑 모양의 집들로 옮겨졌다. 폐소공포증을 일으킬 만큼 다닥다닥 붙어 있는 그 집들은 또 하나의 게토 타운십이자 아파르트헤이트의 광기를 보여 주는 상징물로 자리 잡게 된다.

나는 대주교가 된 지 얼마 후, 인종차별의 산물인 타운십 중 한 곳인 본테회얼을 방문했다. 그곳의 작은 거처에 내교구 신자가 살고 있었다. 1960년에 제6구역에서 이주해 온

노인이었다. 내가 그를 방문한 것은 1986년인데, 그때까지도 그 노인은 종이박스와 나무상자에 든 이삿짐을 풀지 않고 있었다. 상자들은 극히 간소한 그의 거처 여기저기에 마구 흩어져 있었다. 왜 상자들을 풀지 않고 그냥 놓아두었냐고 물었더니, 그는 집으로 돌아갈 날을 기다린다고 했다. 제6구역의 집으로 돌아갈 날을. 350만 명은 이와 같은 사람들로 이루어져 있었다. 결국 그는 상심을 이기지 못해 세상을 뜨고 말았다. 그리고 그의 상자들은 여전히 개봉되지 못한 채 남겨졌다.

누군가가 〈제6구역〉이라는 연극을 제작했다. 케이프타운 교외에 있던 이 지역의 활력과 마침내 아파르트헤이트의 광기에 굴복하기까지의 상황을 그린 연극이었다. 교회 직원 한 명이 어린 시절 제6구역에서 살았다고 했다. 그는 뮤지컬 〈제6구역〉 공연을 관람하고 돌아와서는 마음속에서 솟구치는 향수에 못 이겨 하염없이 울었노라고 말했다. 그의 어머니는 노년에 들어 집에 가고 싶다는 말을 자주 했다고 한다. 제6구역에 있던 집으로 돌아가고 싶다는 뜻이었다.

스티븐 나이두는 상인이던 아버지, 어머니 그리고 누이와 함께 더반에서 이주했다. 그의 아버지는 장사가 잘되어 케이프타운 근처 리트릿에 근사한 집을 지었다. 이후 스티븐 나이두는 케이프타운의 로마 가톨릭 대주교가 되었는데, 그 자리는 성공회에서 지금 내 위치에 해당한다. 나는 그에게 앞서 말한 교회 직원의 사연을 들려주었는데, 그는 자신도 그 뮤지컬을 보았으며, 끝나고 나서 어떻게 했을 것 같으냐고 물었다. 그도 눈물을 쏟았다고 했다. 지역 개발부가 리트릿을 백인 구역으로 정했기 때문에 나이두 가족은 또다시 이주를 해야 했던 것이다. 그의 아버지는 이미 세상을 떠났고 과부가 된 어머니는 집에 머물 수 있게 해달라고 당국에 간청했지만 아무 소용이 없었다. 그래서 그들은 방한 칸짜리 아파트를 찾아 다른 사람들과 함께 쓰게 되었다. 낮에는 아파트에 들어갈 수 없었기에 스티븐과 그의 여동생은 근처 기차역 대합실에 앉아 기다리다가 저녁에야 집으로 돌아오곤 했다. 그의 사연을 듣고 난 뒤, 나는 겉으로는 멀쩡한 모습으로 돌아다니지만 백인이 아니라는 이유만으로 법률이 지운 고통과 슬픔의 짐을 짊어진 사람들이 수없이 많을 거라는 생각이 들었다.

영국에서 공부를 마치고 가족과 남아공으로 돌아왔을 때였다. 우리는 프랑스와 이탈리아와 팔레스타인 지역을 둘러보고 왔다. 우리의 목적지는 이스턴케이프 주의 앨리스였다. 나는 그곳의 연방신학교에서 학생들을 가르치기로 되어 있었다. 우리는 새집에 들일 가구를 사러 이스트런던으로 갔다. 점심시간이 되자, 우리가 들어갈 수 있는 식당이 없다는 걸 알고 우리는 생선과 감자튀김을 사 들고 도로에 주차해 놓은 차 안에 앉았다. 몇 주 전만 해도 파리의 멋진 식당에서 식사를 하며 근사한 프랑스 요리를 즐기던 우리였다. 그러나 조국에서는 그럴 수 없었다. 감당하기 힘든 아이러니한 상황이었다.

우리는 이스트런던의 해변으로 소풍을 가곤 했는데, 해변의 흑인 전용 구역은 바위가 많고 가장 볼품없는 곳이었다. 거기서 멀리 떨어지지 않은 곳에 소형기차가 있는 놀이터가 있었다. 영국에서 태어난 막내가 "아빠, 그네 타고 싶어요"라고 했을 때, 나는 심장이 쿵 내려앉는 것을 느끼며 힘없이 "안 된다, 아가야. 넌 가면 안 돼"라고 대답해야 했다. 그 말에 아이가 "하지만 아빠, 다른 아이들은 놀고 있는데요?"라고 말하면 뭐라고 대답해야 할까? 그 기분이 어떤 것인지 독자들이 이해할 수 있을까? 어린 딸에게 네가 어린이는 맞지만 조건에 맞는 아이가 아니기 때문에 놀이터에 갈 수 없다는 말을 어떻게 해야 할까? 그런 순간마다 나는 죽음을 경험했고, 내가 너무나 처참하고 수치스럽고 한없이 작게 느껴져서 아이의 눈을 똑바로 쳐다볼 수 없었다. 내 아버지가 어린 아들 앞에서 느꼈을 수치심이 바로 이렇지 않았을까.

한때 남아공 대통령이었던 P. W. 보타가 '훌륭한 우호적 정책'이라며 왜곡되게 묘사한 아파르트헤이트는 컬러드, 인도인, 그리고 특히 흑인들의 권리를 체계적으로 박탈했고 그들의 인간성을 모욕했다. 그들을 영원히 노예상태에 묶으려고 껍데기뿐인 교육과 부적절한 거처를 강요했다. 악독한 이주노동법을 제정해 가족들을 남녀 분리하는 숙소로 갈라서 집어넣었다. 엉터리 보건서비스 탓에 아이들은 쉽사리 예방 가능한 영양결핍 질환에 시달렸다. 아파르트헤이트는 한마디로 흑인의 가정생활을 철저히 유린했다. 그것은 곳곳에 스며들어 모든 피해자에게 이루 말하지 못할 불필요한 고통을 가했다. 백인을 제외한 모든 사람이 어느 정도씩은 이 끔찍한 정책의 피해자라 해도 과장은 아닐 것이다. 흑인들의 가슴은 증오와 적개심으로 가득 찼다. 우리에겐 아파르트헤이트로 온갖 악행을 저지른 백인들의 피를 요구할 권리가 있었을 것이다. 우리의 법무장관 둘라 오마르는 우리나라를 '피해자들의 나라'라 불렀는데, 어느 정도 적절한 표현임은 분명하다. 그러나 우리나라는 또한 생존자들의 멋진 나라이며, 대단한 용서의 힘과 아량과 고상한 정신으로 전 세계를 놀라게 한, 참으로 훌륭한 사람들의 나라라고 선언해야 마땅하다. 이것은 위원회가 활동한 근 2년에 걸쳐 피해자들과 생존자들의 사연을 통해 확인한 놀라운 사실이기도 하다.

나는 아파르트헤이트 지지자들조차도 그들이 그토록 열렬히 지지하고 집행했던 사악한 체제의 희생자라는 말을 덧붙이고 싶다. 윤리적 가치판단이 부질없다는 뜻은 아니다. 이것은 우리의 근본 개념인 '우분투'에서 흘러나온 판단이다. 우리의 인간성은 서로 연결되어 있다. 아파르트헤이트의 악행을 저지른 사람들의 인간성은 좋든 싫든 피해자들의 인간성과 서로 연결되어 있다. 다른 사람들을 비인격적으로 대하고 이루 말할 수 없는 해와 고통을 가하는 과정에서, 가해자도 어쩔 수 없이 인간성을 침해당하게 된다. 압제자는 피압제자보다 더하다고는 할 수 없어도, 그에 못지 않게 인간성을 빼앗긴다. 백인 사회의 많은 사람들은 이 말이 투투가 내뱉는 도발적인 선동 슬로건일 따름이라고 생각했다. 그때는 백인들 대부분이 나를 무책임한 괴물로 여기며 미워하던 시절이었다.

말루시 음푸믈와나는 현재 미국 켈로그 재단에서 일하는 사제인데, 1970년대 말부터 80년대 초에는 당시 중요한 흐름이던 흑인 의식 운동에서 스티브 비코의 가까운 조력자로서 열정적인 활동을 했다. 그는 다른 활동가들과 함께 가난하고 환멸에 빠지고 의욕을 상실한 시골 마을을 찾아다니며 지역 개발 및 보건 지원 등 중요한 사업을 벌였다. 그 결과, 그와 그의 아내는 도처에 숨어 있는 비밀경찰의 엄중한 감시를 받았고 끊임없이 괴로움에 시달렸다. 재판도 없이 구금당하기도 여러 번, 내가 그를 만났을 당시에는 5년 동안 이스턴케이프 타운십을 떠날 수 없다는 금지령이 떨어진 상태였다. 이후 그는 어찌어찌해서 비밀경찰을 따돌려 요하네스버그로 왔고, 우리는 남아공 교회협의회 사무총장 사무실에서 다시 만났다. 잦은 구금 기간 동안 비밀경찰은 "우리가 이 나라를 운영하고 있다"라고 말하며 고문하는 것을 당연시했고, 그때마다 그는 '이 사람들도 하나님의 자녀들인데 금수(禽獸)처럼 행동하고 있지 않은가. 이들이 잃어버린 인간성을 회복하려면 우리의 도움이 필요하다'라고 생각했다고 한다. 우리의 투쟁은 말루시 같은 젊은이들, 이렇듯 놀라운 사람들이 참여했기에 결국 성공할 수밖에 없었다.

따라서 법률로 정해진 진실화해위원회 관련 기준들은

어떤 면에서 자의적이라 할 수 있었다. 우리는 얀 반 리베이크 시절까지 곧장 거슬러 올라가, 백인이 아닌 모든 사람은 아파르트헤이트의 사악함을 겪었으므로 정의상 진정한 피해자들이라고 규정할 수 있었다. 그러나 그렇게 했다면 말 그대로 수백만 명의 사람을 상대해야 하는 감당치 못할 과제가 생겼을 것이다. 그것은 상처 입은 국민을 치유하는 중요한 과정이나 인종 간의 화해를 돕는 데 큰 보탬이 되게끔 실행될 수도 없고 관리할 수도 없는 과제였을 것이다. 백인 이외의 모든 사람을 피해자로 규정했으니 백인 피해자들은 원천적으로 고려 대상에서 배제되었을 테고, 그런 상황에서 진실위원회 활동이 인종 간의 화해에 기여하는 과정이 될 가능성도 처음부터 전혀 없었을 것이다.

압제에서 민주주의로의 이행을 위한 어려운 협상을 진행하던 사람들은 제한적이고 감당할 수 있는 과제를 선택했다. 그들이 정한 제한은 다소 자의적인 측면이 있기는 했지만 나름대로 근거가 있었다. 1960년 3월 21일은 샤프빌 대학살이 벌어진 날이자, 정부가 모든 주요 흑인 정치 조직에 금지령을 내리면서 다들 종전의 비폭력 노선을 포기하고 무장투쟁에 참여하기로 결의한, 일종의 분수령이 된 날이기 때문이다. 1994년 5월 10일 역시 참으로 중요한 날이었다. 바로 이날, 프리토리아에서 넬슨 만델라가 대통령으로 취임했기 때문이다. 만델라 대통령의 취임은 새로운 체제의 도래를 보여 주는 가장 뜻깊은 사건이라 할 수 있을 것이다. 그것은 갈등, 소외 그리고 다수에 대한 소수의 지배라는 과거가 완전히 끝났음을 그 무엇보다 감동적으로 보여준 사건이었다. 진실화해위원회는 남아공의 역사 중 감당할 수 있는 일부만을, 2년(나중에는 3년 가까이로 늘어났다)이라는 상대적으로 짧은 기간 내에 다루어야 했다. (위원회는 1998년 10월에 주요 보고서를 제출했다. 하지만 이후 위원회가 전반적인 활동을 '중지'한 다음에도, 사면 관련 작업만은 1999년까지 이어졌다.) 그렇지 않으면 남아공 전체가 어두운 과거를 파헤치는 일에 너무 오랫동안 갇혀 나라가 분열되는 불행을 자초할 수 있었다.

진실화해위원회 설립을 규정한 법률은 위원회 활동의 기준을 정하기 위해 '심각한 인권 침해'라는 용어부터 정의해야 했다. 앞에서 암시한 바와 같이, 이 정의가 어느 정도 자의적인 것은 사실이다. 나는 다섯 명의 원로 판사들이 아파르트헤이트 자체가 심각한 인권 침해라고 선언한 소견서의 내용을 소개했고, 거의 모든 흑인을 그 제도의 실질적인 피해자로 볼 수 있음도 살폈다. 하지만 진실화해위원회 법은 '심각한 인권 침해'를 살인(모살謀殺에 한정되지 않음), 납치, 고문, 극심한 학대로 제한하여 정의했고, 이로써 최소한 두 가지 이점이 따라왔다. 첫째, 위원회는 조사할 내용을 이 네 가지 범주의 사건으로 제한해 주어진 시한 내에 완수할 수 있는 과제를 맡게 되었다. 넬슨 만델라의 뒤를 이어 아프리카 민족회의 의장과 남아공 대통령이 되는 타보 음베키는 위원회를 향해, 특히 사면 문제에서 정부에 미해결 과제를 남기지 말 것을 간절히 호소했다. 그는 1996년

8월 위원회에 아프리카 민족회의의 증거를 제출하면서 이렇게 말했다.

> 진실화해위원회는 활동 기간 내에 반드시 사면 절차를 마무리해야 합니다. 그리하여 진실화해위원회가 다룬 기간 동안 벌어진 사건들에 대해 남아공 민주정부가 범죄 수사를 실시하거나 사람들을 기소하는 일이 없도록 해야 합니다. … 진실화해위원회는 맡은 일을 최대한 빨리 마무리해야 합니다. 그래야만 우리가 참으로 과거를 과거로 흘려보내고 결코 잊을 수 없는 아픈 그 과거를 용서하게 될 것입니다.

이와 같이 '심각한 인권 침해'를 제한적인 의미로 정의함으로써 미해결 과제를 남기지 않는다는 위원회의 목표를 달성하기가 한결 쉬워질 터였다.

이런 제한적 정의는 또 다른 부분에서도 중요한 의미가 있었다. 덕분에 진실화해위원회가 피해자를 규정하는 문제에서 공정할 가능성이 열린 것이다. 어떤 범죄나 인권 침해가 '심각한 인권 침해'인지의 여부를 결정하는 데 가해자의 정치적 입장이 영향을 미칠 여지가 없어졌기 때문이다. 국민당원이 누군가를 납치하거나 고문하거나 죽인다면, 그것은 피해자의 인권에 대한 심각한 침해에 해당하며, 그것이 과거 정치적 갈등의 결과라면 위원회 활동의 범위에 해당할 것이었다. 아프리카 민족회의 멤버가 동일한 범죄를 저지른다 해도, 그것 또한 법률이 정하는 심각한 인권 침해에 해당할 것이었다. 따라서 아파르트헤이트 지지자든 그 체제의 전복을 꾀하는 반대자든 할 것 없이, 모든 사람에 대해 법적 동등성을 확보할 수 있었다.

하지만 위원회는 법적 동등성이 도덕적 동등성과 다름을 애써 밝혔다. 한 여자가 자신을 성폭행하려는 남자에게 총을 쏘아 죽인다고 하자. 이것은 명백한 살인이다. 차량 강탈범이 차량 소유주를 죽이고 차를 빼앗는 일은 어떤가? 이것 역시 살인이다. 그러나 여성의 행동은 정당화될 수 있는 살인으로 선언되고 용기 있는 행동이었다고 칭찬받을 수도 있을 것이다. 차량 강탈범은 비난받아 마땅한 살인죄에 해당하며, 비열한 행동에 합당한 유죄 판결을 받게 될 것이다.

위원회는 해방투쟁을 범죄 행위로 규정하고 해방투쟁에 가담한 자들을 아파르트헤이트 지지자들과 같은 수준에 놓음으로써 그들을 모욕했다는 비판을 받았다. 사실과 너무나 다른 주장이다. 위원회는 법률의 규정을 따랐다. 심각한 인권 침해는 누가 어떤 동기로 저질렀든 규탄받아 마땅하다. 국민당원이 자행한 고문은 심각한 인권 침해다. 해방운동 멤버가 자행한 고문도 똑같이 심각한 인권 침해다.

위원회는 인종차별을 반인륜적 범죄로 단호하게 규정했다. 이와 동시에, 해방운동들은 정당한 대의명분이 있었으니 그들은 의로운 전쟁을 행한 것이라고 강력하게 주장했다. 그러나 제네바협약 및 의로운 전쟁의 원리가 분명히 밝히는 바에 따르면, 정의로운 전쟁이 되기 위해서는 전쟁을 행하는 과정에서 정의가 지켜져야 한다. 의로운 대의명분을 위해 의로운 수단으로 싸워야 한다. 그렇지 않으면 대의명분 자체가 심각하게 손상되고 만다.

아프리카 민족회의는 해외의 여러 활동 근거지에서 벌어진 학대행위 혐의에 대해 자체 조사를 벌였고, 그런 행위들이 사실로 밝혀지자 국민 앞에서 사과를 했다. 해방투쟁이라는 명목이 모든 행동을 정당화해 준다면 애당초 진상조사는 필요 없었을 것이며, 사과해야 할 이유는 더더욱 없었을 것이다. 목적은 수단을 정당화하지 못한다.

위원회는 가능한 한 많은 남아공 사람들에게 다가가야 했다. 우리의 목표는 모든 남아공 국민들이 위원회 활동에 참여하게 하는 것, 누구도 처음부터 배제되는 일이 없게 하는 것, 그리고 모두에게 자신의 사연을 말할 기회가 있으며 치유와 화해를 위한 진지하고 실질적인 제안에서 빠져서는 안 될 배상 신청의 기회가 있음을 알리는 것이었다. 그래서 우리는 인쇄매체와 전자매체를 통해 광고 캠페인을 벌였고, 문맹자들에게 효과적으로 다가갈 수 있는 라디오 홍보에 집중했다. 그리고 눈에 확 띄는 로고와 함께 "진실은 아픔이지만 침묵은 죽음이다" 등의 슬로건이 적힌 소책자와 포스터를 배부했다. 위원회의 홍보활동은 아름답지만 서글픈 우리나라의 구석구석까지 네트워크를 갖춘 종교 공동체들의 도움을 많이 받았다. 비정부 기구들에도 커다란 감사의 빚을 졌다. 다른 나라에 설치된 유사한 위원회들에 비하면 우리 위원회에 할당된 자원이 상당한 것이었지만, 이 모든 추가적인 도움과 국제사회의 관대한 인적, 기술적, 재정적 지원이 없었다면 금세 바닥을 드러내고 말았을 것이다. 우리는 참으로 특별한 축복을 받았다. 세계는 남아공의 경험을 통해 뭔가 배울 것이 있기를 바라며 큰 관심을 갖고 지켜보았다. 세계에는 과거나 지금이나 국가 내의 갈등이 너무나 많기 때문이다.

위원회는 특별히 훈련받은 진술 수집자들을 고용해 남아공 곳곳에 배치했다. 그들은 자원봉사자들과 함께 위원회의 활동 범위에 해당한다고 생각하는 사람들의 진술을 받았다. 그 결과, 우리는 2만 건이 넘는 진술문을 확보했다. 유사한 다른 어떤 위원회도 이만한 진술문을 받아 낸 적은 없었다. 이 중에는 두 가지 이상의 침해 사례와 두 명 이상의 피해자를 담고 있는 진술서도 있었다.

첫 번째 청문회는 1996년 4월 이스트런던에서 열렸다. 유사한 다른 나라의 위원회와 달리, 진실화해위원회는 대단히 공개적으로 진행되었다. 예컨대 칠레의 진실위원회는 조사활동을 비밀리에 진행했지만 진실화해위원회는 달랐다. 사면 소위원회 활동만은 비밀리에 진행하자는 제안이 있었지만 비정부 인권단체들이 강력하게 반대했고 그들의 견해가 우세하여 진실화해위원회는 다른 나라 국민들이 크게 존경하게 된 특성인 철저한 공개성을 갖추게 되었다. 우리 동료들은 위원회 활동을 하루라도 빨리 본 궤도에 올려놓고자 부지런히 일했다. 청문회 하나를 여는 데 필요한 업무량은 엄청났다. 진술서들을 확보하는 일도 큰일이지만,

무엇보다 실제로 사람들이 청문회장에 나와 증언을 한다는 보장이 없었다. 그들은 악행을 폭로하지 말라는 가해자들의 위협을 받고 증언을 포기할 수도 있었고, 스스로를 해방 투쟁에 가담한 전투원으로 여겨 피해자로 간주되기를 거부할 수도 있었다. 끝없이 약속을 해대지만 정작 약속을 실행에 옮기는 데는 한없이 느린 지도자들에게 환멸을 느끼고 그들에게 더 이상 기대할 게 없다고 생각하고 있을지도 몰랐다.

그러나 다 부질없는 걱정이었다. 앞서 말했다시피, 우리는 결국 2만 건이 넘는 진술서를 확보했다. 정말 놀랍게도 사람들은 자신의 사연을 말하고 싶어 했다. 그들은 불의와 억압의 사악한 체제에 짓눌린 채 너무나 오랫동안 침묵을 강요당하고, 방관자로 밀려나고, 보이지 않는 익명의 존재로 살아가야 했다. 그들에게 자신의 이야기를 할 기회가 주어지자 마치 봇물 터진 듯했다. 청문회에 나오는 백인들이 너무 적다는 것이 우리의 고민이었다. 그러나 그 자리에 나온 백인들은 매우 놀라운 사람들이었다. 그들에 대해서는 앞으로 한두 명 정도 소개할 생각이다.

위원회는 또 다른 측면에 관심을 기울였다. 법률의 명확한 규정에 따라, 전반적으로 피해자 친화적으로 움직여야 한다는 것이었다. 이것은 전 세계가 보는 앞에서 자신의 마음을 털어놓고 내면 깊숙이 숨겨진 아픔과 고통을 드러내는 사람들이 시민과 인간으로서 각자의 존엄성을 되찾도록 도울 한 가지 방법이 될 터였다. 많은 동포들의 사연을 통해 그들 영혼의 은밀한 부분을 엿본 것은 우리가 누린 큰 특권이었다. 그 이야기들을 듣고 나면, 그들이 지극히 평범하고 정상적으로 보인다는 사실이 그지없이 놀라울 따름이었다. 세상 사람들의 눈에 비친 그들은 정상적이고 아무 걱정거리 없는 온전한 모습으로 웃고 대화를 나누고 일상을 살아가고 있었다. 그런데 그들의 이야기를 듣고 나면, 그토록 큰 슬픔과 고뇌의 무거운 짐을 지고도 어떻게 그토록 조용하고 겸손하게, 품위 있고 소박하게 기나긴 세월을 살아올 수 있었는지 참으로 놀라웠다. 우리가 그들에게 얼마나 큰 빚을 지고 있는지는 헤아릴 수조차 없다. 나약한 사람들의 의지를 꺾고도 남을 엄청난 어려움과 괴로움 앞에서 그들이 보여 준 끈기는 참으로 대단했다. 그들은 '보통 사람들'이라는 이름으로 하찮게 치부되던 이들이었다. 그러나 기독교 신학에서 평범한 사람이란 없다. 각 사람이 하나님의 대표자, 하나님의 대리통치자, 하나님의 대리인, 하나님의 매개자이기 때문에 각 사람은 통상 대접받는 VIP보다 훨씬 중요하고 보편적인 특별존재, VSP(very special person)이다.

위원회는 그들에게 이루 다 헤아릴 수도, 사례할 도리도 없는 엄청난 빚을 졌다. 우리는 그들이 실제로 증언할 의향이 있음을 확인해야 했다. 증언하고 나면 어떤 의미에서 그들은 공공의 재산이 될 것이기 때문이었다. 위원회는 그들의 증언에 언론매체와 대중이 어떤 반응을 보일지, 자신들의 슬픔을 공개적으로 그리고 바보스러울 만큼 용감하게 드러내는 사람들을 어떻게 대할지 예측할 길이 없었다. 이러한 증언이 물론 의미 있는 시간이긴 해도, 역시 힘겨운 경험이 될 사람들에게 위원회는 상담을 제공했다.

그리고 그들에게 '동반자'(briefer)를 붙여 주었다. 동반자는 증인이 증언할 때 곁에 앉아 심리적 안정감을 주고, 물잔을 건네는가 하면, 증인들이 눈물을 쏟을 때는 곳곳에 비치된 진실화해위원회 티슈도 건넸다. 많은 증인들이 눈물을 흘렸고 증언 도중에도 몇 번씩 울음을 터뜨렸다. 일부 냉소적인 사람들은 종이 티슈를 하염없이 제공하는 진실화해위원회를 깔보듯 '크리넥스 위원회'라고 불렀다. 우리는 좌석 배치에도 신경을 썼다. 가장 좋은 자리는 증인들의 몫이었다. 그들이 피고석에 있다는 인상을 줘서는 안 되었기에, 그들의 좌석도 증언을 듣는 진실화해위원회 위원단과 같은 높이로 맞추었다.

증인들이 편안하고 자연스럽게 느낄 수 있도록 원하는 언어로 증언하게 하는 것은 위원회의 변함없는 원칙이었다. 따라서 우리는 동시통역 서비스를 제공해야 했고, 헤드폰을 끼고 앉아 있는 진실화해위원회 위원들의 공적 이미지도 그렇게 해서 생겨났다. 그것은 청문회 운영을 더욱 복잡하게 하는 요인이 되었다. 증인들은 증언할 때 곁에 앉아 있을 친척을 한 명씩 데려올 수 있었다. 진실화해위원회 청문회 참석자 모두의 교통편, 숙소, 식사를 제공하는 일은 정말 보통 일이 아니었다. 그래도 동료들과 진실화해위원회 직원들은 공청회장과 관련 시설들을 쉽게 구할 수 있는 도시뿐 아니라 그런 시설들을 찾아보기 어려운 소도읍과 시골에서도 그 일을 큰 문제 없이 잘 해냈다.

공청회 장소는 읍사무소와 시민회관, 교회 등 각양각색이었다. 이 부분에서 위원회 활동이 무리 없이 진행되도록 많은 도움을 준 종교 단체들에게 뜨거운 찬사를 보낸다.

하지만 진실화해위원회가 어디서나 환영받고 인기 있었던 것은 아니다. 극렬히 반대하는 사람들도 있었다. 그중에서도 위원회가 자신들의 사악한 과거를 드러낼지 모른다는 생각에 위협을 느낀 사람들과, 위원회 활동이 아프리카너들에 대한 마녀사냥의 전초전이라고 생각하는 이들의 반대가 심했다. 우리는 그들이 위원회의 일을 방해하지 않을까 걱정했다. 그래서 보안이 매우 중요한 사안이 되었다. 실제로 위원회의 첫 번째 청문회는 폭탄 소동으로 방해를 받았다. 경찰견들이 청문회장을 샅샅이 훑으며 냄새를 맡고 다니는 동안, 우리는 청문회를 중단해야 했다. 다행히 그것은 누군가의 장난으로 드러났지만, 우리는 어떤 위험 요인도 허용할 수 없었다. 그렇지 않으면 수많은 사람들의 생명이 위협받게 되고, 위원회가 맡은 일을 제대로 해내지 못하면 수많은 일이 엉망이 될 상황이었기 때문이다. 화해의 과정을 반대하는 사람들은 위원회에 어떤 불운이 닥치든 고소하게 여겼을 것이다.

위원회는 증인들에게 사연을 털어놓을 충분한 시간 여유가 있으며 그들의 이야기가 경청의 대상이 되고 있다고 느끼게 해주고 싶었다. 그래서 청문회를 운영하는 진실화해위원회 위원들은 지역별로 그곳을 대표할 만한 일부 증인들만 선택하기로 했다. 그러다 보니 평균적으로, 진술서를 작성한 사람 열 명 중 한 명만이 공개 청문회에서 증언을 하게 되었다. 증언을 못 하게 된 사람들 중 상당수는 다소 실망했다. 위원회는 진술서를 통해 밝힌 사연도 공개적으로 증언한 증인들의 사연 못지않게 진지하게 받아들여질 거라고 말하며 그들을 안심시켜야 했다.

사람들은 공개 청문회를 매우 높이 평가했다. 그것은 위원회 활동에 대한 찬사로 여겨도 될 것 같다. 언론매체가 대체로 제 역할을 훌륭히 해준 덕분이었다. 라디오, 텔레비전, 신문은 진실화해위원회와 피해자 청문회를 (사면 청문회의 경우처럼) 집중 보도했다. SABC 라디오는 11개 공식어로 진행된 피해자 청문회를 생중계하다가 자금 부족 때문에 중계를 중단했는데, 백인들까지도 이에 강력하게 항의했다. 청문회에 참석하지는 않았지만 그들도 라디오로 청문회를 듣고 있었음이 분명했다. 세계 각국의 방송 전문가들은 공개 청문회장에서 텔레비전 카메라 사용 방법에 대한 유익한 충고를 아끼지 않았다. 세계 많은 지역 대부분의 법정에서는 재판 현장의 중계 촬영을 허용하지 않기 때문이다. 우리는 텔레비전 중계에 대한 방침을 세웠다. 카메라를 한 자리에 고정시켜 청문회 진행에 방해가 되지 않게 한다는 원칙이었다. 스틸 사진사들만 불평을 했는데, 한자리에 머물러 있으려면 행동 반경이 너무 제한되고 무엇보다 답답했기 때문이다.

나중에 가서 밝아지긴 했지만 첫 번째 청문회의 분위

기는 대체로 엄숙했다. 우리나라의 치유라는 중요한 의식을 치르는 상황에서 경박해질 수는 없었다. 사람들이 어떤 괴로움을 겪었는지 들으면서 그렇게 될 수는 없었다. 위원회의 첫 청문회는 매우 중요했다. 이 청문회를 제대로 해내는 일에 너무나 많은 것들이 걸려 있었다. 그것이 이후의 청문회들에 긍정적이든 부정적이든 영향을 미칠 수밖에 없었기 때문이다.

우리는 앞날을 염려하며 음단차네에서 종교를 초월한 대단히 감동적인 예배를 드렸다. 이스트런던 인근에 있는 게토 타운십 음단차네는 피해자 청문회가 처음 열릴 곳이었다. 첫 번째 청문회 전날 밤 기분이 어떠냐는 기자들의 질문에 나는 이렇게 대답했다.

"가슴이 벌렁벌렁합니다. 하지만 이 예배에 참석해 주신 수많은 분들과 그분들의 놀라운 관대함을 보면서 마음이 설레기도 합니다. 모두가 이 일이 성공하기를 진정으로 바라며, 사람들의 사연을 듣는 이 과정이 끝까지 가야 한다고 믿고 있습니다."

우리는 우리 땅과 피해자들, 가해자들 그리고 진실화해위원회에 하나님의 축복이 내리길 기도했다. 나는 언제나 영어, 코사어, 소토어, 아프리칸스어로 기도하여 위원회가 모두의 것임을 강조했다. 나는 이들 네 언어로 모든 사람을 환영한다고 말했다. 남아공의 다양성을 강조하기 위해서였다.

시청은 사람들로 가득 찼다. 주로 흑인이었다. 증인들

은 청중을 등지고 진실화해위원회 조사단과 마주 보는 자리에 앉았다(나중에는 이런 관행을 바꾸었다). 약간 떨어진 연단 한쪽에는 통역자용 부스들이 있었다. 눈부신 꽃과 화분들로 장식한 시청은 화사했다. 경찰은 보안검사대에서 모든 사람을 수색하는 일을 비롯해 청문회의 안전을 책임지는 일을 훌륭하게 해냈다.

위원들이 들어서자 청중은 기립했고 깊은 침묵이 내려앉았다. 나는 나흘간의 청문회에서 증언하게 될 사람들 및 함께 온 친척들에게 다가가 악수를 했다. 그리고 과거 갈등의 결과로 목숨을 잃은 모든 사람을 기억하며 촛불을 붙였다. 동료 중 한 사람이 쓰러져 간 모든 사람을 기록한 전사자 명부를 읽었다. 이어서 우리는 "당신의 뜻이 이루어지이다"(*Lizalis' idinga lakho*)를 불렀다. 넬슨 만델라가 27년간의 감옥생활에서 풀려난 날 그와 그의 아프리카 민족회의 동료들이 비숍스코트에서 부른 노래였고, 그 후로도 중요한 일이 있을 때마다 수없이 부르게 되는 노래였다.

노래를 마친 뒤 나는 기도했다.

정의와 자비와 평화의 하나님. 우리는 아파르트헤이트의 온갖 고통과 분열, 그리고 그 이름으로 우리 사회를 파괴한 온갖 폭력을 넘어서기를 원하나이다. 이곳과 우리나라 전역에서 자행된 많은 잘못들을 바로잡는 중요한 일을 시작하는 이 진실화해위원회를 주의 지혜와 인도하심으로 축복하여 주소서.

몸과 영혼이 상한 모든 사람이 이 위원회의 활동을 통해 치료받게 하시고, 위원회가 수많은 우리 국민들, 특히 이곳 이스턴케이프 사람들의 아픈 상처를 어루만지는 조직으로 드러나게 하시기를 간구합니다. 동료들에게 이런 범죄를 저지른 것으로 밝혀질 사람들을 위해서도 기도합니다. 그들이 전능하신 하나님께 회개하고 자기 죄를 자백하게 하시고, 그들도 주의 한없는 자비와 용서를 받는 자들이 되게 하소서. 성령께서 진실화해위원회 위원들과 그 동료들에게 정의와 자비와 긍휼의 은사를 쏟아부으셔서 청문회 도중에 진실이 인정되고 밝히 드러나게 하시고, 청문회가 끝난 후에는 주께서 친히 명하신 화해와 이웃 사랑이 나타나게 하시기를 구하나이다. 우리 주 예수 그리스도의 거룩하신 이름으로 기도합니다. 아멘.

이어서 나는 모든 참석자에게 환영인사를 했다.

자신의 사연을 얘기하고자 이 자리에 나오신 모든 분과 그분들의 가족과 친구분들을 환영합니다. 우리는 여러분의 사연을 꼭 듣고 싶습니다. 그것이 이 청문회가 열리는 근본적인 이유입니다. 진실화해위원회는 인권 침해 소위원회 활동의 도움을 받아 특정인들이 심각한 인권 침해를 당했는지 파악하고, 그렇다고 판단될 경우 그들을 피해자로 선언하게 됩니다. 그렇게 되면 배상재활 소위원회에서 기록을 넘겨받아 그들에게 어떤 식으로 어느 정도 배상해야 할지 대통령에게 건의해야 합니다. 위원회와 그 활동을 위해 기도해 주신 남아공과 전 세계의 친구들과 지금도 기도하고 계신 모든 분께 감사드립니다.

우리는 어두운 과거의 진실을 파내고, 과거의 유령들을 묻어야 할 임무를 맡았습니다. 그래야만 어두운 과거의 유령들이 되돌아와 우리를 괴롭히지 않을 것입니다. 그리고 우리는 충격과 상처를 입은 국민들을 치료하는 일에 이바지할 것입니다. 남아공의 모든 국민은 상처 입은 사람들이기 때문입니다. 이 일로 우리는 남아공의 하나됨과 화해에 기여할 것입니다. 이 위원회에서 증언하는 분들이 선의를 품고 아는 대로 진실을 말한다면 일반 법정의 증인들과 동일한 인정을 받게 될 것입니다.

곧이어 나는 진실화해위원회의 첫 번째 청문회의 개회를 선언했다. 의미심장한 일이 아닐 수 없었다.

첫 번째 청문회를 이스턴케이프에서 열기로 한 이유가 무엇일까? 이것은 자의적인 결정이 아니었다. 위원회는 본격적인 활동에 앞서 케이프타운의 세인트조지 대성당에서 대통령, 정부 각료, 국회의원들, 헌법재판관들과 고등법관들, 시민사회의 주요 기관 대표자들이 참석한 가운데 종교를 초월한 예배를 드렸다. 그리고 위원회의 첫 번째 공식 활동을 피해자 청문회로 정했다. 이것은 오랫동안 제 목소리도, 이름도 없이 사회의 끝자락으로 밀려나 있던 사람들이 잠시나마 그늘에서 벗어나 위원회 활동 기간 동안 무대 중심에 서게 하자는 의도적인 결정이었다. 그리고 그들이 시민과 인간으로서 존엄성을 되찾는 과정에 도움이 되길 바라는 마음에서 취한 조치였다. 법이 정한 대로 진실화해위원회의 공평함을 보장하고자, 우리는 가능한 한 정치적으로 다양한 피해자들이 증언할 수 있게 했고, 진실화해위원회가 다뤄야 할 34년 중 최대한 많은 기간을 다룰 수 있도록 했다. 피해자들은 인구 통계에 따른 비율뿐 아니라 지정학적 대표성도 고려하여 선정했다. 위원회는 여성과 어린이들을 세심하게 배려하고자 애썼다. 청문회가 가능한 한 다양한 사람들을 대표할 수 있도록 하고, 그 점이 드러날 수 있게 하기 위해서였다.

우리가 첫 번째 청문회를 이스턴케이프에서 열기로 한 이유는 이 도시가 남아공 역사에서 매우 특별한 위치를 차지하기 때문이다. 이곳은 백인과 원주민이 같은 땅을 놓고 적으로 만나 최초의 전면전을 벌인 곳이다. 그리고 백인 팽창주의가 벌인 약탈에 맞서 흑인의 저항이 생겨난 곳이다. 이곳은 흑인을 위한 최초의 고등교육 기관이 세워진 곳이기도 하다. 즉, 이곳은 흑인 교육의 발생지라고도 할 수 있다. 또 이곳은 넬슨 만델라, 위니 마디키젤라-만델라, 고반 음베키와 타보 음베키, 스티브 비코 등 흑인 정치 지도자들 상당수가 태어난 곳이다. 이곳은 흑인들의 저항의식과 정치의식의 발생지였다. 바로 이런 이유 때문에 아파르트헤이트의 가장 악명 높은 충복 가운데 일부가 이곳에서 활동하게 된 듯하다. 정부 당국은 아파르트헤이트의 어둠과 억압의 폭탄을 이스턴케이프에 거침없이 투하했다.

위원회의 청문회들을 취재한 남아공 방송공사 SABC 라디오 뉴스팀의 일원이던 졸라 응투투와 대런 테일러는 청문회가 끝나고 SABC가 제작한 다큐멘터리 시리즈에서 첫 번째 이스트런던 청문회를 묘사하며 이와 비슷한 얘기를 했다.

다양한 주제가 전면에 부상했으나 가장 분명한 주제는 남아공의 이스턴케이프 주에 끔찍한 일이 가득했다는 사실이다. 하지만 왜일까? 왜 이스턴케이프였을까? 이스턴케이프는 억압과 저항의 역사를 지니고 있다. 이곳은 스티브 비코, 올리버 탐보, 위니 마디키젤라-만델라와 넬슨 만델라 같은 남아공의 유명한 지도자들의 출생지이기도 하다. 그래서 보안관계자들 사이에는 "이스턴케이프를 부술 수 있는 자가 나라를 다스릴 것이다"라는 말이 떠돌았다.

그러나 이전에 알려진 바 없던 끔찍한 잔학 행위들이 이곳에서 자행된 데는 더욱 깊은 이유가 있다. 이스턴케이프는 걷잡을 수 없게 된 사람들을 처리하기에 최적의 장소였던 듯하다. 폭동 진압반 쿠푸트와 방위군의 악명 높은 101대대와 32대대 출신 전직 경찰과 군인들이 바로 그들이다. 그들 중에는 흑인과 백인이 다 있었다.

몇몇 소위 보안부대 범죄자들의 이름이 거듭 등장했다. 히데온 니우바우트, 앨버트 퉁가타, 에릭 윈터, 크리스 라부샤그네, 스페이커 판 베이크, 헤르트 스트레이돔, 그리고 하팅흐, 파우헤, 응그카이로만 알려진 사람들도 있었다. 어떤 공통점이 있느냐고? 모두 말은 부드럽고 온화하게 하지만, 실상 고문과 살인을 일삼은 자들이었다.

우리는 증인들을 환영하고, 그들을 존중하는 우호적인 분위기를 만들고자 다짐했다. 그리고 증인들이 무신경한 반대신문에 상처받거나 마음을 다치게 되는 것을 원치 않았기에 가해자로 지목된 사람들이 증인들을 대상으로 반대신문을 해야 한다는 요구를 거절했다. 우리는 적절한 시점까지는 증인들이 그들의 입장에서 이야기할 수 있는 권리가 주어져야 한다고 주장했다. 여기서 적절한 시점이란 진실화해위원회가 그들이 지목한 가해자에 대한 조사를 하겠다고 통지하는 때였다. 가해자로 지목된 이들은 세상을 오만하게 좌지우지하며, 서로 결탁한 행정관들과 판사들의 묵인하에 사법 절차를 조작할 수 있었던 공작원들이다. 이들 중 일부는 위원회 증인들이 자신들의 이름을 거론하지 못하게 하는 법원 금지명령을 얻어 냈다. 저명한 사람들의 증언을 들을 수 있으리라 기대했던 청문회 참석자들에게는 그야말로 분통터지는 일이었다. 가해자로 지목된 이들은 이런 식으로 일부 증인들의 입을 막은 후, 그 증인들이 증언하려 했던 바로 그 범죄들을 자신들이 저질렀음을 냉소적으로 털어놓았다. 그들은 적법성이 정의나 도덕적 올바름과는 반드시 일치하지 않는다는 사실을 다시 한번 보여 주었다. 그들은 또 한 번 세상을 조롱할 수 있었다.

우리는 증인들에게 안전하고 인격적으로 존중받는 환경을 제공하기로 다짐했다. 따라서 나나 부위원장 보레인 박사, 또는 누구든 청문회를 주재하는 사람이 증인에게 따뜻하고 우호적인 환영인사를 건네는 것은 통상적인 일이었다. 1996년 4월 15일, 첫 청문회에서 보레인 박사는 첫 번째 증인에게 이런 인사말을 건넸다.

보레인 박사: 놀레 모하피 부인을 증인석으로 모시겠습니다. 모하피 부인, 선서 증언을 하시겠습니까, 무선서 증언을 하시겠습니까?

모하피 부인: 선서를 하겠습니다.

보레인 박사: 대단히 감사합니다. 부인께서는 본 위원회 앞에서 진실, 온전한 진실, 오직 진실만을 증언할 것이니 하나님의 도우심을 구한다는 엄숙한 선서를 하십니까?

모하피 부인: 선서합니다.

보레인 박사: 대단히 감사합니다. 자리에 앉아 주십시오. 부인을 진실화해위원회 진행 과정의 첫 증인으로 모시면서, 부인께서 과거에 겪으신 고통을 잊지 않았다는 말씀을 드리고 싶습니다. 우리 중 상당수는 마페틀라[모하피]가 경찰 구류 상태에서 죽은 일을 어제 일처럼 기억하고 있습니다. 우리는 당시의 고통과 끔찍함을 기억합니다. … 부인께서도 구금과 독방 감금을 당하셨다는 것을 알고 있습니다. … 우리는 큰 용기를 보여 주신 부인께 경의를 표합니다. 오늘 부인께서 증인으로 서신 것은 부인께서 본인과 … 모든 남

아공 사람에게 진실과 정의와 화해와 평화가 찾아오길 얼마나 원하시는지 잘 보여 주고 있습니다. 부인께서 증언하시는 동안 부인의 오른쪽에 앉아 있는 타이니 마야가 본 위원회가 부인께 묻고 싶은 질문들을 알려 드릴 것입니다. 진심으로 환영합니다.

미즈 마야: 감사합니다, 알렉스. 증언을 시작하기에 앞서, 제 증인께서는 코사어로 증언하는 것을 더욱 편안히 여기신다는 점을 밝히고 싶습니다. 따라서 코사어를 모르시는 분들께서는 헤드폰을 착용해 주시기 바랍니다. 그러면 시작하겠습니다. 몰로 시스 놀레(안녕하세요, 놀레[모하피] 자매님). 오늘 기분이 어떠세요?

청문회가 열리는 날, 일과가 끝날 무렵이면 나는 그날의 분위기와 그날 청문회에 있었던 일들의 주된 특징을 요약하는 시간을 가졌다. 그 시간은 증언을 한 사람들과 그들의 출신 지역민들에게 감사를 표하고, 우리가 떠나고 있는 이 특별한 여행에서 배워야 할 교훈들을 이끌어 내는 시간이기도 했다. 나는 백인 동포들에게 위원회에 대해 마음의 문을 닫지 말고, 지금 이 일을 다시는 돌아오지 않을 기회로 받아들이도록 호소하기도 했다. 또 복수욕에 불타도 능히 이해할 만한 사람들이 너무나 분명하게 보여 주는 특별한 아량에 대해, 본의건 아니건 아파르트헤이트 체제 아래에서 혜택을 본 사람들이 관대한 정신으로 화답하는 것이 마땅하다고 말했다. 이런 호소들은 대체로 철저히 외면되는 듯 보였다. 그러나 청문회장에서 백인들의 모습을 볼 수는 없었지만 의외로 많은 백인들이 위원회의 진행 과정을 라디오 생중계로 듣고 있음이 분명했다. 청문회 초반에 나는 위원회가 받은 몇몇 흥미로운 편지들을 공개했다.

제가 어제 받은 편지 두 통을 읽어 드리고 싶습니다. …

"평범한 일반 대중의 일원으로서, 저는 지난주 이스트런던에서 열린 진실화해위원회의 증언들을 듣고 깊은 감동과 감명을 받았음을 알려 드리고 싶습니다. 무섭고 끔찍하고 자존심 상하게 하는 이야기들을 들으며 저는 고통스러웠고, 그 과정에서 상처받은 사람들이 보여 준 놀라운 용서의 정신에 감동했습니다. 우리 모두 상처를 받았습니다. 이 모든 상황을 헤아려 보려는 마음에서 시를 한 편 써 보았습니다. 바깥에는 그분들과 마음을 같이하는 사람들이 많다는 것을 알려 드리고 싶군요. 고통은 우리 모두의 것입니다. 여러분 모두에게 감사드립니다. 여러분의 고귀한 인간성과 우리 모두 치유를 향해 나아가도록 돕는 그 결심에 감사드립니다."

시를 읽어 드리겠습니다.

"세상이 울었습니다.

귀 기울여 듣는 우리에게,

우리의 상처 입은 영혼에 피와 고통이 스며듭니다.

당신의 흐느낌은 우리의 눈물.

당신의 젖은 손수건은 너무나 지쳐서 쉴 수 없는,

아직은 쉴 수 없는 과거를 위한 내 베개.

말하고 울고 보고 들으십시오, 우리 모두를 위해.

숨겨진 침묵의 과거를 가진 사람들이여,

당신들의 이야기가 씨앗이 되어

우리의 외롭고 겁먹은 호흡 위로 뿌려지게 하십시오.

씨앗을 더 뿌리십시오.

이 땅의 단단한 적막이 부드러워져서

감히 소망하고 미소 짓고 노래할 수 있을 때까지,

유령들이 자유롭게 춤출 수 있을 때까지,

우리의 삶이 당신들의 슬픔을 알고

그 슬픔이 치유될 때까지."

끝으로 나는 이렇게 요약했다.

우리는 끔찍한 사연들을 들으며 충격을 받고 혐오감에 가득 찼습니다. 우리가 비인간적인 모습으로 서로를 깊은 수렁에 빠뜨릴 수 있고, 서로에게 고통을 주며 그 사실을 사디스트처럼 즐길 수 있고, 피해자들을 이 경찰서에서 저 경찰서로, 병원과 시체 안치소로 생각 없이 내돌려 그들의 운명과 행방에 대해 가족들이 노심초사하게 하며 영악한 잔혹함을 휘두를 수 있다는 것을 알게 되었기 때문입니다. 이것이 지금까지 나타난 상황의 한 측면, 소름 끼치고 우울한 측면입니다.

그러나 또 다른 측면, 고상하고 힘을 북돋우는 측면이 있습니다. 우리는 인간 정신의 끈기에 깊이 감동하고 감명받았습니다. 진작 자신감을 잃어버렸을 법한 상황에서도 극심한 고통과 잔인함과 위협에 굴복하지 않은 사람들, 자신이 비인간적인 불의와 억압의 끔찍한 상황보다 더 나은 삶을 누리도록 창조된 존재임을 알고 자유의 희망을 포기하지 않은 사람들, 협박에 넘어가 시선을 낮추기를 거부한 사람들이 보여 준 정신 말입니다. 인간이 얼마나 커다란 아량을 베풀 수 있는지 정말이지 믿을 수가 없을 정도입니다. 이들은 적개심과 증오에 사로잡히기를 거부하고, 자신의 인격과 권리를 침해한 사람들을 기꺼이 만나되 용서와 화해의 정신으로 만나 진실을 알고 가해자가 누구인지 알고자 했습니다. 그래야만 그들을 용서할 수 있기 때문이었습니다.

우리는 감동받고 눈물을 흘렸습니다. 우리는 웃었습니다. 우리는 침묵해 오면서 짐승과도 같은 어두운 과거를 직시했습니다. 우리는 시련을 겪었고, 살아남았고, 우리가 참으로 과거의 갈등을 초월할 수 있으며 서로의 공통된 인간성을 이해할 때 손을 맞잡을 수 있음을 깨닫고 있습니다. … 관대한 정신은 동일한 관대함을 만날 때 가득 차올라 흘러넘치게 될 것입니다. 용서가 자백의 뒤를 따를 것이고 치유가 나타날 것이며, 그것은 나라의 화합과 화해에 이바지할 것입니다.

이것이 18개월 동안 위원회의 공적인 얼굴이 되어 버

린 피해자 청문회에서 일반적으로 벌어진 일이었다. 두 번 다시 남아공의 어느 누구도 "나는 몰랐다"고 둘러대며 사람들이 그 말을 믿어 주기를 바랄 수 없게 되었다.

7

누구를 용서해야 하는가?

위원회를 찾아와 증언하는 사람들의 사연과 견딜 수 없는 고통의 이야기들, 그리고 끔찍한 잔학 행위를 저지른 사람들의 사면 신청을 통해 드러난 증거들을 듣고 보면서, 하나님이 때로는 인간을 창조하신 일을 이렇게 탄식하시지 않을까, 거듭 묻게 되었다.

'도대체 내가 무슨 바람이 불어서 그놈들을 창조했을까?'

내가 이 글을 쓸 무렵 나토(NATO)가 코소보와 세르비아를 공습했다. 밀로셰비치 대통령의 주도로 세르비아인들이 코소보에서 알바니아계 주민들을 제거하려 하면서 소위 말하는 인종 청소의 끔찍한 사례가 생겨났다. 도저히 말로 표현할 수 없는 잔학 행위에 대한 보고들이 있다. 여자와 아이들은 입 다물고 달아나지 않으면 쏘겠다는 말을 들었고, 남자들은 한데 모아져 즉결처형을 당했다. 전 세계 사람들은 장모를 외바퀴 손수레에 태우고 안전한 장소로 밀고 가는 한 젊은이의 사진을 쉽사리 잊지 못할 것이다. 이것은 하나님의 자녀들이 하나님의 다른 자녀들 손에 의해 겪고 있는 끔찍한 일을 잘 보여 주는 이미지이다. 베트남전 때 네이팜탄 폭격으로 생긴 불길을 피해 벌거벗은 채 도망쳐 오던 어린 소녀의 사진처럼, 이 사진은 코소보 대량학살의 이미지로 뇌리에 각인되어 좀처럼 지워지지 않을 것 같다. 나에게는 《나의 하나님》(*My God*)이라는 카툰집이 있다. 익살이 거의 절반이긴 하지만 심오한 신학적 진술도 몇 가지 들어 있다. 한 카툰에서 하나님은 지상 피조물들의 끔찍한 행위를 보시고 격분하여 이렇게 말씀하신다.

"당장 그만둬. 그렇지 않으면 내가 내려가서 뭉개 버리겠다."

나는 과감하게 상상력을 발휘해, 신인동형론적으로 하나님이 인류 역사에 가득한 끔찍한 파괴와 잔인하게 죽임 당한 수많은 무고한 자들의 피로 흠뻑 젖은 땅을 보시는 모습을 그려 볼 수 있다. 하나님은 20세기에만 두 차례의 세계대전과 홀로코스트, 캄보디아와 르완다의 인종학살, 수단과 시에라리온과 두 콩고, 북아일랜드, 중동에서 일어난 끔찍한 사태들, 그리고 남미의 특징이 되어 버린 잔학한 행위들을 보셨다. 이것은 우리가 서로에게 얼마나 지독하게 해를 끼칠 수 있는 자인지, 동료 인간들을 얼마나 비인간적으로 대했는지 보여 주는 치명적인 목록이다. 나는 하나님이 그 모든 사건과 그분의 자녀들이 형제자매를 학대하는 모습을 보시는 장면을 상상한다. 하나님은 눈물을 흘리실 것이다. 예수님은 그분의 말씀에 반응하지 않는 냉혹한 예루살렘을 두고 그렇게 우셨다. 예수님은 예루살렘의 자기 백성에게 오셨으나 그들은 그분을 영접하지 않았다. 만일 하나님이 우리를 창조하신 일이 어리석은 일이었다고 생각하고 싶으시다면, 우리는 그분이 그렇게 생각하실 만한 근거를 충분히 제공했다고 할 수 있다. 그러나 사실 새삼스럽게 상상할 필요는 없다. 창세기는 그 광경을 우리에게 보여 주기 때문이다.

"여호와께서 사람의 죄악이 세상에 가득함과 그의 마음으로 생각하는 모든 계획이 항상 악할 뿐임을 보시고 땅위에 사람 지으셨음을 한탄하사 마음에 근심하시고 이르시되 내가 창조한 사람을 내가 지면에서 쓸어버리되 사람으로부터 가축과 기는 것과 공중의 새까지 그리하리니 이는 내가 그것들을 지었음을 한탄함이니라"(창 6:5-7).

그러니 내 상상이 완전히 허무맹랑한 것은 아닌 셈이다. 하나님이 지으신 최고의 피조물인 우리가 그분의 의도와는 전혀 다른 모습을 보이는 것 때문에 그분이 눈물 흘리시는 모습을 상상할 수 있다.

끔찍했던 제1차 세계대전 때 군목으로 일한 제프리 스터더트 케네디는 그의 시 "고통받는 하나님"에서 인간의 행위로 인한 하나님의 고통을 묵상했다.

인간들이 해 아래서 저지르는 악행과
비참하고 수치스러운 이야기를 읽으신 하나님이
어떻게 그분의 사랑이 하신 일에 차분히 만족하며
태연하게 영광 중에 통치하실 수 있는가?

영원자의 마음엔 눈물이 없는가?
영혼을 꿰뚫는 아픔이 없는가?
그렇다면 하나님은 지옥의 악마일 것이다
자신의 막대기로 땅을 때려 산산이 부수는 …

아버지여, 그리스도가 당신의 계시자라면
참으로 주께서 처음 낳으신 분이라면
당신은 슬픔의 칼에 마음이 찔려
고통받는 분이자 치료하시는 분일 것입니다

오, 용맹하신 하나님,
슬픔은 한때 외로운 나무에 달려 괴로워하셨던 당신께
오늘 낮, 오늘 밤 그리고 내일도
여전히 찾아올 것입니다[1]

우리는 청문회를 통해 인간이 서로에게 어떤 악행까지
저지를 수 있는지 보여 주는 가슴 아픈 이야기들을 들었다.
어떤 인간도 결코 그런 취급을 받아선 안 될 터였다. 이루
다 묘사할 수 없고, 과연 우리를 인간이라 부를 수 있을지

의심하게 하는 끔찍한 일들이 일어났다. 그 이야기들을 듣고 있으면, 그런 짓을 저지른 사람들을 향해 왜 더 이상 인간 취급을 받을 자격이 없다고 말하고 짐승이라고 부르는지 이해하게 된다. 그들의 행위에 사회의 모든 점잖은 사람들은 분개하고 혐오감에 몸을 떨었다. 가해자들은 오랜 시간 동안 우리 땅을 뒤흔들었던 인종갈등의 양편에서 다 나왔다.

사면 신청 과정에서 다섯 명의 경찰관은 프리토리아 지역에서 수십 명 죽인 일을 상세히 밝혔고, '테러리스트' 사냥감들을 고문하고 그 시체들을 처리한 과정을 설명했다. 용의자들에게 전기충격을 가하는 일이 얼마나 일상적으로 이루어진 관행이었던지 그들 중 한 경관이 담담하게 이렇게 말할 수 있을 정도였다.

"우리는 다른 두 사람을 다루던 것과 같은 방식으로 세폴로를 심문했습니다…."

그것은 평범한 절차였던 것 같았다. 위원들은 보안경찰이 이런저런 형태의 고문을 당연한 일로 행했음을 알게 되었다.

다섯 명 중 한 명이자 동료들에게 '전기기술자'라 불렸고 한때 북부 트란스발 보안대 소속이던 파울 판 푸렌 준위의 증언을 살펴보자.

우리는 [해럴드 셀로] 세폴로를 이전의 다른 두 명[잭슨 마아케와 앤드루 마쿠페]을 다루던 것과 같은 방식으로 심문했습니다. … 우리는 노란색 휴대용 로빈 전기충격기로 그의 몸에 전류를 흘려보내 자백을 받아 냈습니다. … 전선은 두 개 있었습니다. 하나는 그의 다리에, 또 하나는 그의 팔에 부착했습니다. 우리가 전기충격기를 작동하면 그의 몸은 충격을 받아 뻣뻣해졌습니다. … 세폴로는 아주 강한 사람이었고 … 자신이 하는 일이 옳다고 굳게 믿고 있었습니다. … 심문을 받은 후, 그는 윗뱅크의 선임 아프리카 민족회의 조직담당자라는 사실을 시인했습니다.

　… 조 마마셀라가 그의 코에 칼을 들이대자 그는 더 많은 정보를 털어놓았습니다. 그는 살려 달라고 간청했고 '응코시 시켈렐 이아프리카'(*Nkosi Sikelel' iAfrika*, '하나님, 아프리카를 축복하소서'[2])를 불러도 되느냐고 물었습니다. 그러고 나선 차라리 자기를 죽이라고 했습니다. 아프리카 민족회의가 언젠가 정권을 잡을 것이고 아파르트헤이트는 살아남지 못할 거라는 말도 했습니다. … [우리가 마아케에게 전기충격을 가해 죽인 후] 마마셀라는 그의 시체를 아프리카 민족회의 깃발로 덮어 주었고 그동안 세폴로는 '응코시 시켈렐 이아프리카'를 불렀습니다. 그다음 우리는 마쿠페에게 전기충격을 주어 그를 죽였습니다.

　… 그들의 조직 전체를 파괴하려면 그들을 죽여야 했습니다. 그들에게 벌어진 일은 아무도 몰랐습니다. 우리는 아무도 알아보지 못하도록 지뢰로 그들의 시체를 폭파했습니다. … 그들이 지뢰를 묻다가 폭발한 것처럼 보이게 해야 했습니다. … 우리도 좋아서 한 일은 아니었습니다. 하기

싫었지만, 그들이 무고한 여자와 아이들을 죽이지 못하게 막아야 했습니다. 우리가 아프리카 민족회의와 전쟁을 벌이고 있었기 때문에 이 일은 더욱 필요했습니다. 나는 해럴드 세폴로에게 커다란 존경심을 갖고 있습니다. 우리 손에 죽임을 당하면서도 참으로 의연한 모습을 보여 주었기 때문입니다.

디르크 쿠체이는 한때 프리토리아 근처의 플라크플라스의 책임자였다. 그곳은 악명 높은 경찰 암살 특공대의 본부로 밝혀졌다. 쿠체이, 아먼드 노포멜라, 데이비드 취카랑가는 정치 활동가들을 옹호하던 저명한 더반의 변호사 그리피스 음셍게를 살해한 범죄에 대해 사면을 신청했다. 쿠체이는 사면 소위원회에 이렇게 말했다.

결정을 내린 책임자는 포트나탈 보안경찰 … [얀] 판 더 호편 … 대장님이었습니다. 대장님은 제게 그[음셍게]가 목엣가시와도 같은 존재라고 말했습니다. … 그는 모든 아프리카 민족회의 간부들에게 사건을 설명하는 변호사 노릇을 하고 있는데 … 법을 준수하기 때문에 붙잡을 수도 없다고 했습니다. … 저는 그리피스 음셍게의 이름조차 들어 보지 못한 상태에서 그와 계획을 세워 보라는 지시를 받았습니다. 그 의미는 단 하나입니다. 그자를 제거하라. 그를 죽이라. 그를 살해하라, 그를 죽이라 … 그런 뜻입니다.

쿠체이는 SABC 라디오의 앙기 카펠리아니스의 인터
뷰에서 살인 임무를 수행할 흑인 경찰들을 선정하는 과정
에 대해 자세히 설명했다.

… 브라이언 응쿠룽가는 줄루족이고 해당 지역을 잘 알았
으며 … 언어도 할 수 있었기 때문에 뽑혔습니다. … 데이
비드 취카랑가와 저는 1973년부터 알고 지냈습니다. … 그
는 제 밑에서 일했습니다. … 저는 그가 경찰에 들어와 플
라크플라스에 합류하도록 도왔습니다. 그러니까 믿을 수
있는 사람이었던 겁니다. 아먼드 노포멜라는 매우 침착하
여 그런 일의 적임자였습니다. … 호랑이 같은 담력의 소유
자였습니다. 뭔가 해야 할 일이 있으면 주저하지 않았습니
다. 배짱이 두둑한 사람입니다. 조 마마셀라는 그런 일의
최적임자로 킬러 본능이 있었습니다. … 담배도 안 피우고
술도 마시지 않았습니다. … 킬러의 지존이라 할 수 있습니
다. 그는 결코 멈추지 않습니다. 총을 쏠 때도 마찬가지입
니다.

이 사건은 강도질 도중 우발적으로 벌어진 살인처럼
보이게 계획되었다. 암살대원들이 칼과 타이어 스패너를
들고 음셍게를 공격했다.

취카랑가가 먼저 찔렀습니다. … 그런데 음셍게의 가슴에
서 그 칼을 빼내지 못했습니다. … 그리고 음셍게가 … 몸

에서 칼을 뽑더니 그걸 들고 그들을 뒤쫓기 시작했습니다. 그때 아먼드가 타이어 스패너로 그를 쓰러뜨렸고 … 아먼드와 조가 광적으로 찌르기 시작했습니다.

사면 소위원회 부의장 앤드루 윌슨 판사는 사면 청문회에서 노포멜라에게 물었다.

윌슨: 그 사람을 그렇게 여러 번 찌른 … 이유가 있습니까?
노포멜라: 그 이유는 아마도 … 그가 끝까지 바닥에 쓰러지지 않았기 때문일 겁니다. 그는 싸웠습니다.
윌슨: 그는 자신의 목숨을 구하기 위해 싸웠습니다, 그렇지 않습니까?
노포멜라: 그렇습니다.
윌슨: 그에게 무기가 있었습니까?
노포멜라: 제가 알기로는, 없었습니다.

쿠체이는 다른 두 사람이 피해자를 계속 찌르는 동안, 자신은 "술을 마시며 차를 몰아 더반을 돌아다녔다"라고 말했다.

"그렇게 시간을 보내다 접선 시간에 맞춰 그들을 찾아가 말했습니다. '아무 문제 없었어? 뭐, 재미있는 일은 없었고? 좋아. 그럼 파티나 한번 크게 벌여 보자.'"

라디오 인터뷰 담당자는 빅토리아 음셍게 부인이 정부의 시체안치소에서 발견한 내용을 공개했다.

폐, 간, 심장을 포함해 전신에 찢기고 찔린 상처가 마흔다섯 군데. 목은 난도질을 당했다. 양쪽 귀는 거의 잘려 나가고 없었다. 배는 찢어져 열려 있었다.

살인자들은 격앙되어 있었지만, 어느 모로 보나 그것은 냉정하게 처리된 일거리에 불과했다. 그들에겐 아예 아무런 감정이 없는 듯했다. 그들은 효율적이고 잔인하고 무정한 살인기계의 일부일 뿐이었다.

디르크 쿠체이가 경찰에 의해 납치된 한 이스턴케이프 청년을 살해한 일에 대해 사면을 신청하면서 증언한 내용을 들어 보라.

시즈웨 콘딜레의 음료수에 약물을 넣었습니다. … 마취제를 넣은 까닭은 정신이 멀쩡한 사람이라면 … 맑은 정신을 가진 보통 사람의 눈을 … 똑바로 바라보며 정면에서 머리에 방아쇠를 당길 용기가 나지 않을 것이기 때문입니다. 아치 플레밍턴 소령의 부하 중 한 명이 … 소음기를 장착한 마카로프 권총을 들고 와 … 바닥에 벌렁 드러누운 콘딜레 씨의 머리를 쏘았습니다. 그의 몸이 잠시 꿈틀대는가 싶더니 그걸로 끝이었습니다. … 네 명의 하사관들이 … 시체의 사지를 하나씩 잡고 타이어와 나뭇더미에 올려놓은 뒤, 그 위에 기름을 끼얹고 불을 붙였습니다. … 그런 일이 벌어지는 동안, 우리는 술을 마셨고 심지어 불 옆에서 브라아이[바비큐]를 해 먹기도 했습니다.

우리의 '용맹함'을 자랑하려고 말하는 게 아닙니다. 당시 우리가 얼마나 무감각해져 있었고 얼마나 극단적인 지경까지 갔는지 보여 드리고자 위원회에 말씀드리는 것입니다. … 시체 한 구가 불에 타서 재가 되기까지는 일곱 시간 정도 걸립니다. 모든 부분을 완전히 태워 재로 만들려면 살이 많은 부분, 특히 엉덩이와 다리 윗부분을 밤새 자주 돌려 줘야 합니다. … 다음 날 아침, 잿더미를 뒤져 큰 살덩이나 뼛조각이 남지는 않았는지 확인한 뒤 … 모두 제 갈 길로 갔습니다.

인간이 같은 인간을 총으로 쏘아 죽여 그 시체를 장작에다 태우고, 시체가 타는 동안 옆에서 바비큐를 즐길 수 있다는 사실에 망연자실해진다. 그들의 인간성에 어떤 일이 벌어졌기에 그런 일이 가능했을까? 그 고기가 어떻게 목구멍으로 넘어갔을까? 인육을 태울 때 나는 냄새는 사람들의 속을 뒤집어 놓는다. 그들은 생활을 계속하기 위해 인격을 둘로 나누어야 하지 않았을까? 그런 바깥일을 마치고 집으로 돌아와 어떻게 아내를 안고, 아이의 생일파티를 즐겼을까?

이스턴케이프의 많은 희생자들은 불에 타서 재가 되었기 때문에 흔적도 없이 사라졌다. 그러나 '크래독 4인'─1985년 6월 이스턴케이프의 포트엘리자베스에서 소도시 크래독으로 가던 도중 납치된 활동가들─의 경우에는 실종된 지 한 주 뒤, 끔찍하게 토막 난 시체로 발견되었다. 매튜 고니웨, 포트 칼라타, 스패로우 음크혼토, 시켈로 음흘라 울리가 살해된 경위와 살인범들의 정체는 위원회가 설치된 후에야 밝혀졌다.

그들의 가족들을 대신해 청문회에 나선 조지 비조스 변호사는 사면을 신청한 경찰관들 중 한 명인 요한 마틴('사키') 판 질을 반대신문했다.

비조스: 판 질 씨, 27년 전 그 밤에 당신이 살해한 네 사람의 몸에는 찔린 상처가 예순세 군데나 있었습니다. 지역보건의의 보고 내용에 동의하십니까?

판 질: 동의하지 않을 수 없습니다, 의장님.

비조스: 예순세 군데의 상처는 야만적 행위의 증거라는 데 동의하십니까?

판 질: 의장님, 돌이켜 볼 때 절대적으로 동의합니다. 그러나 자경단(自警團)의 공격에 의한 살해처럼 보이게 하라는 상부의 지시가 있었습니다. 좀 더 인간적으로 처리했다면 같은 효과를 거둘 수 없었을 것입니다.

비조스: 그 대답은 살인 행위를 조사하는 사람을 오도하기 위해 잔혹한 야만인처럼 행동했다는 뜻입니까?

판 질: 사실상 그렇습니다, 의장님.

체포된 아프리카 민족회의 활동가들 중에는 투옥이나 사형의 위협에 굴복하여 경찰을 위해 일하게 된 이들도 있었다. 그들을 '아스카리스'라고 불렀는데, 조 마마셀라가 바로 그런 경우이다. 그는 플라크플라스에 배치되었다. 본인의 증언에 따르면, 그는 정치 활동가 수십 명의 살해에 관여했다. 청년 그룹에 침투하여 군사훈련을 시켜 줄 것처럼 한 뒤 경찰이 쳐 놓은 덫으로 그들을 유인해 죽게 만들었다. 법무장관이 국가 측 증인으로 그를 활용하기 위해 기소면제를 약속했기 때문에 그는 사면 신청을 거부했고, 위원회를 무시하며 과거의 상관들에게도 분노를 표시했다. 그는 전직 동료들이 1985년 5월에 포트엘리자베스 흑인 시민단체의 지도자들인 '베프코 3인'의 살인에 대해 사면을 신청한 청문회에서 증언을 했다.

저는 이 지옥구덩이에 있으면서 깨끗한 살인이라는 것을 본 적이 없습니다. 그런 것은 없습니다. 그것은 다른 사람들에게 불필요한 고통을 주지 않으려는, 정직하고 점잖은 신사 행세를 하는 사람들의 머릿속에나 존재할 뿐입니다. 그런 것은 없습니다. 사람들은 잔혹하게 살해되어 짐승보다 못하게 죽습니다. 사실입니다. … 비밀경찰의 목적은 사람을 죽이는 것만이 아닙니다. 그들은 사람들을 죽이기 전에 최대한 많은 정보를 캐내려 하기 때문에 가능한 한 많은 고통을 줍니다. 그것은 사디즘적이고 치밀한 살인법입니다. 그들은 그것을 알고 있었고 저는 그 일부였습니다.

시포 하셰, 챔피언 갈렐라, 카카울리 고돌로지, 이 '페브코 3인'은 크래독 근처의 버려진 경찰서에서 살해당했다.

하셰는 그를 심문하던 경관에게 당시 금지단체였던 아프리카 민족회의가 "민주적인 남아공을 상징한다"라는 말을 했다고 마마셸라는 위원회에 밝혔다.

이 대답에 [히데온] 니우보우트 경관은 격분한 나머지 쇠파이프를 집어 들어 가엾은 노인의 머리를 몇 번이나 후려쳤습니다. 그 광경을 보고 모두가 합류했습니다. … 노인은 하릴없이 비명만 질러 댈 뿐이었습니다. 니우보우트 경관은 제게 비명소리를 막으라고, 노인의 입을 두 손으로 틀어막아 비명이 인근 농부들에게 들리지 않게 하라고 명령했습니다. 앞에서 이름을 밝힌 사람들이 한꺼번에 달려들어 발길질과 주먹질을 하고 맨손과 몽둥이로 노인을 때리는 동안, 저와 피트 모고아이는 노인의 비명이 밖으로 새어 나가지 않게 하려고 했습니다.

니우보우트 경관이 쇠파이프로 머리를 몇 번 내리치자, 노인의 입뿐 아니라 코와 귀에서도 피가 흘러나왔습니다. 노인의 눈이 하얗게 돌아가는 것이 보였습니다. 기절하거나 죽어 넘어가는 듯했습니다. … 매질은 계속되었고 마침내 노인은 머리와 얼굴이 온통 피투성이가 된 채 바닥에 엎드려졌습니다.

… 챔피언 갈렐라를 공격하는 동안, 잔인한 일이 벌어졌습니다. … 비어슬라 준위는 챔피언 갈렐라의 고환을 꺼내더니 골프공 크기가 될 때까지 힘껏 쥐어짰습니다. 이어서 오른손으로 그것을 힘껏, 아주 강하게 쳤습니다. 갈렐라

의 얼굴이 흙빛으로 변했고 그의 생식기에서는 누르스름한 액체가 튀어나왔습니다. 그것은 제가 플라크플라스에서 지옥 같은 시간을 보내며 목격한 것 중 가장 잔인한 장면이었습니다. 저는 그 마귀 소굴에 너무 오래 머물렀습니다. 온갖 일을 다 겪어 본 저이지만, 그들의 전쟁 포로로 있으면서도 그런 끔찍한 광경은 보지 못했습니다. 그런 것은 정말 처음이자 마지막이었습니다. 제 평생 경험 중 가장 비인간적인 일이었습니다.

마마셀라는 이후 '콰응데벨레 9인'으로 알려지게 되는 그룹에도 침투해 그들을 죽음으로 이끌었다. 프리토리아 동쪽에 있는 흑인 타운십 마메로디에서 농촌 지역인 콰응데벨레 홈타운으로 달아났던 그 젊은이들은 1986년 7월에 죽임을 당했다. 마마셀라는 위원회에 이렇게 말했다.

콰응데벨레 9인은 한 집에 숨어 기다리다가 모두 총에 맞아 죽었습니다. 그들이 AK-47 소총으로 학살당한 후, [야퀘스] 헤흐터 경관이 … 25리터들이 석유통을 가져왔습니다. 그는 시체들 위에 석유를 붓고 불을 붙였습니다. 그중에는 채 숨이 끊어지지 않은 사람들도 있었는데, 그들이 내지르는 날카로운 비명을 들을 수 있었습니다. 그들은 모두 타서 재가 되었습니다.

흑백 투쟁의 흑인 진영에서는, 넬슨 만델라의 전 부

인 위니 마디키젤라-만델라에 관한 소문이 끊이지 않았다. 1988년과 1989년에 소웨토에서 그녀를 중심으로 결성된 소위 '만델라 연합축구클럽'이 그녀의 보디가드로 일하던 타운십 젊은이들이 자활을 꿈꾸며 만든 모임이 아니라는 내용이었다. 소문은 그들이 경찰의 첩자 노릇을 하며 '체제'에 협력한다고 의심되는 '밀고자들'을 납치해서 죽이고 그들의 집을 불태워 사람들을 공포에 떨게 만드는 살인자 무리라고 말했다. 조금이라도 밀고자라고 의심받는 사람들은 그들에게 납치되어 고문당했고 많은 경우 처형당했다고 했다. 사람들은 그들이 만델라 부인의 묵인과 적극적인 지지, 격려에 힘입어, 심하게는 그녀의 지시를 받고 그런 짓을 저질렀다고 말했다.

그녀가 받은 주요 혐의 중 하나인 열네 살의 활동가 스톰피 세이페이의 죽음과 관련된 소송 사건은 유명하다. 스톰피는 오렌지자유주에 있는 집에서 경찰을 피해 달아나 감리교 목사(나중에 감독이 됨)인 파울 페레인의 목사관으로 피신했다. 만델라 부인은 스톰피를 목사관에서 납치한 혐의에 대해 1991년 유죄 판결을 받았다. 그녀는 페레인 목사가 그에게 피신한 어린 소년들에게 남색을 저지른다는 말을 듣고 그의 손아귀에서 아이를 구해 냈을 뿐이라고 주장했다. 스톰피의 썩은 시체는 1989년 1월, 초원에서 발견되었다.

우리는 만델라 부인의 보디가드들의 활동에 대한 특별 청문회를 열었다. 청문회는 무려 9일이나 계속되었다. 단일 정치 지도자에 초점을 맞춘 다른 어떤 청문회보다 긴 시간이었다. 증인들이 줄줄이 나와 그녀가 여러 폭행과 살인행위에 개입한 사실을 증언했다. 축구클럽의 '감독' 제리 리처드슨은 위원회가 세워지기 몇 년 전에 스톰피의 살인혐의로 유죄 판결을 받아 무기징역을 살고 있었다. 그는 감옥에서 나와 스톰피 및 그와 함께 목사관에서 납치된 다른 세 명이 어떻게 심문을 받았는지 증언했다.

우리는 보어인들이 자유의 투사들을 고문하던 방식으로 그 젊은이들을 고문했습니다. 저는 먼저 스톰피를 양쪽에서 붙잡아 공중에 던졌다가 바닥에 쿵 떨어지게 했습니다. '엄마'[만델라 부인]는 앉아서 우리를 지켜보고 있었습니다.

하루나 이틀 뒤, 그와 슬래쉬라는 이름의 동료는 만신창이가 되도록 얻어맞은 스톰피를 소웨토 외곽의 공터로 끌고 갔다.

제가 그를 도살했습니다. 염소를 잡듯이 도살했습니다. 우리는 그를 눕혀 놓고 가지치기하는 가위로 그의 목을 찔렀습니다. 가위 끝이 그의 목 뒤로 튀어 나갔고 저는 몇 번 가위질을 했습니다.
… 저는 엄마[만델라 부인]의 지시를 받고 스톰피를 죽였습니다. 엄마는 아무도 죽이지 않았지만, 우리를 시켜 많은 사람들을 죽였습니다. 엄마는 감옥에 있는 우리를 찾아오

지도 않았습니다. 그녀는 우리를 이용했습니다!

리처드슨은 자신이 프리실라 모수에우도 죽였다고 말했다. 축구클럽 멤버의 여자친구이자 쿠키 즈바네라는 이름으로도 알려진 그녀는 밀고자로 간주되어 1988년 12월에 여러 차례 칼에 찔려 죽었다.

저는 그녀를 찔렀습니다. 그녀의 목을 찔렀습니다. 그리고 시체를 내다 버렸습니다. … 저는 그 사실을 엄마에게 보고했습니다. "엄마, 방금 엄마의 명령을 수행했어요. 쿠키를 죽였습니다." 저는 엄마에게 레로토디(이카넹)를 죽였다고 말했습니다. 엄마는 저를 안으며 말했습니다. "내 아들, 내 아들."

니코데무스 소노 씨는 아들을 마지막으로 본 날을 생생하게 기억하고 있었다. 만델라 부인은 미니밴에 그의 아들을 태우고 그에게 데려왔다.

[그애]는 흠씬 두들겨 맞았고 얼굴은 상처투성이였어요. … 누군가가 그를 두들겨 패 벽에다 짓이긴 듯 엉망진창이었습니다. … 만델라 부인은 제게 롤로가 첩자라고 말했습니다. … 저는 간청했습니다. "부탁입니다. 롤로를 제게 주세요. 이미 많이 맞았잖습니까. 벌을 받아야 할 일이라면 이미 받았습니다. 제발 그 아이를 보내 주세요." 그녀는 거절

했습니다. … 그녀는 목청을 높이며 예의 그 큰소리로 말했습니다. "당신 아들은 넘겨줄 수 없어. 첩자거든."

소노 씨는 계속 간청했지만 소용이 없었다고 했다.

롤로는 끔찍한 상태였습니다. 녀석은 떨고 있었어요. … 저는 만델라 부인에게 다시 간청하기 시작했습니다. "부탁입니다. 제발 아들놈을 풀어 주세요. 이미 많이 맞았잖아요." … 그녀는 제 간청을 딱 잘라 거절했습니다. "이놈은 첩자야." 그러고는 … [운전사에게] 다시 '끌고 가'라고 했습니다. 아들이 끌려가는 동안 제가 계속 간청하자 만델라 부인은 이렇게 말했습니다. "난 이 개자식을 데려갈 거야. 어떻게 할지는 조직에서 결정하겠지."

교회를 담임한 경험이 있고 남아공 교회협의회 대표를 맡았으며 당시 요하네스버그 감리교회 지도자였던 피터 스토리 감독은 스톰피와 납치된 다른 소년들을 구하기 위한 교회의 노력을 차례차례 설명했다.

저는 만델라 부인이 스톰피에게 벌어진 일을 알고 있었고, 그의 죽음과 관련된 상황도 알았다고 믿습니다. … 스톰피가 정말 그녀의 집에서 죽임을 당했거나 죽을 지경에 처했다면, 그녀가 그것을 모르지 않았으리라 믿습니다.

반(反)아파르트헤이트 단체들의 느슨한 결합체인 대중 민주운동의 지도자 아즈하르 카찰리아와 머피 모로베는 스톰피가 죽은 후 공식성명을 발표하여 만델라 부인 및 축구 클럽의 행태와 거리를 두게 된 경위를 들려주었다. 카찰리아는 그 이유를 이렇게 설명했다.

당시 우리가 볼 때 객관적으로 분명한 몇 가지 사실이 있었습니다. 첫째, 스톰피를 포함한 청년 넷이 목사관에서 만델라 저택으로 강제로 끌려왔습니다. 둘째, 그들은 강제로 만델라 저택에 갇힌 채 지독하게 얻어맞았습니다. 셋째, 케네스 크가세라는 한 청년이 1월 7일에 탈출해 자신의 곤경을 알렸습니다. 넷째, 스톰피는 그 집에서 고문을 당했고, 이후 야만적인 방식으로 살해되었습니다.

의장님. 만델라 부인을 아무리 좋게 해석해도 … 그녀는 이 범죄 행위를 알고 있었고 조장했다는 사실을 부정할 수 없습니다. 최악의 해석을 적용한다면, 그녀가 그 일을 지시했고 폭행 사태에 적극 개입했다고 할 수 있습니다. 여섯 번째[원문 그대로], 파울 페레인은 무고(誣告)를 당했습니다. 일곱 번째, 교회와 지역사회 지도자들, 만델라 씨와 올리버 탐보[아프리카 민족회의] 의장이 만델라 부인의 협조를 얻어 암살자 집단인 축구클럽을 해체하려고 온갖 노력을 기울였으나 결국 실패했습니다.

스토리 감독은 상황을 이렇게 요약했다.

주된 암덩이는 아파르트헤이트의 압제였고 앞으로도 그럴 것입니다. 그것은 2차 감염을 일으키듯 많은 아파르트헤이트 반대자들에게 영향을 끼쳐 선악에 대한 판단력을 잃게 만들었습니다. 인생의 큰 비극 중 하나는 우리가 가장 미워하는 존재와 똑같이 되어 버릴 수 있다는 것입니다. 저는 이 사건이 그런 사례 중 하나라고 생각합니다.

다음은 1986년 6월, 더반 해안지에 있는 와이낫 식당과 마구스 바 바깥에 아프리카 민족회의 차량폭탄을 설치한 혐의로 로버트 맥브라이드와 함께 체포된 그레타 아펠그렌의 이야기다. 그 사건으로 세 명이 죽고 69명이 다쳤다. 그레타 아펠그렌은 로마 가톨릭 신자였으나 무슬림으로 개종한 뒤 자흐라 나르케딘으로 이름을 바꿨다. SABC 라디오에서 제작한 다큐멘터리에서 앙기 카펠리아니스가 소개한 사연을 그대로 싣는다.

1986년 겨울. 그들은 파이스트랜드의 나이젤에서 자흐라 나르케딘과 로버트 맥브라이드를 차에 태운다. 두 사람은 양손이 뒤로 향한 채 수갑이 채워져 있다. 얼굴에는 모직으로 된 두꺼운 방한용 모자가 … 거꾸로 씌워져 있다. 그렇게 세 시간을 달리는 사이 눈가리개는 땀으로 흠뻑 젖는다. 더반의 CR 스와르트 경찰서. 자흐라 나르케딘은 13층에서 한 주 동안 밤낮으로 심문과 고문을 당한다. 그들이 욕설을 퍼부으면, 그녀는 손에 들린 묵주를 돌리며 … 속으로 기도한다.

나르케딘은 위원회에 출두해 테러공격에서 맡았던 역할에 대한 질문을 받았고, 요하네스버그에서 열린 한 청문회에서는 죄수들과 재판 없이 구류된 사람들이 어떤 대우를 받았는지 설명했다. 그녀는 자신이 당한 고문과 뒤이은 독방생활에 대해 말했다.

처음 7일 동안 나는 상당히 심한 고문을 당했습니다. 그들에게 협조하지 않았기 때문입니다. … MK[움콘도위시즈웨] 동지인 나 자신이 자랑스러웠고, 투쟁에 합류했다는 사실과 내가 혁명가라는 데 긍지를 느꼈습니다. 나는 그 결과를 묵묵히 감내할 작정이었습니다. 하지만 그들은 정보를 얻어 내려고 나를 7일간이나 고문했고 결국 나는 굴복하고 말았습니다. 그들이 내 집을 찾아가 같이 사는 여동생의 아들 네 살배기 크리스토퍼를 납치해 13층 창밖으로 던져 버리겠다고 위협했기 때문입니다.

그 순간, 나는 그지없이 약해졌습니다. 내 생명은 걸 수 있고 내 몸이야 마음대로 하도록 넘길 수 있지만, 다른 사람의 몸을 넘겨줄 수는 없었으니까요. 그래서 그 순간 나는 그들에게 전적으로 협력했습니다. 그리고 그 무렵부터 나는 점점 더 약해졌습니다. … [그들은] 아침 식사 후, 그러니까 아침 7시 30분에서 8시 무렵 나를 독방에서 끌어내 온종일 심문했고 새벽 두세 시가 될 때까지 멈추지 않았습니다. 그 시간 내내 나는 서 있어야 했고, 거기 있는 사람들 모두가 내게 욕설을 하고 고함을 질러 댔습니다. 하지만 그것은 참을 만했습니다. 그동안 나는 조용히 기도할 수 있었고 욕설은 귀에 들어오지도 않았으니까요.

그들은 내가 그런 식의 학대를 잘 견딘다는 것을 알아채고는 비닐봉지를 가져왔습니다. 그러더니 한 사람이 내 양손을 붙들고 다른 사람은 그 비닐봉지를 내 머리에 씌웠습니다. 그들은 내가 숨을 쉴 수 없도록 비닐봉지를 봉한 뒤 적어도 2분 동안 그대로 두었습니다. 그쯤 되자 비닐봉지가 눈썹, 콧구멍, 입에 달라붙어 도저히 숨을 쉴 수 없어 온몸에 경련이 일어났습니다.

… 그들은 나를 고문할 때 언제나 여성 한 명을 자리에 두었습니다. 그리고 고문 강도를 높이고자 할 때는, 그녀에게 원하면 잠시 나가 있으라고 했습니다. 그 기간 내내 나는 원피스 한 벌로 버텼는데 마침 생리 중이기도 해서 … 피를 많이 흘렸습니다. 그들은 나를 바닥에 눕게 하고는 온갖 운동을 시켰습니다. 두 손으로 몸을 일으키는 팔굽혀펴기를 시키면서 손가락을 하나씩 떼게 했습니다. 마침내 두 손가락만으로 몸을 일으켜야 했는데 나는 너무 지쳐서 그럴 수가 없었습니다. 온몸이 욱신거렸으며, 몸을 일으키려 안간힘을 쓰다 번번이 쓰러졌습니다. 그때마다 무릎이 아팠습니다. 내가 그렇게 쓰러지면 그들은 나를 차고 짓밟았습니다.

이어서 그녀는 백일 이상을 혼자 보내야 했다.

정말 신경 쓰이는 것은 쥐였습니다. … 그놈들 몸집이 고양이만큼 컸는데 감방 안에도 있고 통로에도 있었습니다. 앉아서 밥을 먹고 있으면 쥐 세 마리가 앉아 나를 쳐다보았습니다. 바닥에 엎드려 기도할 때면 쥐들이 나를 둘러쌌습니다. 일어나 그놈들을 쫓아 보지만 놈들은 어느새 돌아와 있었습니다. … 그러던 어느 날 저녁, 쥐 한 마리가 내게 슬금슬금 다가오는 것 같더니 갑자기 그놈이 내 목을 향해 덤벼들었습니다. 나는 완전히 기겁해 감옥 전체가 떠나가라 비명을 질렀습니다. … 간수들이 달려왔을 때 … 나는 그때 구석에서 진짜로 티셔츠를 물어뜯고 있었습니다. 그만큼 정신이 나가 있었던 거지요.

피터마리츠버그에서 재판을 받을 때, 여간수들은 그녀를 위험한 테러리스트로 여기고 감옥 규정에 따라 하루에 두 번 옷을 벗게 했다.

나는 발가벗은 채 서 있어야 했습니다. 나는 이렇게 말했습니다. "팬티는 입고 있을 거예요. 다른 부위의 몸수색이 끝나면, 그때 내 손으로 팬티를 내릴 거예요."

아파르트헤이트하에서 '컬러드'로 분류된 나르케딘은 형을 선고받고 투옥되었다. 그리고 다른 죄수들과 싸웠다는 흑인 동료들의 모함으로 7개월 동안 독방에 갇혔다.

그렇게 나는 컬러드인이라는 이유만으로 고통을 받아야 했습니다. 비로소 내가 소수 인종이라는 사실을 처음으로 뼈저리게 인식했습니다. … 동료 죄수들조차도 내가 진짜 아프리카인이 아니라는 사실을 이용했습니다. 고통스러웠습니다. … 부모님은 언제나 내게 줄루족 선조들이 큰 의미가 있다고 가르치신 터라 동료들에게 괴롭힘을 당하는 일이 너무나 괴로웠습니다.

… 내가 그곳에서 살아남기 위해 어떤 마음을 먹어야 했는지는 자세히 밝히고 싶지 않습니다. 언젠가 그것에 대해 글을 쓸 생각이지만 말로 할 수는 없습니다. 그러나 그 경험이 내게 가르쳐 준 바가 있습니다. … 어떤 인간도 혼자 살 수는 없다는 것입니다. 혼자서는 살아남기 위해 할 수 있는 일이 없기 때문입니다. 몇 달이 지나면서 나는 점점 나락으로 치닫는 느낌이 들었습니다. … 혼자 몇 달을 보내면서 '하나님이 나를 버리셨구나, 온 세계가 나를 버렸구나, 온 우주에서 완전히 혼자구나'라는 생각을 했습니다.

… 이제 감옥에서 나온 지 칠 년이 넘었지만 나는 아직도 회복하지 못했고, 앞으로도 그럴 것입니다. 나는 그것을 압니다. … 출옥하고 첫 2년 동안 정상적인 상태로 돌아가려고 애썼습니다. 그런데 그렇게 발버둥 칠수록 마음은 더욱 어지러웠습니다. 나는 내가 손상을 입었고, 끔찍하게 들리겠지만 내 영혼의 일부가 구더기에게 먹힌 것처럼 파괴되어 다시는 온전함을 되찾지 못할 거라는 사실을 받아들여야 했습니다.

빌 모이어스는 미국 공영방송(PBS)을 위해 2시간 분량의 진실화해위원회 다큐멘터리 "진실과의 만남"을 제작했다. 그가 인터뷰한 사람 중에 탄디의 소웨토 출신 여성이 있었다. 그녀는 구금 도중에 고문을 당하고, 수차례 성폭행도 당했다. 그녀는 자신이 살아남을 수 있었던 비결은 영혼을 몸에서 꺼내 독방 한구석에 놓아두는 것이었다고 말했다. 가해자들은 그녀가 스스로를 혐오하게 될 거라고 말하며 그녀의 몸에 온갖 몹쓸 짓을 했고, 그녀는 그런 식으로 몸에서 벗어나 그 광경을 지켜보았다. 그렇게 함으로써 치욕을 당하는 사람이 자신이 아닌 다른 누구라고 상상할 수 있었다. 그녀는 아직 그 독방에서 자신의 영혼을 가져오지 않았기에 그것이 그 구석에 여전히 앉아 있다고 눈물을 흘리며 모이어스에게 말했다.

1982년부터 국가 보안부대의 비밀작전이 늘어났다. '제로제로작전'에서 조 마마셀라는 수류탄 사용법을 가르쳐 주겠다고 약속하며 여덟 명의 젊은 이스트랜드 지역 활동가들을 유인했다. 그들이 제공받은 것은 위장폭탄이었고, 수류탄 핀을 뽑자마자 모두 산산조각 나 날아갔다. 젊은 여성 활동가 마키 스크호사나는 아무것도 모른 채 마마셀라를 그 젊은이들에게 소개했었다. 결국 그녀는 밀고자, 첩자라는 의심을 받았다. 한 패거리가 마키를 공격했고, 그녀는 섬뜩한 '목걸이' 처형의 초기 희생자 중 한 사람이 되었다. 언론은 이 냉혹한 살인방식을 소위 흑흑(黑黑) 간 폭력 사례로 널리 보도했고, 국민당은 선전에서 톡톡히 활용했다.

마키의 가족들은 가족 중에 밀고자가 있었다는 수치와 오명을 안고 살면서 오랫동안 배척과 모욕을 당했다. 그런데 위원회의 사면 절차를 통해 그 여덟 명의 죽음이 국가의 '더러운 술책' 중 하나였고 마키는 밀고자가 아니었음이 마침내 드러났다. 그것은 위원회의 활동이 이뤄 낸 쾌거였다. 마키가 명예를 회복하고 그녀의 가족이 오해를 벗고 공동체에 다시 편입된 것은 놀라운 공동체적 화해의 사건이었다. 다시 살아날 수는 없지만, 이제 마키는 수치와 불명예가 아닌 명예로운 이름으로 기억될 것이다.

여기서 내가 말하고자 하는 요점은 평범한 인간들, 나이 어린 젊은이들까지도 무시무시한 행위를 저지를 수 있었다는 사실이다. 아파르트헤이트는 그 자체가 본질적으로 악하고 부도덕했기 때문에, 그 체제를 유지하기 위해서는 똑같이 사악하고 부도덕한 수단을 쓸 수밖에 없었다. 그것은 필연적인 일이었다.

1988년 6월 12일, 소웨토 봉기 12주년 기념일 전날, 마멜로디 시민협회 사무총장 스탄자 보파페가 3일 동안 경찰에 의해 구금되어 있다가 죽었다. 당시 치안부장관 아드리안 플로크는 요하네스버그에 잡혀 있던 스탄자 보파페가 남쪽에 위치한 도시 파알로 보내지는 도중 탈출했다고 발표했다. 수갑을 차고 있던 보파페가 그를 호송하던 경찰관 세 명 모두 펑크 난 타이어를 교체하느라 바쁜 틈에 열쇠를 구해 수갑을 풀고 (아마도 레소토로) 달아났다는 믿기 어려운 이야기였다. 걸핏하면 방아쇠를 당기는 경찰이 어떻게 그를 쏘지 않을 수 있었겠는가? 플로크 장관은 냉소적인 말투로 내놓은 사건 경위에 대중이 속아 넘어갈 줄 알았을 것이다. 보파페의 가족들은 남아공의 북쪽 '접경 국가들'의 망명 공동체들을 헤매며 사방으로 그를 찾아다녔다. 그의 어머니는 위원회의 한 청문회 도중 몇 번이나 눈물을 흘리며 "아들과 함께 있던 경찰이 여기 나와서 그의 뼈가 어디 있는지 알려 주기" 바란다고 말했다.

치안부장관과 경찰청장은 일말의 양심의 가책도 없이 부하직원들과 공모하여 사건을 교묘하게 은폐했다. 이후 사면 신청 과정에서 드러난 바에 따르면, 스탄자 보파페는 전기 충격으로 고문을 당하다 죽었다. 경찰은 소웨토 봉기 기념일을 하루 앞둔 민감한 시기에 이 사건이 폭발 직전의 흑인 공동체에 미칠 정치적 파장을 두려워한 나머지 거짓말을 했고, 치안부장관과 경찰청장은 이 부도덕한 일을 오히려 지원하고 부추겼다. 그들은 비밀리에 시체를 이스트랜드로 운반해서 악어가 들끓는 강에 던져 버렸다. 사면 절차가 없었다면, 이 일은 아파르트헤이트가 숨겨 놓은 어두운 비밀의 틈 속으로 사라지고 말았을 것이다. 보파페 가족은 사랑하는 사람의 '뼈'가 어디에 있는지 알게 되었다.

이스트런던에서 열린 최초의 피해자 청문회 기간 중 어느 날, 싱코콰나 말가스 씨가 마지막 증인으로 출두했다. 청문회 당시 그는 휠체어 신세를 지고 있었지만 한창 때는 아프리카 민족회의의 회원으로 정치적 활동도 열심히 했고, 다들 예상하는 바대로 법과 충돌하면서 경찰의 괴롭힘을 당했다. 그는 거의 일반적인 관행에 따라 고문을 당하고, 로벤 섬에서 복역했다. 그곳은 흑인 정치범들을 수감하는 장소였다. 그런 시련을 겪은 후 뇌졸중이 찾아와 반신이 마비되고 언어장애도 생겼다.

증언 도중에 그는 그가 당한 고문을 일부 말해 달라는 요청을 받았다. 그 순간까지 나는 웬만큼 평정을 유지하고 있었다. 가슴이 찢어지는 이야기들을 계속 들으면서 여러 번 눈물이 터져 나올 뻔했지만, 그래도 눈물을 쏟지는 않았다. 그리고 그날의 마지막 증인이 나왔다. 말가스 씨는 자신이 당한 고문들 몇 가지를 설명하려 했다. 그는 이후 우리가 자주 듣게 된 고문법, 이른바 '헬리콥터' 고문에 대해 말하기 시작했다. 경찰이 피해자의 손을 뒤로 꺾어 수갑을 채우고 발목에는 족쇄를 채운 뒤 거꾸로 매달아 돌리는 고문이었다.

말가스 씨는 그가 제출한 진술서 내용에 관해 자세한 부연 설명을 하려고 했다. 그러다 그는 정상적인 한쪽 손으로 얼굴을 가리고 울었다. 고문의 기억을 되살리는 것을 감당할 수 없었는지, 아니면 자신이 하고 싶은 말을 혀로 제대로 내뱉을 수 없어서 답답했는지, 그 이유는 앞으로도 결코 알 수 없을 것이다. (그는 위원회가 만델라 대통령에게 보고서를 제출하기도 전에 세상을 떠났다.) 그때까지 들은 내용만으로도 가슴이 울렁거리던 나는 그 장면을 더 이상 감당할 수 없었다. 나는 감정을 주체하지 못하고 눈물을 쏟으며 아이처럼 흐느꼈다. 봇물이 터져 버렸다. 나는 테이블에 몸을 굽히고 두 손으로 얼굴을 가렸다. 나중에 나는 청중들에게 내가 쉽게 웃고 쉽게 우는 사람이라고 말했는데, 이렇듯 나약하고 감정을 주체하지 못하는 내가 위원회를 이끌기에 적합한 인물인지 확신할 수 없었다.

다행히, 내가 위원회 활동 기간 중 공석에서 울음을 터뜨린 것은 그때가 마지막이었다. 나는 다시는 그런 일이 벌어지지 않게 해달라고 하나님께 간구했다. 그 일 이후 언론이 진정 관심을 받아야 할 증인들보다 자꾸 내게 집중했기 때문이다. 이후에도 울음을 쏟을 뻔한 적이 많았지만 그럭저럭 버틸 수 있었다.

말가스 씨를 포함한 여러 증인의 증언을 들으면서 나는 우리 모두가 끔찍한 부패에 깊숙이 빠질 수 있고, 악을 저지를 엄청난 능력이 우리 안에 있음을 확실히 깨달았다. 다른 곳에서도 밝힌 바 있지만, 이 능력은 모든 사람에게 있다. 자신의 모습에 흡족해하거나 오만하게 다른 사람을 손가락질할 필요가 없다. 하나님이 대홍수로 세상을 새롭게 시작하셨던 때처럼 우리를 없애 버리고 깨끗하게 새로 시작하기 원하신다 해도, 그 일에 필요한 증거를 이미 차고 넘칠 만큼 제공한 우리로서는 아무 할 말이 없을 것이다. 여기서 우리는 이런 악행을 저지른 이들이 그냥 보통 사람이었다는 사실을 주목해야 한다. 머리에 뿔이 달리거나 바지 속에 꼬리를 감춘 사람들이 아니었다. 그들은 우리와 똑같은 모습이었다. 철학자 한나 아렌트는 '악의 평범성'을 말했다. 악에 관여한 사람들이라고 해서 끔찍한 외모를 가진 게 아니라는 것이다. 그들은 당신과 나처럼 어느 모로 보나 보통 사람이었다.

다행스럽게도, 위원회 앞에서 이뤄진 증언들이 그려 낸 음울한 장면은 그림의 한 면일 뿐이었다. 위원회 활동을 통해 찬란하게 드러나는 또 다른 측면이 있었다. 그것은 이루 말할 수 없는 고통을 겪은 사람들, 원한에 사로잡힌다 해도 충분히 이해될 법한 사람들이 보여 준 모습이었다. 그들은 원한이 아니라 놀랍도록 관대한 정신, 자신들을 괴롭힌 이들을 기꺼이 용서하는 전례 없는 아량을 보여 주었다.

역사 속에는 하나님이 그분의 손으로 만드신 작품을 보고 우쭐하실 법한 순간들이 있다. 창조를 마치신 하나님은 창조세계가 그냥 좋은 것이 아니라 **매우** 좋다고 선언하셨다. 친히 생겨나게 하신 세상의 아름다움과 선함을 보시고 양손을 부비며 극히 만족하시는 하나님의 모습이 눈에 보이는 듯하다.

욥기 초반부에 하나님이 사탄에게 하시는 말씀에서 우리는 피조물에 대한 그분의 자부심을 엿볼 수 있다. 그때만 해도 사탄이 하나님께 끊임없이 저항하는 악의 기원으로 타락하지 않았을 때였다. 이 이야기에서 사탄은 하나님의 어전회의의 구성원이지만, 증인의 신뢰성을 허물려고 애쓰는 법정의 검사처럼 하나님의 종들의 신뢰성을 시험하는 존재로 변하고 있음이 분명하게 드러난다. 하나님은 아름다운 가족을 거느린 경건하고 성공한 사람 욥을 뿌듯한 심정으로 거론하시며 그분의 종 욥을 지켜보았느냐고 사탄에게 물으신다. 하나님은 자랑을 하고 계신 것이다. 하나님이 사탄에게 "그 사람, 정말 대단하지 않느냐?"고 물으신 것이다.

사탄은 퉁명스럽게 대답한다. "욥이 의로운 사람이 되는 것은 당연하지 않습니까. 그게 뭐 그리 놀랄 일입니까? 따지고 보면, 하나님이 재난과 고통에서 그를 지켜 주셨고 그를 번영하게 해주지 않았습니까. 하나님께 그렇듯 애지중지 여김을 받은 사람에게는 아무런 공도 돌릴 수 없습니다."

그러자 하나님은 그분의 명성을 욥에게 거신다. 사탄은 아무 이유 없이 찾아오는 고통을 겪다 보면 욥이 하나님을 부인할 거라고 장담했고 그렇게 되기를 바라면서 그에게 온갖 고난을 가져다준다.

하나님이 인간들의 고귀함, 다른 사람에 대한 그들의 자비와 관대함, 그리고 독재자들에게 맞선 사람들과 자신의 신앙을 위해 기꺼이 목숨을 바친 사람들의 고결함과 용기를 보신 순간들이 있을 것이다. 하나님은 아시시의 프란체스코, 마더 테레사, 마틴 루터 킹, 알베르트 슈바이처, 넬슨 만델라 같은 사람들의 위업을 보시며 이렇게 말씀하셨을 것이다.

"그래, 그건 정말 위험을 감수할 만한 일이었다. 저들에 대한 내 믿음이 옳았음을 저들이 입증해 주었구나."

하나님은 그들을 보고 다시 흡족한 심정이 되셔서 양손을 비비시며 그저 좋다가 아니라, 정말, 너무 좋다고 말씀하셨을 것이다.

인간 영혼이 얼마나 고귀한 수준까지 이를 수 있는지

보여 주는 멋진 사례가 이스턴케이프에서 등장했다. 해방운동 조직 범아프리카회의는 산하 무장단체인 아자니아 민중해방군을 통해 무장투쟁을 강화하기로 하고, 의미 있는 협상들이 이미 시작된 상황인데도 1993년을 '대폭풍의 해'로 선포했다. 그리고 1992년 11월, 와인 시음회가 열렸던 킹윌리엄스타운 골프클럽이 표적이 되었다. 네 사람이 죽었다. 심한 부상을 입은 사람들 중에 베스 세비지가 있었다. 그녀는 심장절개수술을 받고 몇 달간 중환자실에 있었다. 퇴원 후 그녀는 장애가 심해서 씻고 입고 먹을 때 자녀들의 도움을 받아야 했다. 보통 사람들이 일상적으로 하는 당연한 일들도 그녀는 누군가의 도움을 받아야 했다. 그녀의 부모는 딸의 사고에 매우 당황스러워했다. 그들은 인종이나 지위에 상관없이 모든 사람을 존중하도록 자녀들을 성실히 길렀기 때문이다. 당시 남아공 상황에서 그것은 용기가 필요한 일이었다. 그런 그들로서는 아파르트헤이트와 그 모든 광기에 반대하는 가정에서 자라난 아이가 결국 그들이 돕고자 했던 사람들의 표적이 되어 버린 상황을 도무지 이해할 수 없었다. 그들은 공격이 무작위로 이루어졌다는 사실과, 그런 클럽하우스 모임에서는 아파르트헤이트 체제를 지지하는 백인과 반대하는 백인을 구별할 도리가 없기에 백인이라면 누구나 표적이 될 수 있다는 사실을 받아들일 수 없었다.

베스 세비지는 아버지가 상심하여 돌아가셨다고 말했다. 그녀는 1996년 청문회 때도 공항의 보안검색대를 통과

할 수 없었다. 그녀의 몸에 남은 파편들 때문에 온갖 경보음이 울리고 불빛이 번뜩였기 때문이다. 그녀는 자신을 이런 상태로 만들어 놓은 사고에 대해 정말 경이롭고 믿기 어려운 말을 했다.

그 모든 일의 충격을 거치면서, 솔직히 말해 나는 더욱 풍성해졌습니다. 그 경험은 나와 많은 사람들을 진정 부요하게 해주었고, 비슷한 충격을 겪고 있는 다른 사람들과 어울릴 수 있는 능력을 내게 주었습니다.

그녀는 그 사고가 자신의 삶을 풍성하게 해주었다고 말했다! 참으로 기막힌 대답이 아닌가. 우리가 놀라운 사람들을 축복으로 받았음을 다시 한번 깨닫게 된다. 그녀가 한 말이 그것뿐이었다 해도 참으로 주목할 만한 말로 돋보였을 것이다. 그런데 그녀는 가해자의 사면을 어떻게 생각하느냐는 질문에 또 이렇게 대답했다.

그건 내게 중요하지 않습니다. 많은 사람에게 말했지만, 내가 정말 간절히 원하는 것은 따로 있습니다. 나는 수류탄을 던진 사람을 만나 용서한다고 말하고 싶습니다. 그리고 어떤 이유로든 그가 나를 미워했다면 그의 용서를 받고 싶습니다. 여하튼 그를 무척 만나고 싶습니다.

그 경이로운 말을 들은 사람들은 모두 다 할 말을 잃었다. 흑백 할 것 없이 거의 모든 피해자가 이런 놀라운 아량을 품고 있다는 숭고한 사실 앞에서 우리는 벅찬 감사로 잠잠할 수밖에 없었다. 그것은 우리나라를 위한 상서로운 징조였다.

바로 이 이스트런던 청문회에서 우리는 '크래독 4인'의 과부들과 그중 한 명의 딸인 바발와 음흘라울리의 증언을 들었다. 바발와는 '복 받은 사람'이라는 뜻이며, 그녀가 청문회에서 한 말은 여러 사람에게 축복의 은혜를 베풀었다.

크래독 4인이라 불린 네 사람은 아파르트헤이트의 약탈로 도시민들보다 더욱 극심한 고통을 겪고 있던 그들의 농촌 지역에서 새롭고 정의로운 정치체제를 구현하는 일에 헌신했다. (하지만 도시민들은 그 말을 받아들이지 않을 것이다. 그들은 자신들의 삶이 지옥 그 자체라고 믿었으니까.) 네 사람은 납치되어 죽기 전에도 비밀경찰에 의해 잦은 구류와 고문, 위협, 괴롭힘을 당했다.

네 명의 희생자 중 한 명인 포트의 아내 노몬데 칼라타는 첫 번째 청문회에서 이렇게 증언했다.

[이스턴프로빈스] 〈헤럴드〉가 배달되었을 때, 나는 머리기사를 보았습니다. 우리 아이가 이렇게 말하더군요. "엄마, 여기 보세요. 아빠 차가 불에 탔어요."

그 순간 온몸이 부들부들 떨렸습니다. 남편에게 무슨 일이 벌어졌을까 봐 너무나 두려웠지요. … 응야미[고니웨]는 언제나 나를 잘 도와주었습니다. 나는 그때 스무 살이었고 그 일을 감당할 수 없어서 응야미의 집으로 갔습니다. 응야미는 몸을 주체하지 못한 채 통곡하고 있었습니다.

이 부분에 이르러 칼라타 부인은 더 이상 말을 잇지 못하고 가슴을 찌르는 울음을 터뜨렸다. 증인의 울음은 여러 면에서 진실화해위원회의 특징이 되어 버렸다. 진실화해위원회는 사람들이 찾아와 울고, 마음을 열고, 기나긴 나날 동안 품어 왔지만 하소연할 데 없이 홀로 삭여 온 아픔을 드러낼 수 있는 곳이었던 것이다. 나는 그녀가 평정을 되찾을 수 있도록 휴회를 선언했다. 이윽고 청문회가 다시 시작되었을 때 나는 '센제니나'[우리가 무엇을 했나이까?]를 선창해 참석자들과 함께 불렀다.

놈부이셀로 음흘라울리 부인은 가해자들이 그녀의 남편이자 바발와의 아버지 시켈로에게 무슨 짓을 했는지 설명했다.

나는 검시(檢屍) 서류를 읽었습니다. … 상복부에 스물다섯 군데의 상처가 있었습니다. 그 상처들은 그를 찌를 때 여러 무기를 썼거나, 여러 사람이 가담했음을 보여 주었습니다. 하복부에도 상처가 있었죠. 상처는 모두 마흔세 군데였습니다. 우리는 그들이 그의 얼굴에 산(酸)을 부었다는 것도 알 수 있었습니다. 또 그들은 그의 오른손을 잘라 냈습니다. 그들이 그 손을 어떻게 했는지는 모릅니다.

그 손은 알코올에 담겨 포트엘리자베스의 경찰본부로 보내졌다. 경찰은 그것을 '비비의 손'이라 부르며 그것으로 구금자들을 위협했다. 경찰에 협조하지 않고 진술을 거부하면 그보다 더 험한 꼴을 당할 수 있다는 협박이 난무했다.

바발와는 그 모든 사실을 알고 있었다. 그녀는 어머니가 비밀경찰의 손에 모욕과 괴롭힘을 당하는 세월을 함께 견뎌 냈다. 그녀는 활동가의 자녀로 체험한 타운십 공동체의 따뜻한 지원과 인정, 그리고 경찰의 견제에 시달려야 했던 괴로움을 털어놓았다.

이야기를 마친 뒤, 그녀는 아버지를 죽인 사람이 누구인지 알고 싶다고 했다. 바발와의 목소리는 차분했고, 어린 나이치고는 무척 성숙하고 위엄 있었다. 그녀가 이런 말을 했을 때 시청 안은 쥐죽은 듯 조용해졌다.

"우리는 정말 용서하고 싶지만 누구를 용서해야 할지 모르겠습니다."

그때만 해도 가해자들의 정체가 알려지지 않았다. 아파르트헤이트 정부는 이 끔찍한 사건을 철저히 조사하겠다며 검시도 하고 조사도 하고 법사 위원회도 임명했다. 그러나 경찰은 얼굴이 파래지도록 위증을 해대며 그 모든 과정을 속임수로 바꿔 버렸다. 마침내 진실이 드러난 것은 가해자들이 사면 절차를 이용하면서부터였다. 그들은 사면 신청을 하면서 크래독 4인을 살해한 장본인이 경찰이라는 무시무시한 진실을 밝혔다.

1992년 9월, 후에 비쇼 대학살로 알려지게 되는 사건이 벌어졌다. 비쇼는 이스턴케이프 주에 있는 도시로, 오우파크코조 장군이 다스리는 '자치국' 홈랜드 시스케이의 수도였다. 처음에 그는 아프리카 민족회의에 우호적이었으나, 나중에 시스케이를 사실상 아프리카 민족회의의 '출입금지 지역'으로 선포하면서 양측의 관계가 악화되었다. 아프리카 민족회의는 모든 홈랜드에서, 그중에서도 특히 시스케이, 보푸타츠와나, 콰줄루에서 정치활동의 자유를 요구하며 캠페인을 벌였고 그 일환으로 비쇼에서의 행진을 계획했다. [이 홈랜드들은 아파르트헤이트의 '분할 통치' 정책으로 세워졌다. 이 정책의 목적은 모든 남아공 흑인의 시민권을 박탈하고, 그들을 누더기 조각보같이 남아공 곳곳에 흩어진 종족별 반투스탄(흑인자치구=홈랜드)의 시민으로 만드는 것이었다. 콰줄루의 시민들은 콰줄루를 '자치국'으로 만들려는 정부의 시도에 저항했지만, 세 홈랜드의 지도자들은 오히려 아프리카 민족회의에 대해 위협을 느꼈다.]

아프리카 민족회의가 정치활동의 자유를 요구하며 행진을 벌인 날, 시스케이 방위군(CDF)은 비무장 시위대를 향해 발포했고 그 일로 30명이 죽었다. 발포 직후에 28명의 시위자가 죽었고 동료의 총에 맞은 방위군 한 명도 죽었으며, 또 다른 아프리카 민족회의 지지자는 당시의 부상 때문에 1995년에 죽었다.

위원회는 비쇼 대학살에 대해 두 차례의 청문회를 열었다. 비쇼에서 열린 첫 청문회 장소는 학살 현장에서 그리 멀지 않은 곳이었다. 청문회가 열린 집회장은 그날 부상을 당했던 사람들과 사랑하는 가족을 잃어버린 사람들, 그리고 비극의 행진에 참여했던 사람들로 가득 찼다. 청문회장에는 손에 잡힐 듯한 긴장이 흘렀다. 일부 고위 아프리카 민족회의 지도자들이 증언하기로 되어 있었다. 당시 아프리카 민족회의 사무총장이자 이후 제헌의회 의장이 되어 뭇사람들의 경탄을 자아낸 헌법을 만든 시릴 라마포사와 현재 국방차관인 로니 카스릴스가 행진에 참여했다.

첫 번째 증인 중 한 명은 전직 시스케이 방위군 사령관인 마리우스 울스히흐였는데, 청중은 그가 하는 말의 내용보다 그의 말투에 더 분개했다. 그가 군인정신에 충실하게 감정을 극히 절제한 탓이었을 것이다. 군인이면 다 그렇게 처신해야 하는 건지 모르겠지만, 마음의 상처를 입고 감정이 상해 있는 사람들은 그런 태도를 불쾌해했고, 무정하고 냉소적인 것으로 받아들였다. 그가 증언을 마쳤을 즈음엔 청문회장의 온도가 몇 도쯤 올라갔을 것이다.

다음 증인은 전직 시스케이 방위군 장교들이었다. 백인 한 명에 나머지는 흑인이었다. 백인 장교 호르스트 스호베스버거 대령은 그들의 대변인이었다. 그는 자신들이 군인들에게 발포를 명령한 것이 사실이라고 했다. 그 말에 긴장이 얼마나 팽팽해지던지, 흔히 하는 말처럼 칼로 베어 낼 수 있을 것 같았다. 청중의 태도는 그지없이 적대적이었다. 그때 증인은 청중을 향해 몸을 돌리고 특별한 호소를 했다.

죄송합니다. 비쇼 학살의 짐은 평생 우리의 어깨에서 벗어나지 않을 것입니다. 그 짐은 우리가 바란다고 없어지는 게 아닙니다. 분명히 벌어진 일입니다. 하지만 부탁드립니다. 피해자 여러분들께 그날을 잊어 달라고 말하는 게 아닙니다. 그건 있을 수 없는 요청입니다. 다만, 우리를 용서해 주십시오. 군인들을 공동체에 다시 품어 주시고, 그들을 온전히 받아 주시고, 그들이 당시에 받은 압력을 헤아려 주십시오. 제가 할 수 있는 거라곤 이것이 전부입니다. 죄송합니다. 이 말밖에 할 수 없습니다. 죄송합니다.

방금까지 증인들에게 린치라도 가할 것 같던 청중은 그 말에 전혀 뜻밖의 반응을 보였다. 갑자기 우레와 같은 박수갈채가 터져 나온 것이다! 믿을 수 없는 일이었다! 분위기의 반전은 너무나 놀라웠다. 대령의 동료들도 그와 함께 사과했다. 박수갈채가 가라앉자 나는 이렇게 말했다.

우리 잠시 침묵의 시간을 갖도록 합시다. 우리는 지금 대단히 의미심장한 장면을 마주하고 있습니다. 우리 모두 알다시피 용서를 구하는 일은 쉽지 않고, 용서하는 일도 쉽지 않습니다. 그러나 우리는 용서받지 못하면 미래도 없다는 것을 아는 국민입니다. 남편과 아내가 말다툼을 하고 나서 둘 중 하나가 '미안해요'라고 말하고 다른 한 사람이 '용서할게요'라고 말하지 않으면, 그 부부관계는 위기에 처하게 됩니다. 우리는 우리 대통령과 여러 많은 사람들을 통해 용서의 본을 보았습니다.

그날 청문회장에서 일어난 반전은 아무도 예상할 수 없는 것이었다. 마치 누군가가 특별한 마법의 지팡이를 휘둘러 분노와 긴장을 사라지게 하고, 과거의 가해자들을 용서하고 용납하는 장면으로 바꿔 놓은 듯했다. 우리는 그 모든 일에 다만 겸손해질 따름이었다. 소위 보통 사람들이 그토록 관대하고 은혜로울 수 있다는 사실에 깊이 감사할 따름이었다.

1985년 성탄절을 며칠 앞두고 남아공 군대가 산지로 둘러싸인 레소토 왕국의 수도 마세루를 침공했다. 그리고 그 과정에서 아홉 명이 죽임을 당했다. 나흘 뒤, 콰줄루-나탈의 해안도시 아만짐토티의 한 쇼핑몰에서 흡착폭탄이 폭발하여 성탄절 쇼핑을 하던 내지의 휴가객 다섯 명이 죽었다. 열아홉 살의 젊은 아프리카 민족회의 활동가 시부시소 앤드루 존도는 그것이 레소토 침공에 대한 보복이라고 주장했다. 그는 유죄 판결을 받고 사형이 언도되어 1986년 9월에 처형되었다. 다른 두 공범도 경찰에 잡혀 처형되었다.

그 폭발로 죽은 사람 중에는 요한 스미트 씨의 여덟 살배기 아들 코르넬리우스가 있었다. 청문회에서 행한 그의 비범한 증언에 대해서는 앞서 소개한 바 있다.

나는 신문사 기자들에게 내 아들은 영웅이라고 말했습니다. 그 아이는 억압받는 사람들의 자유를 위해 죽었기 때문입니다. 많은 사람들이 이런 말을 하는 나를 비판했습니다. 그들은 나를 배신자로 여기며 손가락질했지만 내 생각은 지금도 변함이 없습니다. 모두가 아프리카 민족회의를 '테러분자들'로 낙인찍을 뿐, 동전의 다른 면은 보지 않습니다. 아들의 죽음을 겪지 않았다면, 그리고 이들이 어떻게 싸워 왔는지 내 눈으로 직접 보지 않았다면, 나 역시 다른 사람들처럼 생각하고 행동했을 것입니다.

참으로 놀라운 반응이다. 아무 잘못도 없는 아이의 생명이 그렇듯 참혹하게 꺾였다면 아버지가 격노하는 것이 당연할 것이다. 그러나 여기, 철저한 아프리카너인 백인 아버지가 방금 우리의 말문을 닫게 만드는 말을 했다. 꿈에서나 있을 법한 이런 반응을 우리가 감히 어떻게 바랄 수 있었겠는가? 그런데 바로 우리 눈앞에서 기적 같은 일이 펼쳐졌다. 우리는 꿈을 꾸는 게 아니었다. 이런 사람들이 함께하기에 남아공의 담대한 실험은 성공할 만한 가치가 있다.

1993년 8월, 범아프리카인 학생조직(Pan Africanist Student Organization, PASO)은 아프리카 민족회의를 지지하는 남아프리카 학생회의(Congress of South African Students, COSAS)와 손을 잡고 케이프타운에서 거리시위를 벌였다. 이들은 차량을 향해 돌을 던졌다. 아프리카 민족회의는 그런 행동들을 비난했지만 학생들은 꿈쩍도 하지 않았다. 그들은 "이주민 한 명, 총알 한 발", "농부를 죽여라, 보어인을 죽여라" 같은 끔찍한 구호를 외쳤다. 나중에 사면 신청 과정에서 몇몇 사람들은 그런 구호들이 유혈행동을 자극했다고 말했다.

에이미 비일은 캘리포니아 스탠퍼드 대학교에서 반아

파르트헤이트 학생운동에 오랫동안 참여했고, 풀브라이트 장학생으로 남아공에 와서 웨스턴케이프 대학에 다니고 있었다. 1993년 8월 25일, 그녀는 친구들을 차에 태우고 구굴레투 타운십으로 가고 있었다. 그런데 마침 시위 중이던 학생들이 그녀의 차에 돌을 던졌다. 에이미와 친구들이 차에서 나오자 폭도들은 그들을 뒤쫓아가 돌을 던지고 그녀를 찔렀다. 그토록 정의에 헌신한 그녀였건만, 아이러니하게도 그녀가 권리를 옹호했던 사람들의 손에 죽임을 당했다.

에이미의 가족은 큰 충격을 받았다. 하지만 그들은 원한을 품거나 복수를 꾀하지 않았다. 놀랍게도 그들은 자신들의 딸을 잔인하게 살해한 사람들의 사면 신청에 반대하지 않았다. 피터 비일 씨와 린다 비일 부인은 사면 신청 청문회에 참석해 자신들은 화해와 사면의 모든 과정을 지지한다고 말했다. 그들은 딸을 살해한 이들의 가족들과 포옹했다.

놀라운 일은 여기서 멈추지 않았다. 그들은 딸이 살해당한 바로 그 타운십의 젊은이들, 에이미의 살해에 가담했을 성싶은 그들의 삶을 개선하기 위해 에이미 비일 재단을 설립했다. 비일 부부는 정기적으로 남아공을 방문하여 재단 운영을 감독하고 딸이 끔찍한 죽음을 만난 지역을 자주 거닌다. 그들은 딸의 죽음이 그들을 깊은 깨달음으로 이끌어 주었고, 재단을 지원하는 데 많은 돈과 시간과 열정을 쏟고 있다고 말했다. 그들은 가능한 한 많은 구굴레투의 젊은이들을 끝없는 범죄와 폭력의 막다른 골목에서 구해내고 책임 있는 성인이 되도록 돕는 일에 열정적으로 헌신하고 있다.

1980년대에 아프리카 민족회의는 보안군 병력과 연계된 곳이라며 경찰서와 군사시설 등을 표적 삼아 폭탄공격을 개시했다. 하지만 아프리카 민족회의가 천명한 의도와 달리, 그 폭발의 희생자 대부분은 보안군 병력이 아니라 민간인이었다.

대형폭탄 공격이 처음 일어난 곳은 1983년 5월 20일, 프리토리아의 처치스트리트였다. 남아공 공군본부였던 도심 건물 바깥에서 대형 차량폭탄이 폭발해 21명이 죽고 219명이 다쳤다. 죽은 사람 가운데 공군에서 일하는 사람은 열한 명이었고, 아프리카 민족회의의 무장조직 움콘토위시즈웨 멤버가 두 명, 나머지는 모두 민간인이었다.

219명의 부상자 중에는 네빌 클래런스도 있었다. 그는 당시의 폭발로 시력을 잃었다. 공군에서 장애지원금과 연금을 받는 데 큰 어려움이 있었지만 그는 인권 침해 소위원회의 청문회에서 이렇게 말했다.

나는 차량폭탄을 터뜨린 사람들을 전혀 미워하지 않습니다. 과거에도 그렇고 지금도 그러하며 앞으로도 그럴 것입니다….

이 공격을 지휘한 사람들이 사면을 신청하자 그는 사면 청문회에 참석했다. 주요 신청자는 아보바커 이스마일이었다. 네빌 클래런스는 사면 신청에 반대하지 않았다. 오히려 그는 민간인들을 죽고 다치게 한 데 대해 사과한 이스마일에게 가서 악수를 청했고, 그의 행동 때문에 시력을 잃게 되었지만 용서한다고 말하며, 공익을 위해 일하는 데 힘을 합치자고 제안했다. 나중에 그는 두 사람이 악수할 때 서로의 손을 놓고 싶지 않았다고 말했다. 두 사람이 악수하는 사진은 텔레비전 화면에 잡혔고 신문들의 1면을 장식했다. 그 사진은 치유와 화해의 과정이 무엇인지를 어떤 말보다 잘 나타내고 있었다. 그 사진은 진실과 화해의 과정에 대한 탁월한 아이콘으로 돋보였다.

나는 피해자들을 **놀랍고, 비범하고, 특별하다**고 묘사했는데, 그 말은 참으로 사실이었다. 하지만 이 표현을 그들이 '예외적인 존재고, 독특하며, 딴 세상 사람들이다'라는 뜻으로 오해해선 안 된다. 만약 그런 뜻이라면, 분열적이고 충격적이고 끔찍한 과거에 대한 남아공의 해결 방식이 남아공만의 예외적인 것으로 치부되어 다른 나라가 본받을 수 있는 유용한 본보기가 될 수 없을 것이다. 그런 해석은 사실과도 전혀 반대된다. 비일 가족이 그것을 잘 보여 주었다. 그들은 남아공 국민이 아니다. 미국 시민들이다. 이 사실은 남아공 사람들만이 독특한 게 아님을 의미한다. 각 나라와 땅마다 비범한 일을 이룰 수 있는 소위 평범한 사람들이 있다고 말하는 게 더 나을 것이다. 어느 나라에나 그런 사람들이 있기에 진실화해위원회 활동은 과거 청산이 꼭 필요한 다른 나라들에도 실행 가능한 대안이 될 수 있다. 그런 사람들에 대해 들어본 적이 없는가? 그것 또한 남아공 사람들이 특별한 사람들이 아니라는 사실의 반증이다. 가장 무시무시한 잔학 행위들을 저지른 사람들이 당신과 나 같은 보통 사람들이었던 것처럼, 놀라운 용서의 능력을 보여 준 사람들도 얼마든지 우리 주변에 사는 남녀일 수 있는 것이다. 놀랍게도 용서와 화해는 모든 곳에서 가능하고, 실제로도 나타나고 있다. 찬사를 받거나 언급되지 않는 경우가 종종 있을 뿐.

메리에타 제이거와 그녀의 남편은 다섯 아이와 몬태나에서 한 달 동안 멋진 여름휴가를 보냈다. 그런데 휴가 마지막 날 밤, 일곱 살배기 막내딸 수지가 사라졌다. 아이가 돌아올 가능성이 없었지만 메리에타는 아이를 찾을 수 있기를 간절히 바라며 아이를 기다렸다. 그러던 어느 날 밤 수지를 납치한 남자가 전화를 했다. 하지만 그것은 그녀를 조롱하기 위한 전화일 뿐이었다. 결국 그 남자는 체포되었고 메리에타는 그를 만난 자리에서 당신을 용서한다고 말했다. 그녀는 자신의 선택에 대해 이렇게 말했다.

나는 마침내 진정한 정의는 처벌이 아니라 회복임을 믿게 되었습니다. 이전 상태로 돌아갈 수는 없다 해도, 진정 바람직한 상태로 회복되는 것이 정의라고요. 내 신앙과 가치관의 근원인 히브리 성경과 기독교 성경이 가르치는 하나님은 긍휼과 자비의 하나님입니다. 처벌하고 파멸하고 죽이고자 찾으시는 하나님이 아니라 늘 우리를 돕고 치유하고 되살리고 화해시키는 하나님, 창조의 목적인 풍성하고 온전한 삶으로 우리를 회복시키기 위해 끊임없이 일하시는 하나님입니다. 그리고 이것이 바로 내가 어린 딸의 생명을 앗아간 그 사람에게 베풀어지기 원하는 정의입니다.

납치범은 사형을 받아 마땅하지만, 수지의 이름으로 그를 죽이는 것은 수지의 삶의 선함과 풋풋함, 아름다움을 훼손하고 더럽히는 일이 될 것입니다. 수지는 더 고상하고 아름다운 기념비를 받을 자격이 있습니다. 납치범이 아무리 죽어 마땅한 사람이라 해도, 갇혀서 저항할 수 없는 상태의 그를 국가의 승인에 따라 냉정하게 계획적으로 죽이는 일로는 수지의 삶을 제대로 기념할 수 없습니다. 수지의 삶에 참으로 경의를 표하는 길은 내가 개탄했던 사람들과 같은 존재가 되는 것이 아니라, 모든 생명은 신성하고 보존될 가치가 있다고 말하는 것이라 생각했습니다. 그래서 나는 검찰 측에 이 범죄에 대한 대안 형벌로 가석방 없는 종신형을 요청했습니다. 내 요청은 받아들여졌고 검찰 측에서 그에게 이 얘기를 꺼내자, 비로소 그는 수지뿐 아니라 다른 세 명의 어린이도 죽였다고 자백했습니다.

솔직히 말하면 처음에 저는 내 손으로 그를 죽이고 싶었습니다. 그러나 그의 범죄가 온 천하에 밝혀질 무렵이 되자 가장 건강한 최선의 선택은 용서라고 믿게 되었습니다. 딸을 잃고 지난 20년 동안 피해자들 및 그 가족들과 함께 일하면서 그 믿음이 옳은 것임을 거듭거듭 확인하게 되었습니다. 피해자 가족들이 분노하는 것은 지극히 정상적이고 당연하고 인간적인 반응이지만, 복수심을 품고 사는 사람들은 결국 가해자의 또 다른 피해자로 전락하게 됩니다. 과거가 주는 괴로움과 고통에 사로잡혀 과거의 노예가 되어버리면 삶이 피폐해집니다. 우리의 분노가 아무리 당연하다 해도, 용서하지 않으면 우리는 파멸하고 맙니다. 분노, 증오, 적개심, 원한, 복수심은 모두 죽음을 가져오는 것입니다. 그것들은 범인이 수지의 생명을 빼앗은 것만큼이나 확실하게 어떤 면에서 '우리의 생명을 앗아'갑니다. 온전하고 건강하고 행복한 사람이 될 수 있는 유일한 길은 용서입니다. 그것이 내가 믿는 복음의 확고한 교훈이자 경험입니다. 결코 내 의지로 선택하지는 않았겠지만, 내 딸의 죽음이 준 생명의 선물을 처음 받은 사람은 ⋯ 나였습니다.[3]

감동적인 이야기다.

이와 비슷한 맥락에서, 아일랜드공화국의 메리 매컬리스 대통령은 〈화해한 존재〉(*Reconciled Being: Love in Chaos*)에서 예수님은 제자들에게 자발적으로 사랑할 수 있는 존재, 사랑하라는 명령을 받을 필요가 없는 존재가 되라고 가르치셨다고 적었다. 그녀는 고든 윌슨이 그의 딸이 잔인하게 죽임을 당한 뒤 보여 준 놀라운 반응을 이렇게 묘사한다.

그는 완전한 영적 평온에 이른 보기 드문 사람이다. 그런 경지에 이른 사람들이야말로 성자가 아닐까? 그들은 시복(諡福)이나 시성(諡聖)을 받은 성자는 아니지만 함께 있으면 하나님이 가까이 계심을 직관적으로 느끼게 해준다. 그들이 가는 곳마다 최고의 친구이신 그분이 함께하시기 때문이다. 하나님은 보디가드처럼 뒤를 좇으시거나, 진로를 여는 소련 탱크처럼 앞서 가시지 않는다. 그분은 합창곡을 여는 소프라노의 맑은 음성처럼, 장미꽃 위에 앉은 이슬방울처럼 그들과 함께하신다.

고든 윌슨은 바로 그런 사람의 하나였다. 그는 사랑을 너무나 잘 익힌 사람이었다. 그래서 그의 소중한 딸 마리가 에니스킬렌 폭탄테러로 인한 살육 현장에서 그의 손을 잡은 채 괴롭고 힘겹게 죽어 갔을 때도, 아이의 눈이 어머니에게 이끌리듯 그의 입술에선 자연스럽게 사랑과 용서의 말이 흘러나왔다. 그의 말은 우리를 부끄럽고 당황케 했다. 우리가 기대한 말, 우리에게 익숙한 말과 너무 달랐기 때문이다. 그 말을 들은 우리는 잠잠해졌다. 그의 말은 차마 바라보지 못할 만큼 추악한 장소에 초월에 대한 인식을 불러왔다.

그러나 놀랍게도 그는 비난과 증오의 편지도 잔뜩 받았다. 그들은 이렇게 외쳤다. 감히 용서라니? 어떤 아버지가 딸의 살인자들을 용서할 수 있는가? 그 사람들은 사랑하고 용서하라는 명령을 어디서도 들어보지 못한 것 같았다. 그들은 인류 역사상 처음으로 그 말을 들은 사람, 그리스도께서 "아버지, 저들을 사하여 주옵소서. 자기들이 하는 것을 알지 못함이니이다"(눅 23:34)라고 말씀하셨음을 전혀 모르는 사람처럼 반응했다. 교회에 다니는 한 비판자는 고든 윌슨 이야기가 나오자 "그 가엾은 사람이 충격을 받고 어떻게 된 게 분명해요"라고 말했다. 사랑과 용서를 베푸는 일이 영적인 힘이 아니라 정신적 나약함의 표시라는 말인가.[4]

우리를 창조하신 일을 하나님께서 후회하신 순간이 있었을지도 모른다. 그러나 나는 하나님께서 악과 고문과 학대와 고통의 어두운 밤에도 찬란하게 빛을 내던 그 모든 사람을 보신 순간이 더 많았을 거라고 확신한다. 그들은 기꺼이 용서함으로써 숭고한 정신과 아량을 보여 주었으며, 음산함을 몰아내고 신선한 공기를 불러들여 상황을 변화시켰다. 그 일은 절망과 어둠, 분노와 적개심과 증오가 모든 것을 좌우하지는 않을 거라는 새로운 희망을 사람들에게 불어넣어 주었다. 원수가 다시 친구가 되고, 비인간적인 가해자가 도움을 받아 잃어버린 인간성을 회복하는 새로운 상황이 나타날 수 있다는 희망이다. 이것은 무모하고 무책임한 꿈이 아니다. 이런 일은 이미 벌어졌고 지금도 벌어지고 있다. 우리에겐 언젠가 악몽이 끝날 거라는 희망, 도저히 출구를 찾을 수 없는 문제들이 해결되고 하나님이 어딘가에 훌륭한 동료 일꾼들과 뛰어난 파트너들을 준비해 두셨을 거라는 희망이 있다.

우리 각자에게는 위대한 선을 행할 능력이 있고, 그래서 하나님은 우리를 존재하게 하는 위험을 감수할 만한 충분한 가치가 있다고 말씀하신다. 놀랍게도, 전능하신 하나님은 하잘것없고 깨지기 쉽고 나약한 우리가 선과 의, 용서와 치유와 온전함을 이루시려는 그분의 뜻을 성취하길 기대하신다. 히포의 아우구스티누스는 이렇게 말했다.

"우리는 하나님 없이 행할 수 없고, 하나님은 우리 없이 일하시지 않는다."

건방진 젊은 유물론자가 순박한 러시아 사제에게 말을 걸어 무신론을 뒷받침하는 온갖 근거를 나열한 뒤 오만하게 결론을 내렸다.

"그러므로 나는 신을 믿지 않소이다."

그러나 자그마한 신부는 전혀 동요하지 않고 나직이 대답했다.

"아, 그건 문제가 안 됩니다. 하나님이 당신을 믿으시니까요."

하나님은 우리를 믿으신다. 하나님은 그분이 원하시는 모습으로 세상을 만들어 가는 일을 우리가 돕길 기대하신다.

8

밝혀지는 과거사

공개 청문회장을 찾은 증인들이 각자의 심정을 털어놓으며 너무나 많이 울었기 때문에, 그 광경을 본 많은 사람들이 진실화해위원회를 크리넥스 위원회라고 비아냥대며 조롱했다. '동반자'라 칭한 위원회 직원과 증인이 함께 앉는 테이블에는 대개 물 한 잔과 울음이 터질 때 언제라도 쓸 수 있도록 티슈 한 갑이 놓여 있었다. 우리가 실패하기를 원했던 사람들은 그것 보라는 듯 거만하게 물었다. 이 위원회가 무슨 화해를 가져왔느냐? 무슨 진실을 파헤쳤느냐? 우리가 보고 듣는 것은 방청객 앞에서 눈물연기를 짜내는 사람들의 검증되지 않은 터무니없는 주장뿐이지 않느냐?

이 냉소적인 비판자들에게 "그럼 당신들은 화해를 증진하기 위해 무슨 일을 했으며, 무슨 일을 하고 있느냐?"라고 물으면, 그들은 자기 합리화로 이루어진 변명조의 말만

몇 마디 중얼거렸다. 남아공 사람들 사이에는 보복도 복수도 없어야 하며 인종 간, 지역 간 갈등으로 훼손되지 않은 새 나라 창조에 모두가 힘써야 한다는 잠정적인 합의에 근거한 진실화해위원회와 같은 절차가 없었다면, 아마도 그들은 그런 식으로 나서서 경멸조의 심한 말들을 토해 낼 수도 없었을 것이다. 하지만 그들은 그 사실을 인식하지도 못하는 듯했다. 우리는 얼마나 빨리, 얼마나 쉽게 많은 것을 당연하게 받아들이는지 모른다. 남아공의 많은 백인들은 이 중요하고 힘든 과정을 돕는 데 손가락 하나 까딱하지 않고도 그들이 화해와 용서를 누릴 자격이 있다고 생각하였다. 좀 지나친 일반화이기는 하다. 정의 구현에 앞장서고 아파르트헤이트의 끔찍한 억압이 기승을 부리던 어두운 시절 한복판에서 몸을 사리지 않은 백인들의 노고를 제대로 인정하지 않은 평가이기 때문이다. 그 고귀한 사람들 중 상당수는 백인 사회의 적의를 고스란히 감당해야 했다. 배척당하고 괴롭힘과 비방, 때로는 구금과 고문에 시달려야 했다. 그것은 분연히 일어나 흑인들의 권리를 옹호하고 시류를 거스른 백인들에게 백인 사회가 강요한 운명이었다. 나는 우리의 투쟁에 헤아릴 수 없이 값지고, 없어서는 안 될 기여를 한 그들 모두에게 뜨거운 찬사를 보내고 싶다.

그러나 일부 백인들을 제외한 남아공의 거의 모든 백인들은 우리나라가 보스니아, 코소보, 중동, 북아일랜드처럼 파국을 맞아 대량학살과 불안에 시달릴 상황을 코앞에 두고 있었음을 서글플 정도로 너무나 빨리, 너무나 쉽게 잊어버렸다. 남아공의 상황이 그 나라들과 다르게 펼쳐졌고, 용서와 화해의 국제적 아이콘이 된 사람이 대통령이 되었으며, 이 땅의 수많은 사람들이 대통령을 본받았다는 사실에 깊이 감사해야 마땅하다. 말 못할 억울한 고통을 겪고도 자신을 괴롭힌 사람을 기꺼이 용서한 흑인들의 아량이 촉매가 되어 백인들 안에서도 그와 같은 관대한 정신이 생겨나기를, 사람들은 절박한 마음으로 고대해 왔다.

그런데 위원회의 활동을 비방하는 사람들이 있었다. 대체로 백인들이었지만 백인들만은 아니었다. 누군가 우리에게 진실화해위원회에서 이뤄 낸 게 뭐냐고 시비를 건다면, 우리는 이렇게 대답할 것이다. 위원회에 맡겨진 일은 조사 대상 기간으로 정해진 34년 동안 남아공에서 벌어진 심각한 인권 침해의 실상을 가능한 한 온전히 제시하는 것이다. 위원회는 국민적 화합과 화해를 촉진해야 한다. 위원회의 임무는 국민적 화합과 화해의 **촉진**이지 **성취**가 아니었음을 강조해야겠다. 위원회의 역할은 나름의 힘을 보태는 것이었다. 그것이 효과적이고 전략적으로 중요한 보탬이 되었기를 바라지만, 국가적 사업으로 구상된 전체 과정 중 한 부분을 차지할 뿐이라는 사실에는 변함이 없다. 모든 남아공 사람들은 이것이 누구도 무관심해선 안 될 사업이며 장기적이고 지속적인 과정임을 깨달아야 할 책임이 있다. 그리고 모든 남아공 사람은 그 과정에 각기 나름대로 힘을 보탤 의무가 있다. 감상적이 되어선 안 되겠지만, 이것이 생사가 달린 문제라는 말은 지나친 주장이 아니다. 이 사업의 성공 여부에 우리나라와, 국민과 개인으로서 우리 모두의 존재와 생존이 달려 있다. 우리가 용서하고, 회개하고, 서로 화해하는 일이 궁극적으로 볼 때 우리에게 가장 유익하다. 용서와 화해 없이는 미래도 없기 때문이다. 그러므로 위원회가 이룬 게 무엇이냐고 묻는 것은 사실 시기상조라 할 수 있다. 하지만 지난 2년이 조금 넘는 활동을 통해 위원회가 상당한 업적을 이룬 것도 사실이다.

7장에서 나는 우리의 말문을 막히게 할 만큼 놀라운 화해와 용서의 사례들을 소개했다. 물론 그들이 전부인 것은 아니다. 우리는 위원회에서 증언하면서 위로를 얻었고 치유를 경험했다고 말한 사람이 아주 많다는 걸 알게 되었다. 그들은 수용과 존중, 인정을 받으면서 카타르시스 효과를 맛보았다. 이런 일이 단 한 사람에게 벌어졌다 해도, 위원회의 존재 의의가 충분했다고 할 수 있을 것이다. 그런데 많은 사람들이 같은 이야기를 하여 우리는 고뇌의 무거운 짐을 털어놓을 기회를 더 많은 사람들에게 줄 수 있으면 좋겠다고 생각하게 되었다.

2장에서 나는 '크래독 4인' 중 한 명인 매튜 고니웨의 형이 내게 들려준 이야기를 소개했다. 그의 제수 응야미가 위원회에 나와 증언한 후 가족들 모두가 안도감을 맛보았다는 내용이었다. 우분투에 따르면, 그녀의 이야기는 곧 그의 이야기이기도 했다. 우분투는 고니웨 가족 구성원 모두가 서로에게 속해 있다고 말하기 때문이다. 그들은 상호의존과 단란함이라는 네트워크로 서로 연결되어 있었다. 따라서 가족 중 한 사람에게 벌어진 일은 매우 실질적인 의미에서 그들 모두에게 벌어진 일이었다. 응야미라는 이름은 많은 것을 견디는 사람, 참을성 있는 사람을 뜻한다. 청문회장에 나온 응야미 고니웨는 남편의 죽음에 대한 치안판사의 첫 번째 조사 결과를 접하고 나서 가족들이 실망했던 이야기를 했다. 보안대가 그와 그의 동료들의 죽음에 개입했다는 것은 공공연한 비밀이었건만, 그들이 정체 모를 괴한들의 손에 살해되었다는 발표가 나왔기 때문이었다.

가족들은 첫 번째 조사 결과가 공개되게 하려고 열심히 애썼습니다. 그러나 그들[국가]은 조사를 빨리 끝내 버리고 가능한 한 빨리 손을 뗄 생각만 했습니다. 우리는 변호사들을 고용하여 그 문제로 싸웠고, 그 과정에서 조사 내용이 조금 공개되었습니다. 그러나 … 이렇다 할 성과는 없었습니다. 그리고 우리는 [두 번째] 긴 조사를 거치며 몸과 마음이 무척 힘든 시간을 보내야 했습니다. 잔뜩 기대에 부풀어 있었기 때문인지 조사 결과가 발표되었을 때 너무나 실망했습니다. 우리가 무엇을 기대하고 있었는지 모르겠습니다. 우리는 위원회도 별로 다르지 않을 거라 생각하고 찾아왔던 것 같습니다. … 우리가 [진실화해위원회에 오기를] 주저했던 것은 여기서 어떤 일이 벌어질지 알 수 없었기 때문입니다. 정보가 너무 적었습니다. 그러나 이곳에 와서 다른 사람들의 경험을 들어보니 제 마음이 겸허해집니다. 이렇게 말할 수 있어서 기쁩니다. 여기 오기를 정말 잘했습니다.

우리는 사람들이 공개석상에서 자신의 약한 부분을 드러내고 은혜를 누리는 장면에 마음이 겸손해지는 것을 경험했다. 위원회에 증인으로 참석한 사람들이 각자 처참한 사연들을 자세히 털어놓으면서 치유를 맛보고 마음을 정리하는 모습은 솔직히 예상하지 못한 일이었다. 나는 전문 심리학자가 아니다. 하지만 목회자로서 인간의 영혼과 정신의 작용에 대해 웬만큼은 안다고 생각한다. 사람들이 마음을 열고 심정을 털어놓으며 온전함을 되찾는 자리에 함께한다는 것은 놀라운 특권이었다. 위원회가 피해자들에게 부담 없고 편안한 환경을 제공하여 이런 카타르시스에 도움이 될 수 있게 해주신 하나님께 감사드린다.

루카스 시크웨페레라는 젊은이가 있다. 그는 케이프타운의 악명 높은 경찰관 H. C. J. '바리' 바르나르트가 그의 안면에 쏜 총에 맞아 실명하게 된 경위를 설명한 후 이렇게 말했다.

이곳에 와서 제 사연을 이야기하고 보니 시력을, 시력을 되찾은 기분입니다. 그동안 제가 그렇게 아팠던 것은 제 이야기를 할 기회가 없었기 때문인 듯합니다. 그러나 이제… 이곳에 와서 여러분 앞에서 이야기하니 잃었던 시력을 되찾은 심정입니다.

이런 과정을 곁에서 지켜볼 수 있었던 것은 큰 특권이었다. 이런 특권이 있었기에 상상도 못할 유익을 얻을 기회를 거부하고 곤궁함을 자초한 수많은 사람들의 비열한 모습을, 속상했지만 능히 감당할 수 있었다.

위니 마디키젤라-만델라 부인의 축구클럽 활동을 조사한 9일간의 마라톤 청문회는 참으로 힘겨웠고 많은 논란을 불러일으켰다. 그러나 이 어려운 청문회도 몇 가지 긍정적인 결과를 남겼다. 피해자들의 진술이 있었고 만델라 부인의 납치와 폭행 혐의가 법정에서 유죄 판결을 받은 바 있기 때문에, 위원회가 국민통합화해촉진법 제29조에 의거하여 그녀를 소환하면서 청문회는 시작되었다. 위원회는 이 조항에 따라 사람들을 불러 조사할 수 있었다. 대개 이런 조사는 비공개로 진행되었을 것이다. 하지만 만델라 부인의 주장에 따라, 공개 청문회 형태로 열렸다. 아마도 그녀는 자신에게 쏟아지는 모든 의심, 주장, 빈정거림에 대답할 수 있기를 바란 듯하다.

위니 마디키젤라-만델라 부인이 놀랍고 비범한 여성이라는 사실은 부인할 수 없다. 그녀의 남편이 감옥에서 무기징역을 살면서 고달픈 나날을 보내는 동안, 아파르트헤이트 체제는 할 수 있는 한 온갖 형태로 부인을 괴롭혀 파멸시키려 했다. 그녀는 구금당하고, 경찰의 감시를 받았으며, 소웨토에서 추방되어 770킬로미터 떨어진 자유주 내의 브랜드포트로 쫓겨나기까지 했다. 그곳에서도 만델라 부인은 당시엔 알지도 못하던 언어인 세소토어 사용 지역에 떨궈졌다. 이것은 부인을 민중에서 떼어놓아 그녀의 의지를 꺾으려는 시도의 일환이었다. 부인은 공민권 박탈자였고 사실상 가택구금 상태에 있었다. 그야말로 자비(自費)로 감옥살이를 하는 꼴이었다. 부인은 집회 참석이 허용되지 않았다. 여기서 집회란 다른 사람과 만나는 것을 뜻했다. '금지 기간' 동안 '허가 없이는 5년간' 브랜드포트를 떠날 수도 없었다. 극장에도, 교회도, 소풍도 갈 수 없었다. 자녀의 결혼식이나 장례식도 허가 없이는 참석할 수 없었는데, 허가가 나오는 경우는 드물었다. 공민권 박탈자는 장관의 허가 없이는 다른 공민권 박탈자와 대화하는 것이 금지되었고, 다른 사람을 거쳐 말을 주고받아도 안 되었다. 주중에는 저녁 6시부터 다음 날 아침 6시까지, 주말에는 온종일 집에 있어야 했다. 정말 살아도 사는 게 아닌 삶이었다. 많은 아파르트헤이트 체제 반대자들이 이런 운명을 만났고 적법한 절차를 거치지 않은 금지령의 피해자가 되었다. 장관은 그가 맡은 사건의 검사이기도 했고 판사이기도 했다. 어떤 증거를 근거로 금지령을 내리는지 알 수 없었기에 항의할 수도 없었다. 이처럼 법치가 완전히 폐기되는 상황도 공산주의와 싸우기 위해 어쩔 수 없고, 서구의 이익을 위해서라는 명목으로 정당화되었다. 이렇게 법을 무시한 사람들 중 상당수는 독실한 기독교인이었다.

위니 만델라는 매우 경이로운 사람이었다. 카리스마와 매력이 넘쳤고, 금지령에 묶이지 않았을 당시에는 설득력 있는 연사였다. 대부분의 지도자들이 감옥에 갇히거나 국외에 있었을 때, 부인은 국민들을 하나로 모으는 데 결정적인 역할을 했다. 아파르트헤이트에 맞선 투쟁에서 부인은 실로 엄청난 역할을 했다. 그녀는 소위 '보통 사람'의 마음을 움직일 줄 아는 원숙한 정치가였다. 위니 만델라 부인은 사람들이 아픔을 겪고 있을 때 그 자리로 내려가 그들과 함께했다. 대중의 지지를 얻는 데 대부분의 정치가들보다 뛰어난 수완을 보였다. 심지어 납치 혐의로 유죄 선고를 받고 명예가 실추된 뒤에도 예전의 인기를 회복하는 놀라운 능력을 발휘했다. 아프리카 민족회의의 풀뿌리 당원들 사이에서 부인을 향한 지지도는 변함이 없었고, 1999년부터는 다시 상승세를 탔다.

위니 만델라 부인이 브랜드포트에 있을 때, 나는 부인을 찾아가 도로에 세워 둔 차 안에서 성만찬을 베풀곤 했다. 멀리 지저분한 타운십이 내려다보이는 언덕 위에서 비밀경찰이 차 안에서 그녀의 움직임을 엄중히 감시하고 있음을 볼 수 있었다. 주말에는 그녀가 집 마당을 벗어나는 것이 금지되어 있었기 때문에, 그녀는 울타리 안쪽에, 나는 울타리 바깥에 자리를 잡고 성만찬을 행했다. 남아공은 세계 앞에서 기독교 국가로 자처하는 나라다. 소위 기독교 국가에서 이런 식으로 성찬식을 지켜야 하는 현실이 의아할 따름이었다.

위니 만델라 부인을 브랜드포트로 추방한 조치는 체제에 불리한 결과를 가져왔다. 얼마 후 부인의 가르침과 본보기를 통해 그 소박한 시골 지역의 정치의식이 높아졌기 때문이다. 브랜드포트는 작고 초라한 게토 타운십이다. 그녀는 마당에 잔디를 심고 채소밭을 가꿨는데, 얼마 후 브랜드

포트 곳곳에 작은 채소밭과 손수건만 한 크기의 잔디밭이 생겨나기 시작했다. 부인이 진료소와 도서관을 열자, 백인 아프리카너들은 그녀가 흑인들을 선동한다고 불평하며 부인을 다른 곳으로 데려가라고 당국에 요청했다. 그들은 위니 만델라 부인이 자리 잡은 뒤로 원주민들이 건방지게 변하고 있다고 말했다. 사람들은 부인을 존경했고 참으로 사랑했다. 그녀는 우습게 볼 수 없는 사람이었다. 부인도 자신의 힘과 영향력을 알고 있었을 것이다. 부인은 자신감이 넘쳤지만 오만하지 않았다. 나는 위니 만델라 부인을 매우 좋아했고 부인의 두 딸은 나를 '삼촌'이라고 불렀다. 그녀는 해외의 저항세력들, 특히 미국 흑인 사회의 총애를 받았다. 그리고 그녀는 '국모'(國母)로 알려졌다.

아파르트헤이트 체제는 위니 만델라 부인에게 엄청난 압력을 가했다. 나이가 들면서 나는 우리의 용맹함과 다양한 능력에 대해 매우 겸손해져야 한다는 교훈을 배웠다. 그리고 더욱 중요한 또 한 가지 교훈은 다른 사람을 판단할 때 관대해져야 한다는 것이다. 우리는 다른 사람에 대해 충분히, 제대로 다 알 수 없기 때문이다. 위니 만델라 부인이 저질렀거나 개입한 듯 보이는 끔찍한 일들에 책임을 묻지 않거나 그 잘못을 눈감아 주자는 말은 아니다. 부인이 투쟁 과정에서 탁월한 지도력을 발휘했다는 것 그 이상도 이하도 아니다. 절대적 확신을 갖고 자신은 압력을 받아도 굴복하지 않을 거라고 단언할 수 있는 사람은 없다. 같은 압력을 받고도 살아남은 자가 있다고 지적해 봐야 소용없다. 우리 모두는 주어진 상황에 독특한 방식으로 각기 다르게 반응하고 대응하기 때문이다.

다른 어느 누구에 대해서도 9일간의 청문회 같은 것은 열리지 않았다. 우리가 어떤 아프리카너를 그와 비슷하게 대우했다면, 위원회가 공평하지 않다는 불평이 금세 터져 나왔을 것이다. 위원회 활동 내의 숨겨진 음모를 끊임없이 찾는 사람들은 위니 만델라 부인의 청문회 시점에 의문을 제기하며, 당시 아프리카 민족회의 지도부는 부인을 곤경에 빠뜨리고 그녀의 대중적 인기를 추락시킬 꼬투리를 찾고 있었다고 주장한다. 이런 주장에 대한 답변은 위원회가 비공개 청문회를 원했다는 사실을 지적하는 것으로 충분하다. 우리는 부인이 어떤 사람이고 인권 침해와 관련된 주요 사건들에 그녀가 어떤 영향력을 끼쳤는지 이해하는 데 도움을 받고 싶었다. 공개 청문회를 고집해 그에 따른 세평(世評)과 대소동을 자청한 쪽은 그녀였다.

1997년 11월, 요하네스버그 서쪽 교외 메이페어의 청문회장에는 보안조치가 강화되었다. 언론이 총출동했고, 디자이너 브랜드의 우아한 옷을 뽐내며 등장한 위니 만델라 부인은 누구도 실망시키지 않았다. 그녀의 지지자들 상당수가 모습을 드러냈다. 그중에는 춤을 추거나 토이토이를 추며 목청이 터져라 노래를 부르는 젊은이들도 있었고, 그녀가 대표로 있는 '아프리카 민족회의 여성연합'의 특이한 유니폼을 걸친 부인들도 있었다. 그 여성들은 청문회 장소에서 포스터 시위를 벌였는데, 나는 청문회가 정식 재판은 아니지만 법정에 준하기 때문에 그런 행위는 법정 모독죄에 해당한다고 경고하여 시위를 중지시켰다. 통상적인 재판의 경우와 마찬가지로, 위증을 한 증인들은 기소당할 수 있었다.

청문회 진행 내용에 관심 있는 다양한 의뢰인을 대변하는 법률인단이 그 자리에 있었다. 위원회는 유죄 사실을 합리적인 수준에서 의심의 여지가 없을 때까지 확증해야 하는 법정이 아닌지라 반대신문 시간을 짧게 줄였기 때문에 그들은 다소 실망했다. 우리는 위원회의 역할이 가능한 한 진실을 입증하려 힘쓰는 것일 뿐, 청문회 말미에서 그녀가 유죄인지 무죄인지 평결을 내리지 않을 것임을 모두에게 누누이 상기시켜야 했다. 해당 인권 침해의 책임소재에 대한 위원회의 판단은 나중에 주요 보고서에서 밝히게 될 것이었다.

위니 만델라 부인은 자신에 대한 부정적인 증언을 대부분 '터무니없고' '우스꽝스럽다'며 경멸조로 무시해 버렸다. 눈썹 하나 까딱하지 않았다. 그녀는 청문회 도중 딱 한 번 흔들리는 모습을 보였다. 페레인 감독이 증언 도중 조이스 세이페이 부인에게 아들의 죽음을 막기 위해 더 손을 쓰지 못한 것을 사과한 직후였다. 아동 학대자라는 부당한 비난과 비방을 받았던 페레인 감독은 만델라 부인을 바라보며 다음과 같은 감동적인 말을 전했다.

… 우리는 제 선교관에서 잠시 만난 적이 있습니다. 짐작하시겠지만, 부인에 대한 제 감정은 복잡합니다. 부인이 저에 대해 하신 말들은 제 마음을 송두리째, 송두리째 뒤흔들어 놓았고 상처를 주었으며 몹시 아프게 했습니다. 부인을 용서하기까지 저는 내면에서 무척 힘든 싸움을 해야 했습니다. 물론 부인께서는 제가 하는 용서를 원하지 않으실 테고, 제가 부인을 용서할 자격이 있다고 생각지도 않으시겠지요. 저는 이 나라를 위해, 하나님이 너무나 깊이 사랑하시는 우리 국민들을 위해 우리가 화해할 수 있는 길을 찾고자 애쓰고 있습니다. 그리고 부인 앞에 앉아서 그 얘기를 해 드리고 싶습니다.

청문회가 끝난 뒤, 위원회는 자리를 옮겨 만델라 부인과 축구클럽의 활동에 대한 조사 내용을 검토했고, 1998년 10월의 주요 보고서에 그 결과를 실었다. 하지만 나는 청문회 자리에서 그녀에게 간곡히 호소했다. 나는 그녀와 우리 가족의 관계에 대한 얘기로 말문을 열었다.

우리 가족은 만델라 가족과 아주 가까운 사이였습니다. 우리는 베벌리힐스[소웨토의 올랜도웨스트]라고도 알려진 거리에서 살았고, 우리 아이들은 스와질란드의 같은 학교에 다녔습니다. … 마디키젤라-만델라 부인은 내 손자 아이의 대모이기도 합니다. 그 아이는 마디바의 일요일, [넬슨 만델라가] 석방되던 날 세례를 받았습니다.

나는 브랜드포트를 방문했던 일을 이야기했고 그녀를 해방의 아이콘으로 묘사했다.

우리는 해방투쟁에서 부인이 얼마나 큰 역할을 감당했고 불굴의 정신을 보여 주었는지 결코 잊지 못할 것입니다. 사람들은 부인의 그 정신을 꺾어 놓으려고 온갖 짓을 다 했지만, 오히려 그녀는 많은 사람들에게 놀라운 영감을 주었고 해방투쟁에 누구도 부정할 수 없는 기여를 했습니다. 부인은 남편의 입장을 가장 적절히 대변했습니다.

그리고 나는 그녀에게 호소의 서론조로 위원회가 청문회를 통해 하려는 일이 무엇인지 다시 밝혔고, 축구클럽의 폐해를 막으려고 개입했다가 결국 실패한 저명한 흑인 지도자들의 청문회 증언을 들으며 착잡했던 심정을 전했다.

우리는 구(舊)체제와 전혀 다른 도덕적인 체제, 고결함과 진실, 책임이 지배하는 새로운 세상을 위해 싸웠습니다. 현재 창궐하는 범죄, 가정 폭력, 환경 파괴, 부패, 이기심을 치유할 해독제는 새로운 도덕 질서와 권위에 대한 존중이기 때문입니다.

이번 청문회에서 벌어진 일로 우리는 곤혹스러움과 큰 기쁨을 동시에 맛보았습니다. 일부 저명한 투쟁 지도자들의 도덕적 배신은 커다란 충격이었습니다. 그러나 멋진 예외들도 있었습니다. 아즈하르 카찰리아, 머피 모로베, 두 명의 감리교 감독들, 시드니 무파마디(현재 각료인 경찰조직의 총책임자)….

우리는 이 새로운 체제가 이전 체제와는 질적·도적적으로 다르다는 것을 보여 주어야 합니다. 그러기 위해서는 권력자들에게 아부할 게 아니라 선함과 진실, 긍휼을 지키기 위해 일어서야 합니다.

그리고 나는 본격적인 호소에 들어갔다.

해방투쟁의 역사에서 마디키젤라-만델라 부인은 큰 역할을 감당했습니다. 하지만 뭔가 잘못되었다고 말할 수밖에 없습니다. 지독히, 끔찍하게 잘못되었습니다. 나와 상관없는 문제라고 할 수는 없습니다. 자신이 어떻게 될지는 누구도 예측할 수 없으니까요. 오히려 우리 모두는 하나님의 은혜가 아니면 같은 처지가 되고 말 존재임을 끊임없이 상기해야 합니다. 만델라 부인과 관련하여 뭔가 매우 잘못되었기에 많은 지도자들이 특별한 문제 하나를 해결하기 위해 모였습니다.

위니가 [1990년에] … 빅터 퍼스테어 감옥을 나서는 남편과 손을 잡고 걷는 모습은 놀라운 광경이었습니다. 그가 풀려난 날 그들 부부가 비숍스코트 잔디밭을 거니는 모습도 멋졌습니다.

저는 교회 지도자들과 함께 부인을 찾아가 대화를 나눠보라는 요청을 받았습니다. [1998년, 축구클럽의 활동 때문에 교회와 시민단체 지도자들은 행동에 나설 수밖에 없었습니다.] 저는 케이프타운에서 먼길을 달려 [소웨토까지] 갔습니다. … 저를 포함한 여러 사람이 부인과 대화를 나누려 했지만, 부인을 만날 수 없었습니다. 부인께서는 공부 중이라고 말씀하셨지요. …

그때 드리고 싶었던 말씀을 이 자리를 빌려 밝히고자 합니다. 부인과 부인의 가족을 깊이 아끼는 사람으로서 드리는 말씀입니다. 저는 그때 이렇게 말씀드리고 싶었습니다.

"공개 모임을 열고, 그 자리에서 일어나 잘못된 일들이 있음을 인정하십시오. 잘못된 것은 분명한데 어쩌다 그렇게까지 되었는지 모르겠다고 말씀하십시오."

부인을 지도자로 받아들이고 싶어 하는 사람들이 많습니다. 저는 부인을 깊이 아끼는 사람으로 여전히 부인이 우리의 지도자라고 생각합니다. 부인께서 용기를 내어 상황이 잘못되었음을 인정하고 … "미안합니다. 일이 잘못된 데는 내 잘못도 있습니다. 죄송합니다"라고 말한다면, 많은 사람들이 부인을 다시 지도자로 받아들일 것입니다.

저는 우리 국민이 놀라운 사람들이라 믿습니다. 부인께서 잘못을 솔직히 인정하신다면 많은 사람들이 기꺼이 부인을 용서할 것입니다.

부탁입니다. 간청합니다. 부디 간청합니다. 제겐 문제가 되는 상황에 대해 아직 어떤 구체적인 조사 결과도 없습니다. 남아공 흑인 사회에서 살아온 사람으로서 말합니다. 부인은 위대한 사람입니다. "죄송합니다. 일이 잘못되었습니다. 저를 용서해 주세요"라고 말한다면 부인의 위대함은 더욱 커질 것입니다. 부인께선 그걸 모르고 있습니다. 간청합니다. 잘못을 인정하십시오.

마디키젤라-만델라 부인은 이렇게 대답했다.

주교님의 훌륭하고 지혜로운 말씀, 대단히 감사합니다. 주교님은 언제나 제게 그처럼 고언을 아끼지 않는 아버지와 같은 분이셨습니다. 그것은 지금도 제가 주교님께 기대하는 모습이기도 합니다. 저는 이 기회를 빌려 닥터 [아부바커] 아스팟[1]의 가족들에게 정말 죄송하다는 말씀을 드리고 싶습니다. 그리고 스톰피 어머니, 몇 년 전에 열기가 아주 뜨거웠을 때 말씀드린 것처럼, 정말 죄송합니다. 주교님 말씀이 옳습니다. 일이 끔찍하게 잘못되었습니다. 전적으로 동의합니다. 상황이 끔찍하게 잘못되었던 고통스러운 시절에 대해, 그리고 일을 그렇게 만든 요인들에 대해 알면서도 손을 쓰지 못한 것에 대해 정말 죄송하게 생각합니다.

그 대답을 듣고 나는 청문회의 휴회를 선언했다.
미온적인 사죄라고 여길 수도 있겠지만, 나는 그녀가 마지못해 용서를 구하는 듯 보인다고 해서 무시하는 것은 옳지 않다는 생각이 들었다. "죄송합니다"라고 말하는 일은 결코 쉽지 않다. 어떤 언어권에서도 가장 입에 올리기 힘든 말이다. 나는 아내와 둘만 있는 침실에서도 미안하다는 말이 잘 안 나온다. 방송용 카메라 조명이 번뜩이고 언론의 관심이 집중된 자리에서 그 말을 꺼내기는 훨씬 더 어려울 것이다.

이사야 선지자는 하나님의 종이 온유하여 꺼져 가는 등불을 끄지 않는다고 말한다(사 42:3). 마디키젤라-만델라 부인이 공개석상에서 사과한 것은 그때가 처음이었고, 나는 그녀처럼 자부심이 강한 사람에게는 그것이 매우 특별한 일일 거라고 생각한다. 청문회 도중 그녀는 세이페이 부인과 사진을 찍었다. 어떤 사람들은 위원회가 억지 화해를 이끌었고 주가를 높일 요량으로 세이페이 부인을 구슬려 사진을 찍게 했다고 말했다. 하지만 먼저 사진을 찍겠다고 나선 쪽은 다름 아닌 세이페이 부인이었다. 그녀는 앙심을 품지 않는 놀라운 사람이었다.

진실화해위원회 인권 침해 소위원회 부의장이자 내 동료인 야스민 소카는 만델라 부인에 대한 나의 탄원을 들은 대중의 반응, 특히 백인들의 반응에 대해 SABC 라디오 기자들에게 입장을 밝혔다.

그의 탄원을 들은 많은 사람들은 그녀에게 빠져나갈 길을 열어 주려 한다고 오해했습니다. 그러나 제가 볼 때 여기에는 위원회 활동의 핵심이 놓여 있습니다. 잘못된 일을 잘못이라 말하고 책임을 인정하는 것 말입니다. 그 장면을 보며 저는 코가 시큰거리면서 감동이 밀려왔습니다. 위원회의 활동 기간에 본 인상적인 장면들 중에서도 손에 꼽을 만한 위대한 순간이었습니다.

만델라 부인이 나의 탄원을 거절했다면 어떤 결과가 나타났을까? 거기까지는 미처 생각해 보지 않았다. 나의 간절한 탄원은 완전한 실패로 끝날 수도 있었다. 그러나 다행히도 부인은 상당히 긍정적으로 반응했고, 나는 다음 날 아침 일찍 예정된 모임에 참석하기 위해 케이프타운으로 가는 비행기를 급하게 잡아탈 수 있었다. 당시 내 심정은 '휴—!' 이 한마디로 나타낼 수 있을 것 같다.

* * *

1988년 12월, 콰줄루-나탈에서는 부텔레지 당수가 이끄는 잉카타 자유당과 아프리카 민족회의 제휴 단체인 연합민주전선의 유혈 갈등이 최고조에 달했다. 당시 경찰서장이던 브라이언 미첼은 '특별 경관' 무리에게 연합민주전선 지지자들을 공격하라는 명령을 내렸다. 지역 사람들은 그 경관들을 '키츠콘스타벨스'(Kits konstabels, 아프리칸스어로 kits는 인스턴트커피에서 볼 수 있는 '인스턴트'의 뜻이다)라고 경멸조로 불렀다. 최소한의 기본 훈련만 받고 현장에 투입되었기 때문이다. 대체로 그들은 규율도 엉망이었고 취한 상태로 근무를 서거나 산탄총을 메고 다니기도 했다. 타운십 젊은이들은 그들을 놀려 댔고 부역자라고 멸시했다. 경찰관들 대부분의 사정이 그러했다. 따라서 그들은 '체제'에 적대적이라 판단되는 사람들을 탐탁지 않게 여겼다. 이 사건에서 그들은 명령을 오해하고 엉뚱한 표적을 공격했다. 원래 표적인 연합민주전선 지지자들을 공격했다 해도 비난받아 마땅하지만, 그들은 엉뚱하게도 트러스트피드 농장에서 불침번을 서던 열한 명을 소탕했다. 희생자 대부분이 여자와 아이들이었다. 그 결과, 정치를 모르던 공동체 하나가 쑥대밭이 되었다. 브라이언 미첼은 유죄 판결을 받고 30년 징역형을 선고받았다. 그는 사면 청문회에서 자신이 파괴했던 공동체 사람들에게 용서를 구했다.

> 직간접으로 연루되신 분들과 ⋯ 이 사건으로 영향을 받은 분들에게 ⋯ 저를 용서해 주실 것을 검토해 주십사 간청할 따름입니다. ⋯ 저는, 저는 인생의 모든 것을 잃었습니다.

트러스트피드 농장 사람들은 그가 공동체 파괴에 한 역할을 했지만 이제라도 공동체 재건에 적극적으로 참여한다면 기꺼이 용서할 의향이 있다고 말했다. 브라이언 미첼은 용기 있고 비범한 일을 했다. 그 공동체를 방문할 수 있도록 주선해 달라고 위원회에 요청한 것이다. 그 만남은 심각하게 틀어질 수도 있었다. 모임 초반부는 부담과 긴장 일색이었다. 다들 어딘지 모르게 어색해했고, 공동체 사람들은 당연히 적대적이었다. 그는 자리에 모인 공동체 사람들에게 더듬거리며 말했다.

> 오늘 제가 이 자리에 오도록 허락해 주시고 여기서 이제까

지 저를 … 선의로 대해 주신 공동체 여러분께 감사의 말씀
을 드리고 싶습니다. 오늘 제가 여기 오면 안 된다고 말리
는 사람들이 있었습니다. 그러나 저는 여기 오는 것이 옳은
일이라고 생각해 이 자리에 왔습니다.

　저는 1988년에 이 지역을 떠난 많은 분이 아직 이 지역에
재정착하도록 허락받지 못했음을 알게 되었습니다. 저는
그분들이 자신들의 땅으로 돌아와 그 땅을 개발하도록 허
용해야 한다고 생각합니다. 그리고 철저히 나누어진 이 지
역의 정당들 사이에도 화해가 있어야 한다고 생각합니다.

　조금 뒤, 분위기는 차츰 누그러졌다. 브라이언 미첼을
용서하기를 달가워하지 않는 피해자도 한두 명 있었지만,
대다수 사람들은 그가 왔다는 사실을 기뻐했다. 그가 떠날
무렵에는 분위기가 꽤 화기애애해져서 사람들이 떠나는 그
에게 따뜻하게 손을 흔들어 작별인사를 할 정도가 되었다.

　브라이언 미첼은 경쟁 관계에 있는 흑인 정치집단 사
이에 불화를 조장하려는 경찰 음모에 개입했다가 값비싼
대가를 치렀다. 그는 아내에게 이혼을 당했고 이후 아주 오
랫동안 아들을 만나지도 못했다.

　그는 한 공동체에 피해를 입힌 과거를 뉘우치며 그곳
을 돕기 위해 실질적인 행동에 나섰다. 훌륭한 모습이었다.
이런 종류의 배상을 사면조치의 필요조건으로 삼아야 했는
지도 모른다. 그렇게 했다면, 피해자들은 여전히 가난과 비
참함과 고통에 시달리는데 가해자들은 공짜로 사면을 받았

다는 비판이 설 자리가 없었을 것이다. 이 만남은 텔레비전으로 중계되어 남아공에 널리 보도되었다. 그야말로 좋은 일이었다. 콰줄루-나탈처럼 엄청난 폭력과 혼란이 가득했던 지역에서 이루어진 일이라 더욱 뜻깊었다. 이 일은 진정으로 원수를 없애는 길은 원수와 친구가 되는 것임을 보여 주었고, 어렵지만 궁극적으로 가치 있는 이 길 앞에 선 많은 사람들에게 격려가 되었으리라 확신한다.

1988년 8월 31일 이른 시간, 대형폭탄이 남아프리카 교회협의회(SACC) 본부 건물이던 요하네스버그의 코초하우스를 뒤흔들어 벽돌더미로 바꿔 놓았다. 크게 다친 사람이 없는 것이 기적이었다. 야간 경비원은 폭발의 충격으로 엘리베이터 통로에 떨어져 가벼운 부상을 당했다. 코초하우스 맞은편에 있던 연금수령자용 아파트 단지의 주민들도 폭발의 충격으로 유리창이 박살 나고 건물 파편이 미사일처럼 날아다닌 상황에서 큰 부상 없이 탈출했다. 코초하우스 앞 거리는 주요 기차역이 가까운 도로로, 낮 시간에는 행인들이 바쁘게 지나다니고 노점상들이 물건을 파는, 활동의 중심지였다. 내가 그곳을 방문했을 때, 먼지와 잔해 한가운데서도 도시를 지키고 서 있는 예수님의 모습을 그린 출입구 로비의 태피스트리는 멀쩡하게 남아 있었다. 내 눈에는 선과 진리가 궁극적으로 승리하고 악과 불의는 굴욕을 당하게 될 거라는 신호처럼 느껴졌다.

나는 그 건물과 상당히 인연이 깊었다. 남아프리카 교

회협의회 사무총장 재임 시절 독일 교회들의 지원에 힘입어 내가 사들인 건물이기 때문이다. 남부아프리카 대교구대주교로서 케이프타운에 있던 나는 남아공 교회협의회와의 연대의식을 표시하고 끔찍한 사고로 큰 충격을 입은 협의회 관계자들을 위로하고자 서둘러 비행기를 잡아타고 그곳으로 갔다. 폐허가 된 건물을 둘러보면서 나는 당시의 남아프리카 교회협의회 사무총장 프랑크 치카네 박사에게 내가 멋진 건물을 넘겨 드렸는데 어쩌다 이런 곤란한 일이 벌어지게 하셨느냐고 농담을 했다. 법원을 만족시킬 만한 증거를 내놓을 수는 없었지만 우리 대부분은 아파르트헤이트 정부가 저지른 비겁한 소행일 거라고 짐작했다. 그리고 얼마 후 정부의 선전기관이 황당무계한 발표를 쏟아 냈지만 우리는 당연히 속지 않았다. 당시 법무장관이던 아드리안 플로크는 코초하우스 폭탄 테러가 아프리카 민족회의의 소행이라고 발표했다. 뻔뻔스럽게도 경찰은 셜리 건이라는 여성에게 죄를 뒤집어씌워 사건 배후의 주모자로 지목했다. 그녀는 재판도 없이 어린 아들과 함께 6개월가량 구금되었다.

　백인들 대부분은 정부가 통제하는 전자매체의 선전에 세뇌된 터라 이 발표를 곧이곧대로 받아들였다. 그들은 이 사건이 하나님을 경외하는 기독교 정부를 전복하려고 야만인들이 저지른 비열한 테러 행위 중 하나라고 여길 따름이었다. 그들에게 정부는 백인들에게 세계 최고의 생활수준을 제공하고 원주민들을 제자리에 묶어 두는 최고의 조직이었다. 그들은 그토록 유능한 자들이 자신들의 안전을 책임지고 있음에 든든해하며 편안히 잠자리에 들 수 있었다. 내가 백인이었어도 똑같이 생각했을 것이다. 그토록 많은 특권을 보장해 주고 수많은 혜택과 이점을 제공하는 체제를 거부하고 정의를 선택하는 일은 엄청난 은혜 없이는 불가능하다. 그래서 실제로 그 체제에 반대하고 나선 남아공 백인들은 끊임없이 나를 놀라게 한다.

진실화해위원회의 활동이 없었다면 전 세계와 남아공은 코초하우스에 벌어진 일의 실상을 알 수 없었을 것이다. 경찰이 자신들의 잘못을 폭로할 리는 없었으므로, 세계는 그 사건이 아프리카 민족회의의 소행이라고 계속 믿었을 것이다. 물론 아파르트헤이트에 맹렬하게 반대하여 '기도하는 아프리카 민족회의' 혹은 아프리카 민족회의의 테러 행위를 가리는 위장기관이라는 말까지 들었던 남아프리카 교회협의회 본부를 아프리카 민족회의가 어떻게 폭파할 수 있었는지 이상하게 여긴 사람들도 있었을 것이다. 정부는 남아프리카 교회협의회 본부 건물이 아프리카 민족회의의 부대 집결지로 쓰였고 이들의 무기가 건물 어딘가에 비축되어 있다고 주장했다. 많은 백인들은 이런 오만한 헛소리를 모두 믿었다. 그들은 다음과 같은 뻔한 질문도 제기하지 않았다.

"경찰이 그런 명확한 증거가 있다면 왜 건물을 급습해 남아프리카 교회협의회의 실체를 세상에 폭로하지 않았습니까? 평화로운 방법들로 변화를 이끌어 내고자 일하는 조직이라는 남아프리카 교회협의회의 신뢰성을 결정적으로 무너뜨릴 수 있었을 텐데요." (이런 일이 실제로 벌어졌다면, 남아프리카 교회협의회는 해외 교회들과 정부들에게 버림받고, 가장 중요한 재정 후원자들도 잃어버렸을 것이다.)

백인들은 정부의 주장을 다 믿었다. 그들은 거북한 질문을 외면했다. 자신들에게 너무나 편안한 남아공의 상황에 일부러 평지풍파를 일으킬 이유가 없었다.

그러다 진실이 드러났다. 범인들은 사면 신청 과정에서 모든 것을 털어놓았다. 코초하우스 폭탄테러가 아프리카 민족회의의 소행이라고 단호하게 발표했던 당시 치안부 장관 플로크 씨는 사면 신청서에서 진실을 밝혔다. 발표 당시 그가 정확히 '테러' 행위라고 표현했던 이 사건이 사실은 치안부의 소행이었다. 법과 질서를 수호하고 테러분자들을 체포해야 할 경찰관들이 도시 한복판에서 심각한 테러 행위를 저지른 것이다. 이것은 부정한 체제의 도덕적 파산을 적나라하게 보여 준 사건이었다. 아파르트헤이트는 현상유지를 위해 그런 사악한 방법들까지 동원해야 했던 체제, 장관이 공개적으로 뻔뻔한 거짓말을 할 수 있는 체제였다.

남아공 역사에서 경찰이 손을 놓은 미해결 사건이 그토록 많았던 것도 이 때문이었다. 누가 스티브 비코를 죽였는가? 누가 '페브코 3인'을 유인해 섬뜩한 죽음에 이르게 했는가? 누가 '크래독 4인'을 살해했는가? 남아공 노동조합협의회 본부 건물이었던 코사투하우스와 로마 가톨릭 본부였던 카냐하우스에 누가 폭탄테러를 했는가? 경찰은 이런 사건들을 해결할 수 없었다. 그들이 바로 어설픈 손놀림으로 대중을 현혹하려 했던 사건의 주범이기 때문이다. 그 범죄들은 탈선 행위가 아니었다. 아파르트헤이트 옹호자들이 나중에 말한 것처럼 소위 '말썽꾼들'의 소행이 아니었다. 법치를 훼손해서라도 살아남으려던 아파르트헤이트의 집요한 노력의 일환이었다. 아파르트헤이트 체제는 제대로 된 부분 하나 없이 속속들이 썩어 있었고 그 본질에 충실하게 움직였다.

플로크는 코초하우스 폭탄테러가 당시 P. W. 보타 대통령이 주재한 국가안보회의 모임이 끝난 뒤 내린 지시에 따른 것이었다고 밝혔다. 보타와 여러 사람은 이 사건이 심각한 인권 침해에 해당하지 않기 때문에 위원회가 관심을 가질 사안이 아니라고 주장했다. 아무도 죽지 않은 것이 범죄자들에겐 천만다행이었다. 작전 수행자 중 한 명이었던 유진 데 콕 대령은 폭파작전을 어떤 식으로든 방해하고 나선다면 동료 경관이라도 쏘아 죽이라는 명령을 받았다고 위원회에 증언했다. 법을 수호하고 지켜야 할 국가가 산하기관을 통해 그 법을 뒤엎었다는 것은 결코 용납할 수 없는, 그야말로 비난받아 마땅한 일이다.

플로크가 사면 신청을 한 후 건이라는 여성을 그토록 치욕스럽게 중상한 일에 대해 그녀에게 깊이 사과한 것은 높이 살 만하다. 그녀가 자유를 잃고 터무니없이 부당한 일을 겪은 과거를 보상받을 길은 없겠지만, 이 폭행에 대해 정부를 상대로 낸 손해배상 소송에서 승소했다니 다행한 일이다.

치카네 박사는 아파르트헤이트에 맞섰다는 이유로 폭탄테러와 구금 당시 고문을 당했고 반역재판의 피고인으로 서기도 했지만 결국 살아남았다. 어느 날 그는 나미비아로 출장 가는 길에 심하게 한 번 앓았다가 건강을 회복했다. 그는 옷을 갈아입은 뒤 갑자기 몸이 아프기 시작했다는 사실을 나중에야 깨달았다. 그 후 이 이상한 사건을 까맣게 잊고 있었던 그는 미국에서 저녁 식사 도중 비슷한 일을 당해 생명의 위기를 또 한 번 넘겼다. 그러나 그 일이 오히려 그의 목숨을 살리는 계기가 되었다. 당시 그는 위스콘신 대학에 있는 아내를 방문했는데, 그 학교에 마침 독극물을 연구하는 학자가 있었던 것이다. 그리하여 치카네 박사의 옷에 뿌려져 있던 유기 독극물이 그를 아프게 만든 원인이었음이 밝혀졌다. 대부분의 사람들은 이 사건이 정부가 권력 유지를 위해 반대세력의 암살을 꾀한 죽음의 게임의 일환이라고 의심했다. 사면 절차가 없었다면, 우리는 적개심과 의심에 시달리면서도 직감을 뒷받침할 명백한 증거가 없다는 사실에 좌절해야 했을 것이다.

그러나 이제는 어떤 일이 벌어졌는지 알고 있다. 1998년 6월, 위원회가 과거 정부의 화생전 사업을 대상으로 공개 청문회를 열었기 때문이다. 이 청문회 과정에서 밝혀진 내용은 충격적이었다. 신생 민주정부는 공개 청문회를 달가워하지 않았다. 비밀사업의 내용이 일부라도 공개되면 정부가 조인한 대량무기 확산방지협약 위반 사례가 나타나지 않을까 우려한 것이었다. 우리는 만족스러운 합의를 도출했다. 정부가 청문회에 제한을 둘 것을 요청하자, 나는 청문회의 목적이 투명성, 책임성, 인권 존중의 새 문화의 배양을 도우려는 것이므로 공개적으로 개최하되 국가안보를 저해하거나 대량무기 확산방지협약 위반 사례에 해당하는 정보의 공개는 안전장치를 두어 막기로 했다.

청문회가 열리고 얼마 후, 화생전 사업은 전적으로 방어를 목적으로 한 프로그램이었다는 아파르트헤이트 정부의 주장이 새빨간 거짓말이었음이 드러났다. 오히려 대단히 공격적인 사업이었다. 나는 화생전 사업이 모두가 너무나 과학적이고 철저한 계산에 따른 임상적인 것이라는 사실에 큰 충격을 받았다. 그전에도 위원회에 출석한 증인들의 섬뜩한 증언을 수차례 들었지만 화생전 사업이 주는 느낌은 남달랐다. 흰 연구복을 입은 사람들이 임상시설을 갖춘 말끔한 연구소에서 흉악한 목적을 위해 과학을 악용한 결과물이었기 때문이다. 사전 조사에 참여한 위원회 직원들의 노고와 복잡한 과학 공식의 해독을 도와준 케이프타운 대학의 학자들에게 뜨거운 찬사를 보낸다.

청문회에서 드러난 증거는 흰 연구복을 입은 과학자와 의사, 수의사, 연구소와 대학 및 위장 기업들이 광범위한 국제적 네트워크의 도움을 받아 아파르트헤이트를 떠받쳐 왔음을 보여 주었다. 그들은 지역사회에 질병을 일으키고 보건상태를 악화시키기 위해 소름끼치는 끔찍한 과학 실험들을 자행했다. 화생전 사업이 추진한 활동에는 인구통제 명목으로 이루어진 콜레라, 보툴리누스균, 탄저균, 중독성 화학물질 배양과 맨드랙스와 엑스터시 등 여러 마약류의 대량생산 등이 있었다. 이제 우리는 케이프타운 케이프플래츠의 컬러드인 지역에 막대한 마약이 공급되는 이유를 묻지 않을 수 없다. 그것은 불행한 사회적 현상일 뿐일까, 아니면 그 지역의 사기를 떨어뜨리려는 화생전 사업과 모종의 관련이 있을까?

이 사건에선 뭔가 기괴한 분위기가 느껴졌다. 특수 우산과 드라이버, 기타 여러 장비가 독극물 '주입기' 같은 치명적인 무기로 바뀌는 제임스 본드 영화에나 나올 법한 이야기였다.

과학을 이런 식으로 활용하는 것은 다카우의 참화를 떠올리게 했다. 화생전 사업은 아파르트헤이트의 가장 사악한 측면이었다. 아파르트헤이트 범죄자들이 살아남기 위해서라면 무슨 짓이라도 할 사람들이라 생각은 했지만 이정도까지 나락으로 추락할 줄은 미처 예상하지 못했다. 이 프로그램의 책임자는 심장학자 닥터 바우터 바손이었다. 언론은 그를 '죽음의 의사'라고 불렀다. 그는 상당히 태연했다. 위원회의 소환을 받자 그는 형사소송을 앞둔 상황에서 본인에게 불리한 말을 하게 될지 모르는 증언을 할 수 없다고 버티며 쫓고 쫓기는 실랑이를 했다. 그러다 그는 넬슨 만델라 대통령이 즐겨 입던 밝은 색 '마디바 셔츠'를 입고 청문회에 출두하는 도발적인 행동을 했다.

화생전 사업의 비용은 터무니없었다. 이 사업의 연구

내용은 대체로 수준 이하였고, 공작원들은 기가 막힐 정도로 무능하고 서투르게 작전을 수행했다. 프로그램이 벌인 각종 음모에 표적이 된 사람들에게는 다행한 일이었다. 치카네 박사의 목숨을 앗아갈 뻔했던 정체불명의 공격도 그 진상이 드러났다. 누군가가 그의 여행가방을 열어 속바지들 안에 독극물을 뿌려 놓았는데 양이 충분하지 않았던 것이다. 그러니까 치카네 박사는 화생전의 독극물을 운반하던 공작원의 무능함 덕분에 목숨을 건진 셈이다. 흑인만 공격하는 박테리아를 찾아내어 흑인들의 출산율을 떨어뜨리기 위한 사업을 추진하고 있었다는 주장도 제기되었다.

청문회에 증인으로 나온 과학자 샬크 판 렌스버그는 이렇게 말했다.

탐지할 수 없는 중금속 독극물인 탈륨으로 폴스모어[교도소]에 있던 만델라 대통령의 약을 오염시키려는 계획도 있었습니다. 넬슨 만델라의 석방 직후 [또 다른 연구자] 안드레 이멜만과 대화를 나눴는데 … 그는 넬슨 만델라의 뇌 기능이 점점 손상을 입을 거라고 확신하고 있었습니다.

그들의 지독한 무능함에 대해 하나님께 감사드린다. 우리나라가 살아남을 수 있었던 것은 상당 부분, 용서와 화해를 그토록 역설한 만델라 씨 덕분이기 때문이다.

화생전 청문회가 끝난 주말, 프리토리아의 린우드에 있는 네덜란드 개혁교단 소속의 한 호화로운 백인 교회에서 내게 설교를 요청했다. 그곳은 과거 정부의 장관들 일부가 다니는 중요하고 유명한 교회였다. 내가 그 '사자굴'에 뛰어든 것은 그때가 두 번째였다.

백인 네덜란드 개혁교회는 최근까지도 한결같이 아파르트헤이트를 지지했다. 네덜란드 개혁교회는 아파르트헤이트를 정당화하는 신학적 근거를 제공했고, 하나님도 승인하신다는 인종 분리의 제도화 법률들을 정치가들보다 앞서 제안했다. 그들은 바벨탑 건축과 이후에 나타난 언어 혼란과 인종의 분산, 함의 저주 등의 성경 이야기들을 원주민들을 적절한 자리에 묶어 두기 위한 근거 구절로 제시했다. 바벨탑을 쌓은 인간의 죄에 대한 형벌에 인종 분리를 요구하시는 하나님의 뜻이 나타나 있다고 주장하면서도, 사도행전 2장의 오순절 성령강림 사건으로 바벨탑 사건의 모든 결과가 극적으로 뒤집혔다는 사실은 언급하지 않는 괴상한 성경 해석이었다. 교단들은 대부분 아파르트헤이트를 이단으로 정죄했지만, 네덜란드 개혁교회는 오히려 교단의 입장을 비판하는 구성원들을 괴롭히고 이단자로 선언했다. 그중에는 내 후임으로 남아프리카 교회협의회 사무총장을 맡은 베이어스 나우데 박사 같은 뛰어난 사람도 있었다.

그러나 그토록 오랫동안 아파르트헤이트를 신학적으로 변호하던 이 교단이 입장을 바꾸었다. 그리고 이전에 그들이 박해했던 사람들, 선지자적 목소리를 냈던 사람들을 총회로 초청해 과거의 잘못을 공개적으로 분명하게 사과했다. 베이어스 나우데 같은 하나님의 충성된 종들이 공개적으로 정당함을 인정받고 복권되는 모습을 보는 것은 경이로웠다. 그런 순간을 맞을 때면, 세상에는 많은 선함이 있고 하나님이 참으로 선하시다고 느끼게 된다. 지난날의 과오를 그렇듯 솔직하게 인정한 교단은 그리 많지 않았다.

내가 속한 성공회는 여러 선언문과 많은 회의 그리고 총회 결의안을 통해 아파르트헤이트에 대한 반대의사를 언제나 분명히 했지만, 실제 모습을 보면 인종차별을 하고 있었다. 물론 남아공은 인종별로 분리되어 있었기에 인종통합 교구를 만들기가 어려웠을 것이다. 그러나 성공회가 선언문의 내용과 배치되는 거짓된 관행을 따르고 있었다는 사실을 인정하기까지는 고통스러울 만큼 오랜 시간이 걸렸다. 아파르트헤이트에서 금지한 것도 아니었건만, 많은 백인 신자들은 집 안의 일꾼들과 나란히 성찬 받기를 거부했다. 최초의 흑인 성공회 주교가 임명된 것은 성공회가 남아공에 세워진 지 1세기가 넘게 지난 1960년의 일이다. 성공회가 흑인 성직자보다 백인 성직자들에게 훨씬 많은 사례를 지불하는 인종별 차등을 둔 것도 정부의 법령 때문이 아니었다. 그러니 성공회도 네덜란드 개혁교회보다 낫다고 으스대거나 자만할 수 없다.

프리토리아로 갈 준비를 하면서 나는 긴장과 걱정을 동시에 했다. 백인 사회의 많은 사람들, 특히 아프리카너들은 이전부터 나를 그리스도인이라기보다는 무슨 도깨비처럼 취급했고, 이제는 아프리카너들에 대한 마녀사냥을 주도하는 원흉으로 의심하고 있었기 때문이다. 하지만 나는 사람들이 꽉 들어찬 교회에서 따뜻한 환영을 받았다. 음악은 훌륭했다. 한 무리의 아이들이 상징적인 촛불을 들고 행진했다. 그날의 설교 본문은 내가 특히 좋아하는 로마서 5장 8절이었다.

"우리가 아직 죄인 되었을 때에 그리스도께서 우리를 위하여 죽으심으로."

나는 내가 할 수 있는 유일한 설교를 했다. 하나님이 우리를 은혜로 값없이 사랑하시므로 우리는 하나님을 감동시켜서 그 대가로 그분의 사랑을 얻어 내려 할 필요가 없다는 메시지였다.

곧이어 나는 아프리카너들이 이제껏 두 가지 미래만을 그려 왔다고 말했다. 남아공의 정치, 사회, 공공생활에서 승자가 되어 다른 사람들을 지배하는 미래거나 혹은 패자가 되어 다른 사람들의 지배를 받고 밟히는 미래. 하지만 신나는 세 번째 미래가 있었다. 새로운 체제를 열광적으로 받아들이고 그들이 가진 돈, 기술, 경험이라는 자원을 활용하여 새로운 사회질서가 모든 사람을 위해 자리 잡도록 돕는 것이었다.

나는 화생전 청문회에서 밝혀진 사실들에 큰 충격을 받았다고 말했다. 그리고 백인 사회, 특히 아프리카너 사회에서 이 모든 일을 매듭짓도록 도울 지도자들이 나오고, 온갖 구실로 어떻게든 사과를 안 하려고 약은 수를 쓰는 자들이 아니라 분명하게 사과할 줄 아는 지도자들이 나오게 해달라고 기도했다. 감동적인 순간이었다. 회중 가운데 몇 사람은 우는 듯했다. '설교자' 중 한 사람인 오키 라우벤헤이머가 강단으로 나와 내 옆에 섰다. 그는 눈물이 그렁그렁한 눈으로 흐느끼고 있었다. 그는 30년 동안 군목으로 있었는데, 그런 일들이 계획되거나 시행되고 있는지 몰랐다고 말했다. 그는 갈라지는 목소리로 내게 용서를 구했고, 우리가 강단에서 포옹하는 동안 회중은 기립박수를 보냈다.

하나님은 우리 땅에서 여러 기이한 일들을 행하셨는데, 그때도 그런 순간 중 하나였다. 그 일이 벌어진 장소가 프리토리아 교외에 있는 한 네덜란드 개혁교회라는 사실이 특히 마음에 와닿았다. 그것은 미국 최남부 지역의 백인 남침례교인이 흑인 설교자에게 교회의 흑인 차별에 대해 사과하거나, 전직 이스라엘 총리 미스터 네타냐후가 요르단강 서안지구로 가서 팔레스타인 주민들에게 유대인 정착촌들을 세운 것에 대해 사과하는 일과 맞먹는 엄청난 일이었다. 우리 공통의 모국에는 정말 희망이 있었다. 더없이 냉소적인 사람만 아니라면 누구나 감동받았을 것이다. 이것은 하나님이 위원회 활동을 통해 놀라운 화해를 이뤄 내신 또 다른 사례였다.

위원회 활동 초기에 우리는 케이프타운에서 그리 멀지 않은 팔(Paarl)에서 청문회를 열었다. 이 청문회에서 매우 중요하고 참으로 감동적인 일이 일어났다. 바로 백인 네덜란드 개혁교회 스텔렌보스 노회의 참회였다. 예수 그리스도의 복음의 요구와 명령에 충실하지 못했다는 노회의 고백은 우리가 청문회에서 들은 가장 직접적이고 명료한 참회

중 하나였다. 스텔렌보스 노회는 불의한 사회정치 체제와 공모하여 가난한 자, 눌린 자, 억압받는 자들을 외면한 자신들의 잘못을 준엄하게 규탄했다. 자기 합리화로 가득 찬 말들이 넘쳐나는 청문회장에 불어온 한 줄기 맑은 바람과도 같았다.

청문회장에는 특별 전시회가 열리고 있었다. 인종차별과 아파르트헤이트 체제에 대한 저항의 역사에서 중요한 순간들을 보여 주는 전시회였다. 전시장 한편에는 군 징집에 관한 코너가 있는데, 나미비아 독립전쟁 때 나미비아-앙골라 국경에서 복무했던 윌리스 맥그레거 일병의 군복과 장비가 전시되어 있었다. 그는 아프리칸스어를 쓰는 가정 출신이다. 그의 어머니 안네-마리는 아들이 죽었다는 사실을 받아들이지 못했다. 그녀는 진술서에서 이렇게 말했다.

아들이 [나미비아 북부의] 오샤카티에서 몇 킬로미터 떨어진 곳에서 죽임을 당했다는 말을 들었습니다. 아들의 시체는 두꺼운 밀봉 비닐봉지에 싸인 채 집으로 돌아왔습니다. 비닐봉치를 뜯어서는 안 된다는 지시가 있었습니다. 제가 아들의 상태에 대해 알 수 있는 거라곤 사지가 성하다는 것뿐이었습니다. 그것도 아이 삼촌에게 들어서 알았습니다. 삼촌은 비닐봉지 위로 손을 더듬어서 겨우 그 사실을 확인할 수 있었습니다.

… 군법의 지시였습니다. 군법은 아들의 모습을 마지막으로 보는 것조차 허용하지 않았습니다. 바로 눈앞에서 생

명도 없이 누워 있는데 말입니다. 월리스의 장례식 날, 관은 줄곧 닫혀 있었습니다. 아들을 마지막으로 본 것이 10년 전입니다. 아들이 매장된 지는 9년이 지났습니다. 그러나 그 세월 동안, 저는 월리스를 애도하는 절차를 마무리할 수 없었습니다.

한편으로는 비닐봉지에 싸여 있던 사람이 아들이 아닐지도 모른다는 의심이 들었습니다. 아들이 가는 모습을 직접 보지 못했는데 어떻게 그 애를 내 가슴에 묻을 수 있겠습니까? 저는 어머니를 무척 사랑했지만, 어머니가 돌아가셨을 때 시신을 보고 만졌기 때문에 그분과 작별하고 계속 나아갈 수 있었습니다. 그러나 월리스의 경우는 아직도 답을 얻지 못한 질문들이 너무 많습니다.

슬픔을 이겨 내기 위해서는 꼭 알아야 할 사실들이 있습니다. 아들이 정확히 어디서 죽었을까요? 어떻게 죽었을까요? 그때 누가 아들과 함께 있었을까요? 아들의 죽음을 막고자 도운 사람이 있었을까요? 아들을 치료한 의사는 누구였을까요? 저는 이런 질문들을 해볼 기회가 없었습니다. 아들의 죽음에 대해 그 누구도 설명해 주지 않았습니다. …

가끔 거리에서 월리스를 봅니다. 두 번은 정말 아들을 봤다고 생각했는데, 알고 보니 아들과 닮은 다른 사람이었습니다. 아들이 죽은 날과 생일이면 슬픔은 더욱 커집니다. 살아 있었다면 이번 1월에 서른 살이 되었겠지요. 저는 아들의 사진이 들어 있는 앨범을 보관하고 있습니다. 잃어버린 아들을 생각할 때 밀려오는 온갖 복잡한 감정에 대처하는 나름의 방법이지요. 그러나 그것조차도 무척 힘듭니다. 확신할 수 없는 일들이 너무 많기 때문입니다.

위원회는 맥그레거 가족과, 그들의 아들과 함께 전투에 참전했던 사람의 만남을 주선할 수 있었다. 전우는 그가 어떻게 죽임을 당했는지 묘사했고, 안네-마리 맥그레거 부인은 나직이 이 말을 되풀이했다.

"헤이 이스 레리흐 도드."(그 애가 정말 죽었구나.)

아들의 죽음이 의심의 여지없이 밝혀지자, 오히려 그녀는 충격과 휑한 마음을 받아들일 수 있게 된 듯했다. 비로소 마음을 정리할 수 있게 된 것이다. 이제는 '군대가 실수를 저질렀을 거야', '아들이 아직도 살아 있을지 몰라'라는 헛된 희망을 붙잡는 고문에서 벗어날 수 있을 터였다.

청문회장에 증인으로 선 어느 어머니의 애처로운 울부짖음은 쉽게 잊을 수 없을 것 같다. 그 부인은 아들이 사라진 경위를 말해 주었다. 그녀는 아들이 죽었을 것 같다고 했다. 확신할 수는 없지만 아들이 살아 있을 가능성이 거의 없다고 생각한다고 했다. 그동안 한 번도 연락이 없었고, 해외에 나가 있다는 소문도 없었기 때문이다. 아들에 대한 소식은 침묵뿐이었다. 그래서 그녀는 괴로운 심정으로 간절히 호소했다.

"뼛조각 하나라도 찾아 주실 수 없을까요? 그것만이라도 제대로 묻어 줄 수 있게 해주세요."

아파르트헤이트에 맞서 싸운다는 것은 끔찍한 일이었

다. 그들의 공작원들이 그 사악한 음모에 걸맞게 어둠을 틈타 능숙한 솜씨로 '테러분자'로 의심되는 사람들이나 국내 해방운동단체 지하 간부들, 여전히 합법적이던 반아파르트헤이트 대중운동 지도자들을 납치해서는 외진 경찰서나 농장으로 데려가 고문하고 결국에는 거의 죽여 버렸기 때문이다. 남아공 국경을 지나 이웃 나라에까지 넘어가는 경우도 빈번했다. 그들은 표적으로 삼은 대상을 유괴해서 마음대로 처리할 요량으로 주변 나라들의 주권과 영토 보전권을 아무 거리낌 없이 침해한 것이다. 많은 사람들이 이런 식으로 사라져 돌아오지 않았다. 한 어머니의 애절한 호소는 이런 상황에서 나온 것이었다. 위원회가 없었다면 그런 부르짖음은 그저 애처로운 한숨으로만 머물다 바람에 날아가 버렸을 것이다.

그렇게 사라진 사람들이 200명이 넘었다. 위원회 조사관들은 사면 신청 과정에서 수집한 정보들을 가지고 남아공 곳곳에 있는 여러 농장을 조사하고 나섰다. 경찰과 기타 보안부대원들은 몇몇 농부들과 장의사들의 적극적인 협조를 얻어, 시체 중 상당수를 무명의 무덤들에 묻어 버림으로써 어두운 비밀을 숨길 수 있었다.

(그토록 많은 평범한 백인 시민들이 정부에 적극적으로 협력하지 않았다면 아파르트헤이트 체제는 진작 무너졌을 것이다. 그들은 공산주의의 전면 공세에 맞선 싸움에서 자신이 일익을 감당하고 있다고 믿었던 듯하다. 그렇지 않고서야 법을 준수하는 보통 시민들이 어떻게 그런 사악한 활동들에 그렇게 넙죽, 그것도

때로는 몇 번씩 협력할 수 있겠는가. 해방운동 단체의 몇몇 사람들이 농부들, 특히 국경지역의 농부들을 군사행동의 정당한 표적으로, 엄밀히 말해 민간인이 아니라 군사조직의 핵심 부분으로 생각하게 된 것도 이해할 만한 일이다. 위원회는 이런 논리를 거부했지만, 그런 주장이 심각하게 제기되는 이유는 충분히 이해할 수 있었다.)

이렇게 해서 일부 농장들은 여러 사람이 알 수 없는 방식으로 묻혀 버린 죽음의 농장이 되었다. 한번은 진실화해위원회 조사관들이 무덤 셋을 열어 본 적이 있다. 무덤당 시체가 한 구씩 있을 거라 예상했는데 한 무덤당 시체 네 구씩을 발견해 모두 열두 구의 시체가 나왔다. 심란하면서도 괴로운 사건이었다. 발굴 작업은 땅이 파헤쳐진 곳을 찾아내는 데 능숙한 사람들이 종종 경찰의 추적견들의 도움을 받아 이루어졌다. 유골의 재구성을 돕는 병리학자들과 기타 법의학 전문가들도 참여했다.

발굴 현장을 지켜보던 희생자 가족들은 무덤이 비어 있기를, 사랑하는 사람들이 아직도 어딘가에서 살아 있기를 바랐을 것이다. 그래서 언젠가 그리운 목소리와 정겨운 웃음소리를 다시 듣고, 손의 감촉을 다시 느낄 수 있으리라는 희망을 붙들고 싶었을 것이다. 우리는 거짓인 줄 알면서도 오만 가지 방식으로 희망을 품는다. 그렇게라도 하지 않으면 더 이상 삶을 견뎌 낼 수 없을 것 같기 때문이다. 시체가 발굴되더라도 사람들은 그것이 실종된 가족의 것인지 어떻게 아느냐고 물었을 것이다. 다행히 대개의 경우 경찰은 그 끔찍한 일들에 대한 기록을 보관하고 있었다. 아파르트헤이트 체제는 기소 근거가 될 만한 많은 자료들을 파기한 것으로 악명이 높았지만 그래도 모든 자료를 다 파기하지는 못했고, 덕분에 우리는 시체의 신원을 꽤 확인할 수 있었다. 희생자들이 신원 서류들과 함께 묻혀 있는 경우도 많았다.

기록에 대해서도 할 말이 있다. 위원회 활동이 끝나갈 무렵의 일이다. 조사단이 아직 남아 있는 기록들을 회수하기 위해 경찰서들을 조사하는 과정에서 끔찍한 사진들이 담긴 파일을 발견했다. 국경에 인접한 한 경찰서에서는 비밀경찰이 사냥감을 고문한 뒤 죽였던 듯하다. 사진 묶음에는 판금기술자와 용접공이 사용하는 용접용 버너로 불태워진 희생자들의 사지가 보이는 무시무시한 사진들도 있었다. 희생자들이 이런 식으로 죽어 갔다면, 얼마나 고통스러웠겠는가? 고문자들은 그 악취와 견딜 수 없는 고통 때문에 희생자들이 내지르는 비명을 어떻게 감당했을까? 그들은 아마 그 사진들을 가지고 이후의 희생자들을 위협했을 것이다. 나는 그 사진들을 보다가 그만 주저앉아 울 뻔했다. 이런 일을 저지를 수 있는 자들은 정말 비정한 사람들이었을 것이다.

위원회 조사단들은 여러 기의 무덤을 열어 보았다. 진실화해위원회 콰줄루-나탈 사무소의 책임자였던 리처드 리스터 위원은 그런 현장에 대해 이렇게 말했다.

콰줄루-나탈에서 이루어진 첫 번째 발굴 장면은 잊히지 않을 순간 … 내 평생 머리에서 떠나지 않을 이미지…였습니다. 희생자 중에는 스와질란드의 아프리카 민족회의 움콘토위시즈웨 고참 멤버였던 젊은 여성[필라 응드완드웨]이 있었습니다. 보안대 소속의 악명 높은 경찰관 앤드 테일러가 그녀를 납치했습니다. 그녀는 나탈 미들랜즈의 외딴 지역에 있는, 보안대 지국이 미리 빌려 놓은 농장으로 끌려갔습니다. 그녀는 작은 콘크리트 공간에 벌거벗긴 채 갇혔습니다. 이 사실을 알게 된 것은 그녀를 죽인 사람들이 사면을 신청했기 때문입니다. 가해자들은 그녀를 밀고자로 만들기 위해 그곳에 붙잡아 놓고 고문했다고 밝혔습니다.

그러다 쓸모가 없어지자 무릎을 꿇리고는 뒤통수를 쏘았습니다. 상당히 깊지만 폭이 좁은 무덤을 파 놓았기 때문에 그녀를 집어넣으려면 무릎을 구부리게 하고 등이 바닥으로 가도록 밀어 넣어야 했습니다. 우리가 그녀의 시신을 발견했을 때 허리춤에 파란색 비닐봉지가 있었습니다. 우리는 사람들에게 … 그것이 무엇이냐고 물었습니다. 그것은 그녀가 심문과 고문을 받는 동안 여성의 위엄을 지키고자 덮었던 것이라 했습니다. 그것은 그녀를 죽인 사람들에 대해 많은 것을 말해 주었습니다. 그녀와 같은 사람들, 그녀처럼 죽어 간 사람들에 대해서도 중요한 사실을 말해 주었습니다. 그녀는 대단히 용감한 사람이었던 것입니다.

무덤에 묻힌 사람의 신원이 단번에 밝혀지는 사례도

있었다. 무덤이 발굴되자 한 남자가 말했다.

"제 동생입니다. 동생의 신발이에요. 제가 사 준 신발이 거든요."

심금을 울리는 사연이 아닌가.

진실화해위원회는 주어진 기간 내에 50구 이상의 발굴 작업을 마칠 수 있었고, 해당 가족들은 사랑하는 사람의 유해를 고이 묻어 줄 수 있었다. 희생자가 아프리카 민족회의 간부인 경우에는 적절한 예를 갖추어 군대식 장례의식을 치렀고, 종종 장관이나 차관 한 명이 참석했다. 희생자 가족들은 유골을 찾아 제대로 묻어 줄 수 있게 해준 위원회에 누누이 고맙다고 말했다. 이제 그들은 사랑하는 가족에게 무슨 일이 벌어졌는지 알게 되었고, 나름의 위안을 누리며 마음을 정리할 수 있게 되었다. 진실화해위원회의 사면 절차로 드러난 정보가 없었다면 불가능했을 일이다.

9

위원회에 닥친 위기

진실화해위원회의 의장 자리를 맡다니, 그때 내 머리가 어떻게 되었음에 틀림없다는 생각이 들 때가 한두 번이 아니었다. 그런 순간들은 위원회 내부의 인간관계가 심각하게 삐걱거릴 때마다 어김없이 찾아왔다. 나는 우리 위원회가 성, 인종, 정치적 입장, 나이, 사회적 지위, 종교적 입장뿐 아니라 직업과 취미 면에서도 가능한 한 남아공 사회를 대표할 수 있으면 좋겠다고 지적한 바 있다. 그러나 위원회의 이 훌륭한 특성 때문에 서로 믿고 신뢰와 합의를 토대로 일할 집단으로 결속되기까지 상당한 시간이 걸린 것도 사실이다.

그 시간 동안, 위원회의 각 사람은 자신이 함부로 대해선 안 될 사람이라는 인상을 심어 주려고 노력했다. 각자 고유의 영역을 확보하고, 진지하게 받아들여야 할 사람이라는 존재감을 각인시키는 데 오랜 시간을 보낸 것이다. 여러 가지 훈련으로 팀워크를 다져 갈 충분한 시간이 있을 때는 이런 상황이 특별히 문제 되지 않고 오히려 좋은 일이라 할 수 있다. 그러나 엄청난 사업을 추진하는 데 필요한 방대한 하부구조를 세우는 작업에 바로 착수해야 하고 버거운 과제가 눈앞에 버티고 있을 때는, 그런 다양성이 온 신경이 곤두서고 머리를 쥐어뜯고 싶게 하는 좌절감의 원인이 되었다. 하지만 동료들 대부분은 정말 열심히 일했다. 한 여성 위원은 위원회의 목표에 너무나 헌신한 나머지 우리가 넬슨 만델라 대통령에게 보고서를 제출하고 그녀의 공식 위원활동 기간이 모두 끝난 뒤에도 위원회의 남은 일거리를 처리하는 데 엄청난 시간과 노력을 들였다.

우리는 상당히 압박을 받으며 일했기에 신경이 바싹 곤두서 있는 경우가 많았다. 우리가 그만큼 화합을 이루어 내고, 처음보다 훨씬 더 통일성 있는 조직으로 바뀌어 임무를 완수할 수 있게 된 것은 놀랄 만한 일이다. 그러나 초기의 위원회는 프리마돈나들의 집합소라 할 만했다. 누가 진짜로 누군가를 모욕했건 아니면 혼자 지레 그런 생각을 해서건, 걸핏하면 과민반응을 보이고 쉽사리 화를 냈다.

당시에는 우리 남아공 사람들 모두가 아파르트헤이트에 의해 갖가지 도구로 얻어맞아 생긴 상처와 충격이 얼마나 컸는지 미처 깨닫지 못하고 있었던 듯하다. 이 사악한 체제는 누구도 미처 생각하지 못한 많은 피해자를 양산했다. 그 깨달음은 명치를 쇠망치로 얻어맞은 것처럼 아프게 다가왔다. 어떤 식으로건 모든 사람의 인간성과 인격이 손상을 입었다. 아파르트헤이트 체제의 지지자와 반대자, 가해자와 피해자, 그 누구도 예외는 아니었다.

모든 남아공 사람들이 아파르트헤이트로 인해 온전함을 잃어버렸고 그 방식도 갖가지였다. 체제 내에서 특권을 누린 사람들은 다른 사람들에게 더 무관심해지고 자비심과 인정이 줄어들고, 그만큼 인간답지 못하게 되었다. 우리가 사는 세상은 도덕법칙에 따라 살지 않으면 반드시 대가를 치르게 되어 있기 때문이다. 우리 모두 성경이 말하는 '생명싸개'(삼상 25:29—옮긴이)에 함께 싸여 있다는 것이 도덕법칙 중 하나다. 우리의 인간성은 다른 모든 사람의 인간성과 이어져 있다. 우리는 어딘가에 속해 있는 존재다. 우리는 공동체 내에서, 다른 사람들과 더불어, 가족과 함께, 정밀한 상호의존망 안에서 존재하도록 만들어졌다. 참으로, "사람이 혼자 사는 것이 좋지 아니하다."[1] 누구도 혼자서는 인간일 수 없다. 우리는 좋든 싫든 서로의 형제자매들이며, 한 사람 한 사람이 소중하다. 개인의 존귀함은 인종, 성, 정치·사회·경제적 지위, 교육 수준 등의 외부적 요인에 달려 있지 않다. 각 사람은 그냥 존중받는 정도가 아니라, 하나님의 형상에 따라 창조된 존재로 존경받아야 마땅하다. 누군가를 이보다 못한 존재로 취급하는 것은 악한 일이고, 차별이나 불의의 고통을 주는 일이다. 더 나아가 그것은 하나님 얼굴에 침을 뱉는 짓이기에 진정 신성모독이라 할 수 있다. 그리고 그런 행동을 하는 사람들은 우주의 법칙을 위반한 결과를 피할 수 없다. 그것은 불가피하고 확고부동한 사실이다.

위니 마디키젤라-만델라의 청문회에서 피터 스토리 주교가 뼈아프게 지적한 것처럼, 사람들은 아파르트헤이트 체제를 혐오하고 반대하다 결국 자신들이 혐오하던 대상과 비슷해질 수 있다. 슬프게도, 사람들은 아파르트헤이트를 반대하다 그 과정에서 짐승처럼 되어 버리고 아파르트헤이트 지지자들과 똑같은 수준으로 전락할 수 있다. 많은 경우, 피해자들은 결국 지배자들의 편견을 내면화해서 그것으로 자신들을 규정하게 된다. '주인나리와 주인마님의 말이 옳다. 내가 바로 그런 존재다'라고 생각하게 된다. 그러다 보면 그들은 지배계급의 가치기준을 이상적인 목표로 받아들이고 추구한다. 그리고 자기혐오와 자기경멸, 극도로 부정적인 자아상이 끔찍한 귀신처럼 피해자의 내면 한복판에 들러붙어 올바른 자기애와 자부심을 부식시키고 정체성의 근간을 무너뜨린다. 미국의 흑인 사회에서 파괴적인 혈투가 벌어지는 치명적인 요인도 바로 이것이다. 사회 전체가 체계적으로 흑인들에게 자기혐오를 불어넣었고, 흑인들은 내재화된 자기혐오를 외부로 투사했다. 우리는 자신의 모습을 조건반사적으로 혐오하게 되었고, 자신과 비슷한 사람들을 파괴했다. 그것은 곧 자신을 혐오하고 자신을 파괴하는 일이기도 하다.

불의, 특히 인종차별적 불의를 겪다 보면 하나님의 자녀가 그 신분을 의심하는 심각한 신성모독적 결과에 이를 수 있다. 남아공은 중상을 입고 심각한 충격을 받은 전투원들의 싸움터가 되었다. 자기는 그리 큰 부상을 입지 않았다고, 그리 큰 충격을 받지 않았다고 주장하는 사람들이야말로 가장 불쌍한 사람들일는지 모른다.

진실화해위원회의 목적은 그들의 치유를 돕는 것이었다. 위원회에 속한 사람들도 거드름을 피우면서 가엾고 불쌍한 피해자들의 운명을 논할 처지가 아니었다. 우리도 상처 입고 충격을 받았다. 우리는 나름의 짐에 눌린 채 위원회에 참석했다. 남아공을 갈라진 집안, 내전에 빠진 나라, 상종하지 못할 천민들의 나라로 만들어 버린 아파르트헤이트는 남아공의 상징이었고 위원들에게도 깊은 영향을 끼쳤다. 그러나 감사하게도, 세계는 우리 남아공 사람들이 제멋대로 나가도록 내버려 두지 않고 깊은 관심을 보여 주었다. 우리를 위해 기도하고, 우리를 사랑하고, 우리 때문에 분개하고, 남아공 제품 불매운동을 벌이고, 경제제재 조치를 가하면서 계속 우리를 지원해 주었다. 그리하여 마침내 1994년 4월 27일, 세계를 경탄케 한 놀라운 일이 벌어진 것이다.

나는 그리 현명하지 못했다. 내가 현명했더라면 위원회의 출발에 문제가 있었음을 알아차렸을 것이다. 어리석게도, 우리가 임명하거나 추천한 위원회 직원들은 모두 백인이었다. 우리는 최대한 빨리 일에 착수하고 싶은 마음이 간절했다. 나는 대주교 시절의 개인비서가 내 약점을 잘 알고 특히 내 필체를 알아볼 수 있기 때문에 위원회에서도 내 비서로 임명해 주었으면 한다고 말했다. 게다가 대주교 시절의 언론담당 비서를 위원회 언론담당 책임자로 불렀다.

언론과 최대한 빨리 연락을 취할 필요가 있다고 보았기 때문이다. 보레인 박사도 같은 논리로 기존의 비서를 위원회 부의장 비서로 추천했다. 이들은 별다른 논의 없이 승인을 받았다. 그런데 보레인 박사와 내가 인권변호사로 당시 두각을 나타내던 한 젊은 백인 변호사를 위원회 사무국장으로 추천하자, 위원들은 위원회를 실질적으로 이끌어 갈 사람이 누구인지 불안해하며 이렇게 물었다.

"당신이 정말 주도권을 쥐고 위원회를 이끌 겁니까? 혹시 당신은 보레인 박사의 흑인 들러리에 불과한 것 아닙니까? 보레인 박사가 흠 없는 '투쟁' 기록이 있는 탁월한 사람이긴 하지만 혹시 남아공 반아파르트헤이트 정계의 혐오의 대상인 백인 진보주의자로 의심받을 소지는 없을까요? 혹시 그에게 딴 속셈이 있어서 위원회를 자기에게 유리하게 이끌고 싶어 하진 않겠습니까?"

그런 일이 어떻게 벌어질 수 있는지 드러내 놓고 말하는 사람은 없었다. 그러나 이미 의혹으로 물은 흐려졌고, 우리 모두 같은 관심사를 가진 진짜 한편이라고 믿게 되기까지 2년 가까운 시간이 걸렸다.

위원회 활동이 진행되는 과정에서 이외에도 몇 가지 사소한 문제들이 있었다. 첫 직원들을 임명한 후, 그중 한 가지 문제가 심각하게 불거졌다. 웨스턴케이프 지역사무소에서 처음 임명된 사람 중에 진실화해위원 배우자가 있었다. 그것 자체는 큰 문제가 아닐 수도 있었다. 그러나 그 위원이 지원자들을 인터뷰한 면접관 중 한 사람이었다는 사실은 그냥 넘어갈 일이 아니었다. 돌이켜 볼 때, 그 위원은 스스로 알아서 면접관에서 빠졌어야 했다. 그게 아니라면 배우자를 인터뷰할 때 그와 부부 사이라는 점을 밝히기라도 했어야 했다. 그녀가 속한 지역사무소의 동료 대부분은 그녀의 정직성을 의심하지 않았고, 그녀가 면접관이 되는 것을 크게 우려하지 않았다. 그녀가 배우자라고 해서 무조건 지지하거나 판단을 그르치지 않을 거라고 믿었던 것이다.

그러나 다른 동료들의 판단은 달랐다. 그리고 이스트런던에서의 첫 번째 청문회 도중, 처리해야 할 일들이 산적한 가운데 그 사실이 불거진 것은 그야말로 날벼락이었다. 그 부부가 백인이라는 사실은 더더욱 도움이 되지 않았다. 하지만 특이하게도, 동료들은 해당 배우자가 자격 미달의 후보였다면 다른 면접관들이 분명 거부했을 거라는 사실은 무시했다.

위원회 활동의 첫발을 멋지게 내디뎌야 할 중요한 시기에 우리의 관심은 나뉘었다. 첫 번째 청문회는 더없이 효율적이고 매력적인 위원회의 모습을 보여 줄 기회였다. 언론과 대중이 첫 청문회에서 받을 영향과 인상은 향후 얼마나 많은 피해자들이 청문회에 나와 증언할지를 크게 좌우할 터였다. 따라서 그런 엉뚱한 걱정거리 때문에 주의가 분산되는 일은 있어서는 안 되었다. 나 역시 다른 위원들처럼 이 일이 특정 언론에서 반가워할 만한 기삿감이 아닐까 우려했다. 특히 진작부터 위원회를 아프리카너들에 대한 마녀사냥, 아프리카 민족회의가 정적(政敵)들에게 타격을 입히기 위해 골라잡은 막대기쯤으로 치부하는 사람들을 고객으로 삼고 있는 언론들이 신경 쓰였다. 위원 중에는 언론을 대할 때 철부지처럼 구는 사람들이 있었다. 그들은 인쇄매체와 텔레비전 화면에 등장하는 자신의 모습을 보고, 힘 있고 중요한 사람이 된 듯한 기분에 들떠 법이 명령하는 기밀 유지 의무를 제대로 지키지 못했다.

유감스럽게도, 위원회의 정보는 술술 새어 나갔다. 최소한 청문회 개최 전까지는 기밀로 유지되어야 할 정보가 계속 외부로 새어 나가 위원회에 대한 불신을 부추겼다. 나는 여러 가지 일을 동시에 꾸려 가는 기술을 연마해야 했다. 위원회의 모든 멤버에 대한 목회적 책임을 감당하는 한편, 그들이 소중하고 특별한 존재로서 전체 과정에 꼭 필요한 기여를 하고 있다고 느끼게 해주고, 언론에 정보도 제공해야 했다. 언론이 위원회에 적대적이 되면 위원회의 활동 전체가 위태로워질 수 있었기 때문이다.

다행히 나에게는 언론계에서 제대로 훈련받고 언론인들의 존경을 받고 있던 훌륭한 언론책임자가 있었다. 나는 위원회를 취재하는 언론인들과 대체로 좋은 관계를 유지했다. 오래전, 나는 공인(公人)으로 지낼 때 가능한 한 모든 취재에 응하기로 했다. 투쟁을 하던 어두운 시절에는 특히 그럴 수밖에 없었다. 가진 것이 별로 없는 우리가 아파르트헤이트 정부가 거금을 들여 펼치는 세련된 선전 공세에 맞설 방법은 언론이 우리 입장을 보도해 주는 것뿐이었다. 나는 솔직하고 투명한 것이 언제나 더 낫다고 생각하며 움직였다. 그래서 내가 "노코멘트" 혹은 "잠시 기다려 달라"라고 말할 때면 언론인들은 내가 그들을 속이려 드는 게 아니라고 대체로 믿어 주었다. 우리는 무슨 일이 생기면 우리가 먼저 사건의 전모를 밝히는 것이 최선임을 알게 되었다. 그것으로 이후 논의의 틀이 대체로 정해지기 때문이다. 뒤늦게 우리 입장을 해명하거나 정당화하려 들다가 허점을 찔리는 것만큼 맥 빠지는 일은 없다. 방어적인 입장에 서게 되면 싸움에서 진 것이나 마찬가지이므로, 나는 기밀사항이 너무 많아지지 않게 하려고 노력했다. 우리 모두 권력을 좋아한다. 비밀을 갖는 것 자체도 매우 신나는 일이지만, 우리에게 비밀이 있음을 외부에 알리는 것이야말로 권력의 짜릿한 기쁨을 맛보게 해준다. 우리는 그런 유혹을 받지 않도록 언론에 최대한 자주, 많은 정보를 제공하여 웬만하면 비밀이 없게 했다. 그럼에도 우리는 가끔 기밀이 누설되는 거북한 상황을 맞아야 했다.

첫 청문회에는 우리가 주의를 집중하여 감당해야 할, 신나면서도 힘든 일거리가 가득했다. 그런데 그 와중에 한 위원의 배우자 임명 건에 대한 질문을 받게 되면 어쩌나, 어떻게 대답해야 하나 걱정하지 않을 수 없었다. 다행히도 그 일은 외부로 새어 나가지 않았거나, 청문회장에서 증언들이 그려 내는 가슴 아프고도 처참한 드라마 앞에서 그 문제는 대수롭지 않다고 언론이 판단한 듯하다. 우리가 차분하게 진행을 잘하는 듯 보였다면, 그런 분위기를 연출하는 능숙한 연기를 제대로 감당해 냈다는 뜻일 것이다. 위원회 내부에서는 파문이 일고 있었기 때문이다.

어쩌면 나는 잠잠히 앉아 온유하고 자비롭고 흔들림 없는 분 앞에 내 사정을 아뢰던 이른 아침, 그분처럼 성스러운 평정심을 갖고자 했던 순간들에 더욱 깊이 감사해야 할지도 모른다. 매일 성찬에 참여하는 즐거운 특권을 누릴 수 있었던 것도 은혜였다. 보통은 내 집무실에서 개인비서와 언론책임자, 내 경호담당 경찰관이 성찬에 참여했다. 금요일에 케이프타운에 있을 때면 세인트조지 대성당, 다른 지역에서 청문회에 참가할 때면 호텔방으로 성찬 장소는 달라졌다. 남아공과 전 세계의 수많은 사람들의 뜨거운 중보기도가 우리를 떠받치고 있다는 사실을 아는 것도 위로가 되었다. 이 모두가 없었다면 나는 무너지고 말았을 것이고, 선을 이루기 위한 온갖 수고를 방해할 기회만을 호시탐탐 엿보는 악의 세력들의 뜻이 이루어져, 상처 입은 국민을 치유하기 위한 엄청난 노력은 수포로 돌아가고 말았을 것이다. 하지만 우리는 분열과 실패를 획책하는 세력들에게 짓눌리지 않았다. 다행히 선의 근원이신 분의 손을 꼭 붙들고 있었기 때문이다. 그것은 우리의 노력도 있었지만, 수많은 사람들의 사랑스러운 관심이 있었기에 가능한 일이었다.

구약성경에는 엘리사 선지자와 그의 종이 적군들에게 포위되는 장면이 나온다. 그런데 갈수록 점점 더 불안해하는 종과는 달리, 선지자는 이상할 만큼 차분하고 무심하게 행동했다. 선지자가 하나님께 종의 눈을 열어 달라고 구하자, 종은 자기들 편이 적들보다 몇 배나 많다는 사실을 알게 되었다. 우리 남아공 사람들도 선한 세력이 악한 세력보다 몇 배나 많은 상황을 경험했다. 진실화해위원회에서도 이런 일이 여러 번 있었다. 위원 배우자의 임명 문제를 둘러싼 논쟁도 그런 일 중 하나로, 큰 문제로 번질 수 있었을 사건임에도 결국 원만하게 해결되었다. 그래도 위원회 활동에서 그 일이 없었다면 좋았을 거란 생각이 든다.

앞서 말한 우리 위원회의 구성과 아파르트헤이트가 우리에게 끼친 악영향을 고려할 때 그것은 너무 순진한 생각인지도 모른다. 그 문제가 아니었다 해도, 뭔가 다른 일이 벌어져서 인종차별의 역사 속에서 우리 각자가 살아온 다양한 과거가 갈등으로 불거졌다가 타결점을 찾는 계기로 작용했을 것이다. 위원회가 얼마나 거친 바다를 헤쳐 나가야 했는지 생각해 보면, 순탄한 항해를 바란 것이 어쩌면 유토피아적이고 지나치게 비현실적인 기대였을 것이다.

또 다른 사건. 나는 위원회의 한 패널이 비쇼 대학살 청문회 도중 증인들을 공정하게 대하지 않았다는 내용의 보고서를 받았다. 이 보고서는 언론을 통해 널리 알려졌다. 나는 언론과의 인터뷰에서 위원회는 인종 갈등의 양측에 있는 사람들 모두에게 발언 기회를 주며, 차별받았다고 느끼지 않도록 공정하게 대해야 한다는 법률규정을 분명히 숙지하고 있다고 말했다. 그리고 우리가 특정 집단에 치우쳐 있다는 인상을 주어 위원회 활동을 위태롭게 해선 안 된다고 말했다.

해당 패널의 구성원들은 이런 내 발언을 자신들에 대한 공개적인 비난으로 받아들였다. 그리고 이후 열린 위원회 공식 모임에서 그것을 문제 삼았다. 그들은 자신들이 사과할 만한 일을 한 바 없다고 말했다. 그리고 아파르트헤이트 체제를 지지했던 해당 증인들 때문에 체제의 피해자들이 어떤 고통을 겪었는지는 알지만, 그 증인들을 대하는 자신들의 질문과 태도는 공정하고 적절했다고 주장했다. 나는 그들이 어떤 감정을 품든 그것은 자유이지만 증인을 대할 때는 누구에게나 최대한 공평하고 공정해야 한다는 점을 강조했다. 그리고 그들이 일한 방식을 비판한 사람들이 위원회에 적대적인 언론인들이 아니라 위원회의 성공을 바라는 언론인들이었다는 점을 지적했다. 그래도 그들은 자신들에겐 잘못이 없으며, 과거에 더러 객관적인 보도에서 벗어났거나 '투쟁'에 협력하지 않았던 언론 종사자들은 모두 의심스럽다며 오히려 목소리를 높였다.

　그 모임에서 우리는 명확한 입장 차이를 보였다. 의견을 달리하는 위원들은 서면으로 입장을 밝혔다. 그런데 그 글 중에서 나의 정직성에 의문을 제기하는 부분이 있었다. 나는 이것이 위원회 활동 전체를 수포로 돌아가게 할 수도 있는 심각한 사안이라 받아들이고, 내 진실성이 공격받는 환경에서는 일할 수 없다고 말했다. 나는 그들이 그 진술을 재검토하고 자신들의 처신이 부적절했음을 인정하지 않으면 사임하겠다고 말했다. 결국 상황은 해피엔딩으로 끝났다. 그들은 나에 대한 공격적인 발언을 철회했다. 이 문제로 인한 내부 갈등과 사임 위협 역시 언론에 새어 나가지 않았지만, 이 일은 몸과 마음에 여러모로 큰 상처를 남겼다.

위원들은 온갖 어려움을 함께 겪으면서 점점 더 응집되고 화합되어 갔으며, 서로 신뢰하기에 이르렀다. 그러나 그 모든 어려움을 하찮아 보이게 만든 곤경이 찾아왔다. 어느 사면 청문회장에 출두한 증인이 그 자리에 있던 한 위원을 사건의 공범으로 지목한 것이다. 해당 청문회는 아자니아 민중해방군이 1993년 12월 31일에 케이프타운 외곽에 있는 옵저버토리의 하이델버그 주점을 공격한 사건을 다루고 있었다. 아자니아 민중해방군 공작원 두 명이 주점 손님들에게 총을 난사해 여자 세 명이 숨졌고 여섯 명이 부상을 입었다. 못이 가득 채워진 수류탄이 사람들 한가운데에 떨어졌지만, 다행히 터지지 않았다. 하마터면 사상자가 훨씬 늘어났을 상황이었다. 재판부는 여섯 명의 피고인 중에서 세 명에게 유죄 판결을 내리고 장기징역형을 선고했다. 세 기결수 험프리 루얀도 그콤파, 부이실레 브라이언 마다시, 졸라 프린스 마발라의 사면 신청을 검토하는 청문회 도중, 한 증인이 위원이자 위원회 조사단장인 두미사 응체베자의 얼굴을 알아본 것이다.

위원회 조사단은 세 사람의 사면 신청 건을 조사하다 경찰 수사 기록에서 베네스 시바야의 선서 진술서를 발견한 바 있었다. 그 진술서에서 시바야는 하이델버그 주점 공격 직후, 케이프타운의 흑인타운십 구굴레투에서 응체베자의 명의로 등록된 차에 무장한 사람들이 타고 있는 것을 보

았다고 주장했다. 시바야는 종이를 한 장 주었는데, 하이델
버그 주점으로 가는 약도가 적혀 있었다고 말했다. 위원회
조사관들이 시바야와 인터뷰를 했을 때, 그는 이전 진술서
의 내용이 사실이라고 말했다. 1997년 10월의 사면 청문회
에 나선 그는 그 진술서에 대해 증언했다. 그리고 시바야는
구굴레투에서 그 차를 봤을 때 바로 근처에 응체베자도 있
었다고 주장했으니, 그를 알아볼 수 있겠느냐는 질문을 받
았다. 시바야가 그를 찾아 청문회장을 천천히 돌아다닐 때
는 정말 긴장으로 몸이 조여 왔다. 그는 응체베자를 그냥 지
나치는가 싶더니 되돌아와서 그를 가리키며 그날 저녁에
본 그 사람이라고 말했다.

　이 증언과 신원 확인이 준 충격에 비하면 그전까지 위
원회에서 벌어진 다른 모든 어려움은 정말 아무것도 아니
었다. 청문회가 끝난 뒤, 집으로 돌아온 나는 이것이 나쁜
꿈, 끔찍한 악몽에 불과하길, 다음 날 깨어나면 위원회에 아
무 문제도 없고 모든 일이 순탄하게 진행되고 있기를 간절
히 바랐다. 그러나 악몽이 아니었다. 냉엄하고 엄연한 현실
이었다. 신문 1면 머리기사가 그 일을 요란하게 알렸고 텔
레비전 뉴스들은 시바야가 청문회장을 천천히 돌다가 어리
벙벙한 표정의 응체베자 앞에 멈추어 서는 극적인 장면을
내보냈다. 응체베자가 그때 어떤 경솔한 행동도 하지 않은
것은 참으로 높이 살 만하다. 나조차도 그의 정직성과 무고
함에 대한 믿음을 견지하기가 쉽지 않았다. 시바야는 응체
베자의 유능한 변호사가 펼친 강력하고도 엄중한 반대신문

을 이겨 냈다. 많은 사람들은 그의 태도에 깊은 인상을 받았다고 말했다. 그는 배움이 짧은 정원사였지만 성질이 급하지 않았고 자신감이 넘쳤다. 그는 진실을 말하는 듯했기에 우리는 아주 곤란한 지경에 처했다. 몇 달 전, 조사관들이 치명적인 문제가 될 만한 시바야의 진술서를 처음 발견했을 때, 우리는 독립적인 수사를 의뢰하지 않았다. 내부 조사 정도로 상황을 마무리할 수 있기를 바란 것이다. 그러나 이제 우리는 선택의 여지가 없었다. 그 문제는 공론의 장으로 넘어갔고, 진실화해위원회의 활동 전체가 위기에 처했다.

이 사건은 특히 위원회 직원들 사이에서 진실화해위원회의 O. J. 심슨 사건이라 할 만했다. 직원들의 입장이 거의 인종에 따라 딱 절반으로 나뉜 것이다. 시바야의 말을 믿은 사람들은 그렇게 소박한 사람이 그토록 정교한 이야기를 지어냈다고 볼 수는 없으므로, 그의 주장은 그가 꾸며 낸 이야기가 아닌 게 분명하다고 생각했다. 이들은 대부분 백인이었다. 두미사 응체베자가 결백을 주장했을 때 그의 말을 믿은 사람들 역시 그들 못지않게 확신을 했는데, 대부분 흑인이었다. 이것 또한 아파르트헤이트가 낳은 상황이었다.

진실화해위원회는 만델라 대통령에게 긴급사안으로 법률조사위원회를 임명하여 시바야의 주장에 알맹이가 있는지 보고하도록 요청하기로 했다. 대통령은 훌륭하리만치 민첩하게 대응했고, 널리 존경받는 헌법재판관 리처드 골드스톤을 조사위원장으로 임명하여 최대한 빨리 조사 결과를 보고하게 했다. 나는 골드스톤 판사의 보고서가 완성되고 문제가 일단락되기 전까지는 응체베자가 위원회 활동에서 손을 놓는 것이 현명한 처사일 거라고 생각했다. 그는 그것이 자신의 유죄를 인정하는 꼴이 될 거라며 거절했고 자신의 결백을 항변했다.

위원회의 적들이 얼마나 좋아했을지 짐작할 수 있을 것이다. 우리가 우울함에 짓눌려 힘들어하는 동안, 그들은 아주 신이 나서 떠들어 댔다. 이 사건은 우리를 밑바닥까지 흔들어 놓았다. 위원회 활동 초기에 그런 일이 벌어졌다면, 틀림없이 위원회는 풍비박산 나고 말았을 것이다. 그러나 위원회 활동이 2년차로 접어든 그 무렵, 우리는 서로에 대해 놀라울 정도로 깊이 신뢰하고 있었다. 따라서 위원들은 거의 만장일치로 두미사의 정직성에는 비난의 여지가 없다고 받아들였고 그의 이야기를 믿었다. 우리의 순례길 초기에 그런 반응을 기대하기란 어려웠을 것이다. 참 고마운 일이었다. 하지만 당시의 혼란과 걱정은 상당히 컸다.

시바야는 응체베자를 지목해 내는 극적인 장면을 연출한 지 며칠 후, 안절부절못하며 나를 찾아와 면담을 요청했다. 그는 자신의 진술서와 증언이 모두 거짓이었다고 털어놓았다. 그리고 하이델버그 주점 공격 당시 왕새우를 불법 거래하다가 체포된 상태였다고 말했다. 그는 경찰의 고문과 강압에 못 이겨 응체베자를 그 사건에 연루시키는 거짓 진술을 하게 되었다고 했다. 당시 경찰은 응체베자에 대해 여러 주장을 펼치고 있었다. 그가 많은 정치재판에서 아자니아 민중해방군이나 범아프리카회의 활동가들의 변호를 맡는 것을 보고, 그들과 연관이 있다고 여기며 달가워하지 않은 것이다. 응체베자는 1981년, 경찰에 의해 살해된 더반의 변호사 그리피스 음셍게와 비슷한 처지에 있었다.

우리는 안도의 한숨을 내쉬었다. 아니, 이 말로는 당시의 심정을 다 표현할 수 없다. 우리는 지체 없이 그 사실을 세상에 알렸다. 나는 시바야 씨와 함께 기자회견에 나섰고, 그 자리에는 그의 변호사가 대동했다. 우리의 악몽이 그보다 더 좋게 끝날 수는 없었을 것이다. 그것은 우리를 향해 요란한 비난을 쏟아 내고 진실화해위원회의 사망 기사를 써내던 사람들에 대한 완벽한 대답이었다. 두미사는 가엾게도 그 기간 동안 그야말로 지옥 같은 세월을 보냈다. 소속 기관의 직원 절반을 포함해 세상 사람들 대부분이 손가락질하는 상황에서 소수 동료들의 지지는 그리 큰 위안이 되지 못했던 것이다. 독수리 떼가 상공을 맴돌고 있었고 그놈들이 시체를 덮치는 것은 시간문제 같았다.

골드스톤 판사는 신속하게 행동했고 놀랄 만큼 빨리 보고서를 내놓았다. 그는 시바야의 주장들이 거짓임을 발견하고 응체베자의 무죄를 선언했다. 그는 그런 주장들이 처음 나왔을 때 독립적인 수사를 의뢰하지 않은 위원회의 처신을 비판했다. 내부 조사를 통해 사건 전모를 밝힐 수 있기를 바랐던 나에게 전적으로 책임이 있다. 위원회가 최대한 곤란을 겪지 않게 하고 동료를 보호하려는 마음에서 내린 결정이었지만 현명한 처사가 아니었고, 투명성이 얼마나 중요한지 다시 한번 보여 주었다. 투명함이 모든 관련자에게 훨씬 더 나은 길을 보여 준다. 또한 이 사건은 아파르트헤이트 체제가 다 죽어 가는 상황에서도 귀찮은 상대를 제거하기 위해 어떤 짓도 서슴지 않는다는 걸 다시 한번 보여 주었다. 그들은 수단·방법을 가리지 않았고, 그런 정서에 젖어 있는 경찰조직 때문에 우리나라는 아직도 값비싼 대가를 치르고 있다.

만델라 전 대통령은 정말 놀라운 사람이다. 이제 이 말은 어디서나 흔히 듣는 말이 되어 버렸기 때문에 진부한 말로 치부할 수도 있을 것이다. 그는 응체베자가 조바심을 내며 골드스톤의 조사 결과를 애타게 기다리고 있음을 알고 있었다. 따라서 그는 골드스톤 판사의 보고서를 넘겨받자 곧장 두미사 응체베자에게 전화를 걸어 혐의가 완전히 풀렸음을 알려 주었다. 나는 그 사실을 전해 듣고 대통령 비서에게 전화를 걸어 그의 규정위반에 내가 화가 났다고 전해 달라고 말했다. 나는 위원회 의장이고, 골드스톤 판사의 보고서 내용을 위원회에서 맨 처음 알아야 할 사람이었다. 내가 전화를 건 지 몇 분 만에 대통령이 전화를 걸어와 이렇게 말했다.

"음필로[내 아프리카 이름], 당신 말이 옳아요. 미안해요. 당신에게 먼저 말했어야 했어요. 하지만 그 젊은이가 마음이 쓰여서 그랬어요. 사과합니다."

우아! 그 같은 위대한 겸손을 갖춘 사람이 세상에 얼마나 될까. 그래서인지 세상 모든 사람이 그를 아주 특별한 사람으로 인정하고 있다.

포기하고 싶은 마음이 들 때마다 이런 놀라운 일들이 벌어졌고, 선과 진리가 승리를 거두었다. 그러면 나는 이 엄청난 실험에 동참할 수 있는 것이 얼마나 놀라운 특권인지 다시금 깨닫게 되었고, 새 힘과 열정을 가지고 계속 일할 수 있었다. 그러다 보면 어느새 눈앞에 새로운 위기가 닥쳐왔다.

뜻밖의 새 위기는 미처 손쓸 새도 없이 나타났다. 진실화해위원회가 만델라 대통령에게 보고서를 제출하기로 되어 있던 1998년 10월 29일을 하루 앞두고 벌어진 일이다. 덕분에 나는 "잔과 입술 사이에도 실수가 많다", "달걀이 부화하기 전에는 병아리로 세지 말라"는 등의 속담에 담긴 지혜를 조금 더 터득하게 되었다.

법률에 따르면, 위원회는 자신에게 불리한 조사 결과를 접하게 될 개인, 조직, 단체에 통지문을 보내게 되어 있었다. 그래서 우리는 해당사항이 있는 여러 개인과 정당에 통지문을 보내 위원회가 조사 결과의 수정 여부를 고려할 수 있도록 추가 증거를 제공할 기회가 그들에게 있음을 밝혔다. 통지문을 받은 당사자들은 구두가 아니라 문서로 위원회에 입장을 밝혀야 했다. 수많은 잠재적 범죄자들의 구술 증언을 들을 만한 충분한 시간이 없었기 때문이다. 아프리카 민족회의의 경우, 문제가 되는 사안들은 이미 그들의 정치·군사 지도자들이 참석한 세 차례의 청문회에서 자세히 다뤄진 터였다. 그들에겐 통지문에 답할 시간이 충분했다.

그런데 통지문을 받은 아프리카 민족회의는 그 내용을 놓고 상의가 필요하다며 위원회와의 특별모임을 요청했다. 위원 중에는 이 요청에 당황하기까지 한 사람도 있다. 아프리카 민족회의에 보내는 통지문은 그저 형식적인 절차가 될 거라 생각했기 때문이다. 아프리카 민족회의의 심각한 인권 침해 행위들에 대해, 위원회는 그들이 실질적이고 성의 있고 솔직하게 인정한 내용을 심사숙고하여 결론을 내린 터였다. 아프리카 민족회의는 공작원들이 아프리카 민족회의의 정책들을 수행한 작전이었건, 그들이 조직의 지침을 충실히 따르지 않고 자의로 벌인 일이건, 아니면 간부들이 아파르트헤이트 정권의 행동에 분개하여 저지른 보복 행위이건 가리지 않고 모든 인권 침해에 대해 진심 어린 유감을 표시하며 잘못을 인정한 바 있었다.

예를 들어, 아프리카 민족회의는 지뢰작전으로 발생한 민간인 사상(그로 인해 지뢰작전은 중지되었다)과 프리토리아의 처치스트리트 폭탄공격에 대해 사과했다. 아프리카 민족회의는 일부 여성 멤버들이 앙골라와 기타 지역의 주둔지에서 성폭행 당했음을 시인했고, 아프리카 민족회의 지도부는 그 일에 대해 도덕적·정치적으로 책임을 지겠다고 말했다. 귀감이 될 만한 모습이었다. 아프리카 민족회의의 최고위 지도자들은 이런 강직한 태도에 걸맞게 위원회에 집단적·상징적으로 사면을 신청했다. 이것은 품격 있고 칭찬할 만한 조처였다. 그들은 휘하의 보병을 버리지 않고 기꺼이 책임을 진다는 사실을 분명하게 보여 준 것이다. 불행히도 그런 집합적이고 집단적인 사면 신청에 대한 법적 규정은 없었지만, 그 조처의 배후에 놓인 동기는 높이 살 만한 것이었다. 따라서 위원회는 아프리카 민족회의에 대해서는 어떤 문제도 없을 거라 생각하고 있었다.

두미사 응체베자 위원회 의장 대리는 아프리카 민족회의와 광범위한 서신 교환에 들어갔고, 통지문을 받은 모든 당사자는 당면 사안에 관하여 위원회에 할 말이 있을 경우 서면으로 회신하게 되어 있다는 점을 지적했다. 그는 아프리카 민족회의가 소중한 시간을 허비하고 있으며, 할 말이 있다면 위원회에 서면 이의서를 제출하기 위한 작업을 진행하라고 전했다. 응체베자는 이런 과정을 거치면서도, 위원회에 당 차원의 서면 답신을 보내겠다는 아프리카 민족회의의 약속을 받았던 터라 원만하게 잘 해결된 상황이나 다름없다고 생각하고 있었다. 하지만 아프리카 민족회의는 위원회가 제시한 마감 시한과 자체 마감 시한을 모두 넘겼고, 위원회 보고서 원본이 인쇄소에 넘어간 후에야 답변서를 제출했다.

이런 일이 벌어지고 있는 동안, 보레인 박사와 나는 대학 방문교수 자격으로 미국에 있었다. 그는 뉴욕 대학교 법학부에, 나는 애틀랜타의 에모리 대학교 캔들러 신학대에 있었다. 우리는 대통령에게 보고서를 제출하는 절정의 사건을 앞두고 열릴 마지막 위원회 모임에 맞춰 돌아갈 예정이었다. 보고서 제출은 피해자 대표들과 외교관들, 그리고 종교 단체와 시민단체 대표자들이 참석한 가운데 성대하게 치러질 터였다. SABC는 그 광경을 텔레비전으로 중계하고 라디오 생중계로도 내보내기로 했다. 진실화해위원회는 그렇게 멋지게 업무를 마무리할 예정이었다.

　　마지막 위원회 모임은 통상적인 업무모임이 되었어야 했다. 그렇게 되었다면 그동안 서로 **정말** 가까워지고, 힘든 시간을 함께 견뎌 온 조직의 마지막 공식 모임답게 감동이 넘쳤을 것이며, 헤어지는 아픔과 함께 상당한 향수도 느꼈을 것이다. 그 시간에 나는 사면 소위원회에서 일한 두 위원이 적극적인 추천을 받아 요직인 신임 검찰총장 보좌관으로 임명받았다는 사실을 알렸다. 또 다른 일상적인 발표도 이어졌다. 그런데 청천벽력처럼, 한 위원이 아프리카 민족회의의 회동 요청을 재검토하자고 제안했다. 그는 그 모임이 필요하다고 생각하는 위원들이 여럿 된다고 말했다. 그 마지막 순간에 아프리카 민족회의 문제가 다시 불거진 것이다. 나를 포함하여 여러 위원은 외부에서는 그런 결정을 수권 정당에 비굴하게 머리를 숙이는 것으로 받아들일 터이므로 최악의 재난이 될 것이라는 점을 애써 지적했다. 위원회가 다른 어떤 개인이나 단체에게도 비슷한 양보를 한 적이 없었기 때문이다. 일부 위원들은 우리가 아프리카 민족회의의 때늦은 이의서를 검토해야 한다고 주장했다. 그날은 2,700쪽에 이르는 다섯 권짜리 보고서를 인쇄소에서 넘겨받아 만델라 대통령에게 전달할 날을 이틀 앞둔 시점이었다.

　　구체적으로 명시된 최종 유예기간을 넘기고 제출된 아

프리카 민족회의의 때늦은 항변서를 검토하게 되면 회동 요청을 받아들이는 것보다 더 참담한 결과를 낳을 수도 있었다. 그들이 위원회가 심사숙고하여 정리한 조사 결과를 수정해야 하는 일관성 있고 합리적인 근거들을 제시한다 해도, 이 시점에서 보고서 내용을 변경하면 결국 대다수 사람들은 진실화해위원회가 아프리카 민족회의의 종복이었고, 위원회 활동 전체가 아프리카 민족회의의 지시로 이루어진 교묘한 속임수라는 명확한 증거가 나왔다고 말할 것이다. 뻔히 내다보이는 결말이었지만, 아프리카 민족회의 관련 사안에 대해 전반적인 재검토를 주장하는 동료들은 끄떡도 하지 않았고, 보고서 제출 예정일 바로 전날이라 해도 아프리카 민족회의와 회동을 하거나 아프리카 민족회의가 제출한 이의서를 검토해야 한다고 강경하게 주장했다.

그들의 말에 나는 내 귀를 의심했다. 위원회의 존립 기반과 신빙성이 심각한 위기로 내몰리고 있었다. 생각이 멀쩡한 사람이라면, 그간의 모든 범상치 않은 활동과 우리나라의 치유를 위한 중요한 일들을 위태롭게 할 위험을 감수하지 않을 듯했다. 하지만 맹점이 맹점이라 불리는 데는 이유가 있는 법. 너무나 분명한 것, 아픈 엄지손가락처럼 눈에 확 들어오는 것조차 볼 마음이 없거나, 볼 수 없는 사람에게는 보이지 않는 법이다. 우리의 모든 수고가 흔적도 없이 사라져 버릴 위기를 눈앞에 두고 있자니 가슴 한구석이 휑해지는 것 같았다. 이 상태를 방치하면 불행한 피해자들에 대한 최악의 속임수가 되고 말 것이다. 그들은 우리나라를 위해 자신들의 권리를 기꺼이 포기하는 관대하고 위엄 있는 모습을 보여 주었는데, 우리는 그들의 아량에 보답은커녕 그들의 얼굴에 침을 뱉으려 하고 있었다.

위원회가 표결로 결정한 사안은 그리 많지 않았다. 하지만 우리는 팽팽한 긴장이 흐르는 가운데 아프리카 민족회의 문제를 표결에 부쳤다. 아프리카 민족회의와의 회동을 주장하는 측이 아슬아슬하게 패했다. 이어서 아프리카 민족회의의 이의서 검토 여부를 투표했다. 찬성표가 일곱, 반대표가 일곱. 동점이었다. 이전까지 나는 의장으로서 결정투표권을 행사한 적이 없었다. 그때 나는 아프리카 민족회의에 반대표를 던졌다. 우리의 마지막 모임은 정말 위기일발이었다. 좀 더 화기애애하고 논란이 없었다면 얼마나 좋았을까?

동료 중 몇몇은 아프리카 민족회의가 자신들을 만나 주지 않는 위원회를 고소하기로 하는 데 관여한 듯하다. 나는 아프리카 민족회의도 그런 곤혹스러운 상황은 피하고 싶어 할 거라고 생각했다. 그러나 위원회 보고서 제출 예정일을 하루 앞두고, 나는 아프리카 민족회의가 위원회를 고소하기로 했다는 소식을 듣고는 맥이 탁 풀려 버렸다. 그들은 위원회가 그들의 이의서를 검토하기 전에는 보고서 내용 중 아프리카 민족회의가 인권 침해를 자행했다고 명시한 부분을 일체 출간하지 못하도록 막는 금지명령을 고등법원에 신청했다. F. K. 데 클레르크도 자신에게 불리한 조사 결과를 보고서에서 빼도록 하는 법원명령을 신청했다.

그의 행동은 이해할 수 있었다. 그에게 걸맞은 행동이라는 생각이 들었다. 그러나 위원회 활동을 그토록 지지하던 아프리카 민족회의가 그런 식으로 나오는 것은 전혀 뜻밖의 일이자 그들의 성향과 명성과도 어울리지 않는 일이었다.

나는 무거운 마음으로 케이프타운을 떠나 프리토리아로 향했다. 프리토리아에는 보고서 제출식이 예정되어 있었다. 위원회 법률부와 변호사 위원들은 법원에 제출할 관련서류를 준비하느라 밤새 정신없이 일했다. 우리에게 닥칠지 모를 위험에 아랑곳하지 않고 계속 준비를 했다. 전 세계에서 오는 언론인들이 자리를 잡고 일할 수 있게 공간을 마련했다. 행사가 시작되기 서너 시간 전, 그들이 다섯 권 분량의 보고서를 미리 보고 각자 마감시한에 맞춰 기사를 준비할 수 있도록 배려한 것이다.

법원에서는 아프리카 민족회의의 금지명령 신청을 기각하고 제반비용은 신청자가 부담하라는 판결을 내렸고, 위원회는 보고서를 제출하고 출간할 수 있게 되었다. 그러나 이미 축하 분위기는 상당히 가라앉아 버렸다. 나는 피해자들을 실망시키지 않게 되어 감사했다. 그리고 막판의 불미스런 일 때문에 서글퍼지기는 했지만, 보고서 제출식이 엄숙함과 축제 분위기, 슬픔과 기쁨, 눈물과 춤이 멋진 조화를 이룬 행사가 되어 감사했다. 대통령과 나는 우리나라 최고의 성가대로 손꼽히는 이밀로지 나웅투의 아름다운 선율에 맞추어 춤을 추었다. 이후 '마디바 댄스'라 불리게 된 춤이다.

나는 만델라 대통령에게 가죽장정 보고서를 건네면서 여러모로 감사한 마음이 들었다. 하나님이 우리를 너무나 선대(善待)하셔서 어렵고 힘든 시간을 견디고 살아남게 된 것이 감사했고, 위원회가 많은 진실을 밝혀낼 수 있었던 것이 감사했고, 우리가 일부 사람들이나마 마음을 정리하고 치유와 화해를 얻을 수 있도록 다리 역할을 감당한 것이 감사했다. 그리고 야수의 눈을 똑바로 바라볼 수 있어서 참으로 감사했다. 하나님이 허락하신 훌륭한 동료들로 인해 감사했다. 무엇보다, 위원회 앞에 증인으로 나와 전 세계 앞에서 아픔을 숨기지 않고 거침없이 자신을 드러낸 사람들, 그로 인해 본인도 존엄을 회복하고 우리가 인간성을 되찾는 것도 도와준 아름다운 사람들에게 감사했다.

우리는 약하고 불완전하고, 사도 바울의 표현대로 질그릇과 같은 자들이었다. 그래서 더없이 풍성한 영광은 하나님께만 속한다는 사실이 오히려 더욱 분명히 드러났다.

10

그들만의 진실

하나님을 경외한다고 자처하는 점잖고 멀쩡한 남아공 백인들이 아름다운 모국에서 함께 살아가는 다른 수많은 사람들을 비참하게 만들고, 억압하고, 짓밟은 체제를 못 본 체하는 일이 어떻게 가능했을까? 선거권과 특권이 있는 이 소수층의 지지가 없었다면 아파르트헤이트는 단 하루도 유지될 수 없었을 것이다. 많은 백인들이 주장하는 바처럼 그들이 정말 '몰랐다면', 정부의 여러 가지 정책이 빚은 해로운 결과들을 알아채고 그 사악한 정책을 성토하며 중지시키기 위해 애쓴 백인들은 어떻게 된 걸까? 이 용감한 사람들이 백인 사회의 나머지 사람들에게 욕을 듣고 배척당한 이유는 무엇일까? 아파르트헤이트가 보장하는 엄청난 특혜들을 누린 사람들이 그 체제의 사악함을 모른 척하고 그것과의 불편한 동거생활을 유지해 온 게 아닐까?

많은 백인들은 다른 체제를 모른 채 자라났고, 그것이 그들을 매우 편안하게 하는 체제였기 때문에 굳이 현상 유지를 반대할 이유가 없었다는 데 주목해야 한다. 아파르트헤이트 체제는 어수룩하지 않았다. 아니, 대단히 정교한 체제였다. 흑인 타운십들은 대개 백인들의 눈에 잘 띄지 않는 곳에 있었다. 눈에서 멀어지면 마음도 멀어지기 쉬운 법. 백인이 흑인 타운십을 방문하려면 상당한 불편을 감수해야 했다. 그런 불편을 감수하는 사람들도 있었지만, 대부분의 백인들에게는 쾌적하고 부유한 교외 지역에 머무는 것이 훨씬 기분 좋은 일이었다. 우리 남아공은 흑인과 백인으로 나뉘어 극심한 정신분열증을 앓았다. 우리는 물리적·정신적으로 구별된 이질적인 두 세계에서 살았다.

대주교 시절, 나는 케이프타운 교외의 부유층 지역인 비숍스코트에서 살았다. 그곳은 세계 어디에도 뒤지지 않는 부유한 곳으로, 거대한 사유지와 아름다운 정원, 수영장, 호화로운 주택이 들어차 있었다. 가장 가까운 흑인 타운십 랑가나 구굴레투와는 물리적인 거리를 비롯해 모든 면에서 너무나 동떨어져 있었다. 그곳 사정을 알아보고 싶은 마음이 간절하지 않은 한, 흑인 타운십에 가거나 그곳을 지나칠 일은 없을 것이다. 보통의 백인이 무엇이 아쉬워서 그런 수고를 감수하겠는가?

물론 오늘날에는 과거 아파르트헤이트를 지지했던 사람을 찾아볼 수 없다. 그러나 위원회는 용납할 수 없는 그 체제가 그토록 오랫동안 살아남을 수 있었던 이유를 대략적으로나마 파악하고 싶었다. 위원회 설립 법률은 위원회가 심각한 인권 침해가 벌어진 '선례와 정황, 관련 요소와 맥락'을 이해하도록 힘쓸 것을 규정하고 있었다. 이 부분에서 도움을 얻고자 우리는 이른바 '기관 청문회'를 열었다. 주요 사회 기관들의 대표자들이 그 자리에 나와서 소속 기관과 아파르트헤이트의 관계가 어떠했는지 그들의 생각을 설명했다.

법조계, 의료계, 사업계, 종교계, 노동조합, 언론계에서 우리의 초청을 받은 기관들은 대부분 긍정적으로 반응했다. 그러나 청문회에 나와서 진술하겠다고 약속해 놓고 그 약속을 어긴 기관들도 있었다. 청문회 참석 자체를 매몰차게 거절한 기관들도 있었는데, 백인 농부들을 대표하는 '남아공 농민연맹'과 백인 '광산노동자연맹' 등이었다. 남아공에 막대한 투자를 하는 다국적 석유회사들은 아예 답변을 하지 않았다. 우리는 청년, 징병제, 교도소에 대한 청문회를 열었고 여성 청문회도 열었다.

청문회에 출두한 증인들의 시각은 대개 인종별로 나뉘었다. 흑인들은 소속 기관이 아파르트헤이트를 지지하고 유지하는 데 기여한 점을 비판한 반면, 같은 기관에 속한 백인들은 당시의 억압적인 체제를 유지하는 데 한몫을 한 해당 기관의 역할을 옹호하는 경향이 있었다. 증인의 시각은 그의 인종과 처한 위치에 따라 정해졌다. 많은 백인들은 아파르트헤이트 체제하에서 백인에게만 부과된 징병제를 지지했는데, 품위 있는 문명생활의 최후의 보루라 할 수 있는 남아공에 공산주의자들이 전면공격을 펼치고 있다는 정부의 선전을 그대로 받아들였기 때문이다. 대부분의 백인들은 징병제 폐지를 바라는 젊은 백인들을 겁쟁이 또는 배반자로 몰아세웠지만, 군 입대를 혐오스러운 체제를 수호하는 데 힘을 보태는 행위로 보고 징병제에 반대하는 백인들도 있었다. 따라서 우리는 백인들을 함부로 일반화해선 안 된다는 것을 알 수 있었다. 상황은 보기보다 훨씬 복잡했고, 제대로 상황 파악을 하려면 민감하고 예리한 분석이 필요했다.

기관 청문회를 통해 본 남아공은 정치적 의사결정 과정에서 절대다수의 사람들을 일정한 목적에 따라 체계적으로 배제한 나라였다. 이 말은 대다수의 국민들을 경제, 사회 분야 등 영향력과 권력을 행사할 수 있는 온갖 영역에서 제외했다는 뜻이다. 가장 두드러진 특징은 사회의 중요한 위치에서 백인이 아닌 사람을 찾아보기 어렵다는 점이었다. 그렇게 되면 사회 도처에서 백인의 주장만 관철되고 백인의 관점만 반영될 터였다. 대부분의 백인들은 그들의 시각에서 세상을 보았다. 당연한 일이었다. 그들은 자신들의 가치관이 보편타당하므로 모든 사람이 유럽 중심의 가치기준에 도달해야 한다고 생각했고, 그렇지 못한 사람들을 열등한 자, 이단자, 괴짜, 부랑자로 취급했다. 이런 생각은 대부분의 백인들에게 너무나 자연스러웠고, 백인들의 기득권을 대단히 효율적으로 지켜 준 구체제는 이런 생각의 확고한 물적 토대였다.

언론 청문회는 남아공의 기관들이 아파르트헤이트 아래서 어떻게 운영되었는지 잘 보여 주었다. 신문사들의 소유주는 백인들이었다. 기사는 백인의 시각에서 서술되었다. 아파르트헤이트에 반대 노선을 추구한 상당히 진보적 성향의 신문들조차도 어떤 사건이 벌어지면 으레 "한 사람과 원주민 넷이 다쳤다"는 식으로 기사를 썼다. 그러면서도 오랫동안 그런 식의 기사 서술 방식에 아무런 문제의식도 느끼지 못했다. 백인 기자들과 편집장들은 그런 기사에 흑인들에 대한 그들의 본능적인 태도가 담겨 있다는 당혹스러운 사실을 미처 깨닫지 못하는 듯하다. 그들의 마음 깊은 곳에 '흑인은 사실 사람이 아니다'라는 생각이 무의식적으로 숨어 있다가 그런 식으로 드러나는 것이 아니겠는가. 물론 그들은 무슨 소리냐고 소리 높여 항의하겠지만, 당하는 사람의 눈에는 그렇게 보이는 것이 사실이다.

남아공의 사회질서에 인종차별주의가 얼마나 깊게 뿌리박혀 있는지 보여 주는 사례는 이외에도 많았다. 놀랄 것도 없지만, 흑인들 사이에서는 '자유의 투사'라 불리는 사람들에 대해서도 신문들은 항상 정부가 선호하는 '테러분자'라는 표현을 썼다. '반정부 운동가'나 '게릴라' 같은 중립적인 용어를 쓸 수도 있었을 텐데 그러지 않았다. 남아공 정부는 흑인들의 무력투쟁을 '테러 행위'로 지칭하여 불법으로 낙인찍으면 백인 사회와 전 세계의 많은 사람들이 그것에 대해 조건반사적인 거부감을 갖게 될 줄 알고 있었다.

대외적으로는 인종차별에 반대의사를 밝히던 신문사

들도 정작 사내에서는 인종별로 분리된 식당과 화장실을 두는 등 인종차별을 실천했다. 흑인 직원들은 교육의 기회와 급료에서 부당한 차별대우를 받았다. 신문들은 정부의 분노를 사거나 법률 규제를 위반하는 일이 없도록 자기검열을 실시했다. 아파르트헤이트 정부가 흑인 신문 〈월드〉를 폐간 조치했을 때, 같은 신문사 소유의 백인 신문들은 별다른 저항을 하지 않았으며 〈월드〉가 그동안 불장난을 하고 있었으니 당해도 싸다는 식의 반응을 보였다. 흑인 기자가 직접 경험한 일을 취재한 생생한 기사를 가져와도 오히려 백인 기자의 밋밋한 기사를 채택하는 일이 다반사였다. 보안부대가 흑인들을 끔찍하게 다루는 모습을 언급한 흑인 기자들의 기사도 데스크에서는 으레 보안군을 헐뜯는 것으로 여기고 부드럽게 고쳤다.

물론 이제 우리는 흑인 기자들이 사실을 있는 그대로 보도했다는 것을 안다. 당시의 해당 편집자들에게 당신은 지금 인종차별을 하고 있다고 말했다면, 그들은 발끈하며 한사코 부인했을 것이다. 무슨 소리냐고, 자신들은 '객관적인' 기사를 원할 뿐이라고 말했을 것이다. 그들은 자신들의 기준이 보편적인 것이라 믿었기에 누구의 시각에서 '객관성'을 판단해야 하는지 애써 따져 보지 않았다. 그들은 자신이 인종차별과는 전혀 상관이 없었다고 생각할 것이다. 하지만 그들은 백인들의 모습과 수준에 대한 나름의 믿음이 있었고, 그 믿음과 상충되는 흑인의 말은 받아들이지 않았다. 그들은 시각이 다른 흑인들을 애초부터 대등한 존재로 인정하지 않았다. 이 신문들은 심지어 타운십판(版) 신문까지 따로 제작하고 나섰다. 보도 가치가 있는 사건을 판단하는 여러 시각과 견해가 존재한다는 입장에 굴복한 조치로 보였지만, 많은 흑인들은 이런 타운십판 신문들이 각 인종 집단의 분리 발전을 내세우는 아파르트헤이트의 입장에 따라 나온 것으로 보고 착잡해했다.

정부는 문제를 일으키고 흑인들을 자극하는 '버릇없는' 신문들에 특단의 조치를 취하겠다고 위협하여 상당 부분 뜻을 관철시켰다. 신문사 소유주들은 확실히 정부에 길이 들었고 정부의 뜻을 적극적으로 따르게 되었다. 결국 그들은 억압받는 자들의 권익을 용감하게 대변하던 한 뛰어난 신문의 폐간을 수수방관하는 정도까지 되었다. 그 신문은 〈랜드데일리메일〉이었고 뛰어난 편집자들이 활동하고 있었다. 정부의 목엣가시였던 〈랜드데일리메일〉은 결국 정부의 압력에 못 이겨 문을 닫았다. 정부는 꽤 자유로운 듯하면서도 상당히 고분고분한 언론을 하나쯤 두는 것의 가치를 알고 있었다. 그런 언론이 있으면 "비판적인 자유언론이 살아 있는 남아공이 그렇게 나쁜 나라일 리는 없다"라고 해외에 선전하기에 좋았다. 아프리칸스어 언론은 노골적으로 정부에 아첨했고, 아파르트헤이트 정부를 지지하는 그들의 입장을 굳이 숨기지 않았다. 국민당과 정부를 적극 지지하는 아프리칸스어 신문은 거의 당 기관지 수준이었다.

전자매체의 경우도 상황은 마찬가지였다. 남아공방송공사는 아프리카너협회(Afrikaner Broederbond)라는 비밀조직의 지배하에 있었다. 이 협회는 아프리카너의 권리를 옹호하고 교회, 학교, 사업계, 문화계, 대학, 전문직, 국방부, 스포츠계, 언론, 정치계에까지 삶의 모든 영역에 촉수를 내리고 있는 조직이었다. 협회의 정책은 곧 정부 정책이 되었다. 아프리카너 세계의 어떤 영역에서든 성공하기 원한다면, 곳곳에 스며 있는 이 강력한 비밀조직의 일원이 되어야 했다. 그렇지 않고는 성공할 가능성이 없었다. 누구도 이 조직의 명령과 결정에 반대할 수 없었다. 그랬다간 모든 게 끝장이었다.

따라서 남아공에서는 순응, 즉 체제에 저항하지 않는 것이 최고의 미덕이 되었다. 협회의 지령에 무조건 충성하는 것이 최고의 가치였다. 사람들이 곤란한 질문들을 하지 않게 된 것도 아마 이 때문일 것이다. 대부분의 백인들은 모든 주어진 상황을 권위 있는 누군가가 정해 준 것으로 그대로 받아들였다. 그런 사람들이 '권위 있는' 것과 '권위주의적'인 것의 차이를 구별하기란 거의 불가능했다. 체제순응이 일단 집단 본능으로 자리 잡자, 그들은 얼토당토않은 주장까지도 받아들이게 되었다. 집단본능이 작용했기 때문이다. 남아공을 방문하는 일본인 사업가들은 엔화의 힘 때문에 '명예 백인'이 되었다. 남아공에서 태어난 중국계 사람은 비서구인이었지만, 중국에서 태어나면 당연히 서구인이었다! 참으로 우스꽝스러운 생각이지만 그것이 낳은 무서운 파장을 생각하면 웃을 수가 없다. 사람의 존재 가치와 특권이 그가 속한 인종 집단에 따라 상당 부분 정해지다 보니,

인종 분류가 잘못되는 바람에 자살하는 사람들도 생겨났다. 소속 인종 집단에 따라 그가 어디에서 살고, 어떤 학교를 다니고, 누구와 결혼하고, 어떤 일을 할 수 있고, 심지어 어디에 묻힐 수 있는지까지 정해졌다.

SABC에서도 아프리카너협회가 안팎으로 지배력을 행사했다. SABC 이사장은 협회장 출신이었고 아프리카너들이 이사회를 장악하고 있었다. 비백인들을 위한 서비스를 감독하는 자문위원회조차 백인으로만 구성되어 있었다. 언론 청문회에 나온 증인들의 말에 따르면, SABC의 흑인 직원들은 열등한 교육을 받고 열등한 장비를 지급받았으며 곤란한 업무시간에 일해야 했다. 그들에겐 백인 여성을 쳐다보는 일이 금지되었고, 이 규정을 어기면 처벌받을 수 있었다. 복도에서 흑인은 백인에게 길을 내주어야 했다. 흑인 직원들을 징계하는 규정도 있었다. 믿기 어려운 일이지만, 그들은 해고되느냐, 스얌보크(가죽채찍)로 얻어맞느냐, 둘 중 하나를 선택할 수 있었다. 언론 청문회를 통해 이런 충격적인 사실이 처음으로 알려졌다. 이 야만적인 관행의 피해자는 흑인 직원들이었다.

이 모든 일이 가능했던 것은 남아공을 지배했던 인종차별 이데올로기 때문이다. 텔레비전 뉴스 속보가 대통령 맘에 들지 않으면 뉴스가 돌연 중단되고 다른 프로그램으로 바뀌었다. 사람들은 그것을 이상하게 여기지 않았다. 남아공은 그런 곳이었다. 정부가 최고였고 정부의 결정에 누구도 이의를 제기하지 못했다. P. W. 보타 대통령은 성미가

급하고 까다롭고 완고한 사람이며 걸핏하면 화를 냈다. 그는 독설을 쏟아 내어 각료들의 눈물을 쏙 빼놓았고, 누구도 그에게 반대할 수 없었다. 그는 무엇이든 원하는 대로 했다. 그가 바라는 대로 모든 사람이 일사불란하게 움직였다. 그런 분위기가 사회를 지배하고 있었다.

청문회에 나온 종교 단체 관계자들은 다른 기관의 직원들보다 대체로 잘못을 기꺼이 시인하고 아파르트헤이트 체제하의 기성 질서와 공모한 사실을 인정했다. 대외적으로는 인종차별을 날카롭게 비판했지만 조직 운영에서는 사실 인종차별을 실행하고 있었다고 고백했다. 인종별로 나뉜 교파들도 있었다. 프랑크 치카네 박사를 심문하고 고문했던 비밀경찰단의 지휘관은 치카네 박사가 속한 교단인 사도신앙교회(Apostolic Faith Mission)의 백인파에 속한 교인이었다. 그는 고문을 마치고 예배에 참석하기도 했다. (이 교단의 두 파는 백인파가 흑인파의 용서를 구한 대단히 감동적인 예배를 통해 하나로 합쳐졌다.) 진실화해위원회 진행 과정에서 종교 단체들은 상처 입은 국민들을 치유하고 교인들 사이에서 화해와 배상을 촉구할 특별한 책임이 그들에게 있음을 깨달았다.

백인 농부들과 상업적 농업 종사자들은 처음에는 영토 정복으로, 이후에는 1913년부터 시작되어 그들이 엄청난 토지를 확보할 수 있게 해준 인종차별적이고 악명 높은 토지법으로 이득을 보았다. 그들은 정부 보조금을 지원받았고 나중에는 토지은행에서 매우 유리한 조건으로 융자를 받았다. 게다가 결코 고갈되지 않는 값싼 노동력을 확보하고 있었다. 통행법은 흑인들이 정부의 총애를 받는 백인 농부들과 식량 생산자로서 경쟁하지 못하게 하려고 만들어졌다. 흑인들이 소작농으로 성공을 거두어 실질적으로 백인 농부들에게 위협이 되던 시절이 있었기 때문이다. 그런 일이 벌어지자 정부는 흑인들을 땅에서 내몰아 광산에서 일하는 임금노동자가 되게 했다. 위원회는 교회들이 토지를 확보하게 된 경위를 조사하여 부당하게 취득한 사실이 밝혀질 경우 정당한 소유자들에게 돌려줄 것을 제안했다. 그뿐만 아니라 교회들은 토지 무소유자들의 막대한 토지 수요를 채워 줄 방안을 고민해야 한다고 촉구했다.

의료계도 인종별로 조직되어 있었다. 제2차 세계대전 이전까지는 남아공에서 의사 수련을 받은 흑인이 없었다. 남아공의 의대에서는 1990년 이전까지 흑인 의대생들을 심각하게 차별했다. 그들은 별도의 수업을 받고, 백인 시체로 실습을 허가받는 경우가 드물었으며, 산부인과 병동에서는 환자를 거의 진료하지 못했다. 똑같은 자격조건을 갖추고도 흑인 의사는 백인 의사보다 더 낮은 급료를 받았다. 하지만 의료인들의 가장 괘씸한 처신은 지역 보건의로서 비밀경찰에게 협력한 전력이었다. 그들은 피구금자를 진료하면서 환자에 대한 의사의 비밀유지 의무를 걸핏하면 어겼다. 그리고 경찰이나 간수들이 있는 자리에서 환자들을 검진했다. 그들은 환자의 허락도 받지 않고 의료기록을 경찰에 넘겼고, 경찰의 압력에 굴복했으며, 환자의 복지를 최우선 가치로 여기지 않았다. 물론 이 책 앞부분에 소개한 스티브 비코의 경우가 가장 악명 높은 사례. 당시 의사들은 그의 상태를 경찰이 알아서 판단하도록 아예 손을 놓아 버렸다. 일부 지역 보건의들은 경찰 고문팀에게 흔적이 남지 않게 고문하는 기술을 알려 주었고, 고문당하는 사람이 얼마나 더 견딜 수 있을지 조언하기까지 했다. 부상당한 활동가들에 대한 치료를 거부하면서, 먼저 경찰이 원하는 정보를 제공해야 한다거나 아예 테러분자들은 도와줘서는 안 된다고 주장한 의사들도 있었다.

법조인들도 나을 게 없었다. 한 변호사회는 1990년까지 흑인들을 회원으로 받지 않아 흑인들의 개업을 어렵게 했다. 아파르트헤이트 시기의 한 법률은 흑인이 백인 지역에 변호사 사무실을 여는 것을 금지했다. 이스마일 모하메드 현 남아공 대법원장은 백인 동료들이 백인전용 식당에서 식사하는 동안 그들의 법률 사무실 화장실에서 점심을 먹곤 했다. 일이 하고 싶으면 빈 사무실을 이용하기 위해 누가 법정에 나가 있는지 알아봐야 했다. 인종차별 정책에 따라 '인도 사람'으로 분류된 그는 구(舊)대법원 항소재판부가 위치한 블룸폰테인에서 밤을 지낼 수 없게 되어 있었다. 그래서 남아공의 최고재판소에서 사건을 맡게 되면, 사건이 진행되는 동안 그는 요하네스버그에서 블룸폰테인으로 매일 왕복 640킬로미터에 이르는 거리를 오가야 했다. (아이러니하게도, 현재 그의 대법원장 공관은 블룸폰테인에 있다. 가끔 웃음이 나오지 않을까.) 위원회가 조사 대상으로 삼은 기간에 재판을 담당한 판사들 대부분이 백인 남자였다. 그리고 그들이 인정하건 그렇지 않건, 그들은 철저한 백인으로서 판사석에 앉았다.

불행히도, 남아공의 판사들은 거의 신격화되어 아무도 범접할 수 없는 위치에 있었다. 그러나 그들 중에서 자기 앞에 선 피고인의 세계를 헤아릴 수 있는 사람은 거의 없었다. 피고인은 흑인이고, 아파르트헤이트의 압제와 박탈, 무력화의 멍에에 시달리는 흑인의 수모는 그들에게 닫혀 있는 세계였기 때문이었다. 그러므로 흑인들의 정치적 열망을 이해하거나 공감할 수 있는 판사는 거의 없었을 것이다. 법정 밖에서 그들이 접하는 흑인은 대부분 천한 직업에 종사했다. 그들이 귀가하면 집에서 일하고 있는 가정부나 하인이 거의 전부였다. 따라서 백인의 특권과 권력을 인정하는 백인 판사로서는 기존 체제를 뒤엎으려다 정치범죄 혐의로 법정에 선 흑인 피고인에게 공감하기가 어려웠을 것이다. 아니, 그런 반체제 선동에 일말의 정당한 근거가 있을 수 있다고 생각하는 것 자체가 어려웠을 것이다. 따라서 흑인들은 대부분 판사들을 억압적인 체제의 일부로 보았다. 판사들과 변호사들은 대단히 불의한 사법 체계에 별다른 이의 없이 참여하고 있었다. 대부분의 법은 정의를 가장하지도 않았다. 근본적으로 불의한 법이었다.

아파르트헤이트 치하의 남아공 백인들은 '합법적'인 것과 '도덕적으로 옳은' 것을 혼동하는 큰 실수를 범했고, 나를 포함하여 여러 사람이 불의한 법에는 순종할 의무가 없다고 말하는 것에 대단히 흥분했다. 백인들은 교회와 '대중민주주의운동' 및 그들이 전개한 악법 불복종 운동에 크게 분개했다. 많은 남아공 백인들은 '불법적'인 것이 바로 '부도덕'한 것이라고 생각했다. 이 나라에는 남자가 아내와 동침하는 것을 범죄로 만드는 법률도 있는데, 그리스도인은 그런 인간의 법이 아니라 '하나님이 짝지어 주신 것을 사람이 나눠서는 안 된다'는 하나님의 법에 순종할 의무가 있다고 말해 줘도 그들은 이해하지 못하는 듯했다. 흑인들의 통행을 규제하기 위한 법률에 따르면, 흑인 남편이 이주노동자 자격으로 백인 지역에서 남성전용 호스텔에 묵고 있을 때 흑인 아내가 그곳으로 들어가면 법을 어기는 것이 되었다.

판사들과 변호사들에게 왜 정의와 반대되는 법률들에 협력했느냐고 물으면, 그들은 의회가 최고 권력을 가지고 있고 사법적 재량권과 선택권에 별로 여지를 남겨 두지 않았다고 변명했다. 그렇다면 차라리 사임함으로써 불의와 협력하기를 거부하는 편이 낫지 않았을까? 그러자 그들은 그런 식으로 빈자리가 생기면 정부가 참된 정의에 훨씬 적대적인 사람들을 후임으로 임명할 가능성이 높고, 정의의 가능성이 조금이라도 있는 편이 전혀 없는 것보다 낫다고 믿었다고 대답했다. 그러나 의회최고권의 신조는 의회가 국민을 대표한다고 믿을 만한 진정한 민주주의 국가에서만 타당하다고 봐야 할 것이다. 남아공의 사정은 전혀 달랐다. 법을 무시하는 판사들보다야 법치를 존중하는 판사들이 더 나았을지도 모른다. 그러나 그들이 사임했더라면 아파르트헤이트 체제의 추악함이 훨씬 일찍, 더욱 극명하게 만천하에 드러났을 것이다. 남아공 정부는 남아공에 독립적인 사법부가 존재한다고 자랑스럽게 말해 왔기 때문이다.

일부 판사들은 위원회에 충실한 의견서를 제출했으나 애석하게도 청문회에 나서기를 거부했다. 그들은 그 일이 그들의 독립성을 훼손할 거라고 주장했다. 우리는 그들의 판단을 존중했지만, 그 논리는 정당화될 수 없었다. 진실화해위원회는 다시 만들어질 가능성이 대단히 희박한 유일무이한 기관이므로 선례라는 것을 남길 수 없다. 게다가 판사들은 위원회에 참석했던 다른 모든 사람과 마찬가지로 피고석에 서지도 않았을 것이다. 그들은 과거에 무엇이 잘못되었는지 밝히고 법치와 인권이 존중되는 문화를 만들어가도록 사법부를 개혁할 방안을 함께 찾아갈 수 있었을 것이다. 위원회가 판사들을 소환할 권리를 행사하지 않은 것이 잘못이었는지도 모른다. 그들이 독립성 훼손 우려 운운하는 주장만 되풀이했기 때문이다. 아무래도 받아들이기 어려운 논리였다. 흑인들은 대부분 사법부가 비열한 체제와 결탁해 체제에 적법성을 부여했고, 그로 인해 사법 체계 전체의 평판을 떨어뜨렸다고 믿고 있다.

흑인들은 남아공 법정에서 자신들이 매우 불리한 위치에 있는 상황을 당연하게 여겼다. 판사들 중에는 돋보이는 예외가 있기는 했다. 가장 불리한 자들을 위해 정의를 확보하려 노력한 사람들, 이 괘씸한 법률을 만드는 데 참여하지 않은 사람들이었다. 그러나 판사들은 대부분 고문을 당했다는 피구금자들의 증언을 받아들이지 않았다. 피구금자는 대부분 흑인이었다. 판사들은 피구금자의 진술을 뒷받침할 의학적 증거가 분명한 경우에도 거의 언제나 경찰의 말을 믿었다. 우리 대부분은 검찰 당국과 경찰의 공모가 상당히 깊숙이 진행되었다고 믿고 있었다. 특히 활동가들의 의문사 조사 심리를 맡은 치안판사는 매번 사인(死因)이 자연사라고 결론 내렸기에 검찰과 경찰 사이에 공모가 있었을 거라는 거의 본능적인 의혹을 피할 수 없었다. 그런데 한 선임 경찰관이 위원회에 나와 그 의혹이 사실이었음을 밝혀 주었다. 그는 한 심리에서는 검사가 어떤 질문을 할지 자신에게 미리 알려 주었고 모범답안까지 넘겨주었다고 말했다.

지금의 사법부는 더 많은 여성과 흑인들이 임명되면서 변화하고 있다. 그러나 최근에 일어난 네 가지 사건으로 사람들은 사법부가 여전히 인종차별적인 태도에 사로잡혀 있는 게 아닌지 의심하게 되었다.

첫째 사건. 이전의 모든 관행을 뒤엎고, 전직 대통령(만델라)이 법정에서 증언해야 했다. 그는 대통령 재임 시절 백인 주도의 남아공럭비협회를 조사하도록 법사위원회를 임명한 것이 어떤 의도에서 내린 결정인지 대답해야 했으며, 법정은 그에게 불리한 판결을 내렸다. 둘째 사건. 한 백인 농부가 흑인 아기를 죽이고도 집행유예를 받았다. 셋째 사건. 백인 경찰관 둘이 흑인 무리를 상대로 곡괭이를 휘둘러 두 명을 숨지게 했는데도 극히 가벼운 형량을 선고받았다. 넷째 사건. 백인 남자가 흑인 여자에게 겁을 주어 사유지에서 쫓아내려고 총을 휘두르다 그녀를 죽였는데도 집행유예를 선고받았다.

이런 사건들은 안 그래도 못 미더운 사법 체계에 대한 사람들의 신뢰를 얻는 데 전혀 도움이 되지 않는다.

기업계의 경우는 어떨까. 흑인들은 대부분 모든 업체가 가능한 한 많은 이윤을 짜내기 위해 아파르트헤이트 통치자들과 결탁해서 인종차별 자본주의를 실행했다고 생각한다. 업체들, 특히 광산업은 통행법의 혜택을 보았다. 통행법은 흑인들의 이동을 엄격히 통제함으로써 그들이 시장에서 노동력을 자유롭게 팔 수 없게 했기 때문이다. 이런 악법들 때문에 반투스탄 홈랜드들은 값싼 노동력이 마르지 않는 저수지가 되었다. 이주노동자들은 일자리가 있는 동안에만 백인 지역에 머물 수 있었고, 열악한 성별(性別) 전용 호스텔에서 지내야 했다. 흑인들의 가정생활에 치명적인 피해를 준 법률이었다. 통행법을 포함한 여러 법률에 힘입어 백인 기업들은 엄청난 자본을 축적하고 증권거래소를 독점했다.

한 유엔 보고서에 따르면, 남아공은 아프리카 대륙에서 빈부 격차가 가장 크다. 위원회는 이것이 재난으로까지 이어질 수 있는 상황이며 그 격차를 좁히는 일이 절실하다고 밝혔다. 위원회는 부유세, 개인과 법인 소득에 대한 일회성 세금, 요하네스버그 증권거래소에 등록된 모든 회사의 시가 총액 1퍼센트 기부 등으로 자금을 확보해 흑인 사회 개발에 투자하자는 빈부 격차 해소책을 제시했다. 이런 제안이 실행 가능한지 판단하는 일은 전문가들의 몫이지만, 위원회는 인종차별 피해자들의 삶의 질이 구체적으로 달라지지 않는다면 진정한 화해를 기대할 수 없다는 사실을 보고서에 명백히 밝혔다. 실질적인 배상 없이는 진정한 화해란 결코 찾아오지 않을 것이다.

진실화해위원회의 여성 청문회는 여성들의 비범한 끈기와 용기를 보여 주었다. 대체로 여자 증인들은 다른 사람에게 벌어진 일을 이야기했고, 남자 증인들은 자신이 당한 일을 이야기했다. 따라서 여성 피해자들에게 초점을 맞춘 청문회를 따로 열어 여성들이 당한 학대와 인권 침해에 대해 듣는 것이 합당하다는 생각이 들었다. 여성들은 다른 사람들과 함께 있지 못하는 상황에서 남자들보다 더욱 큰 고통을 받았고, 고문자들이 인간관계를 이용해 괴롭히거나 아이들의 건강이나 목숨을 핑계로 거짓말을 하면 훨씬 더 괴로워했다. 많은 여성들은 성폭행을 당했다고 증언했다. 여성성은 그들을 욕보이는 도구로 쓰였다. 그들은 강간을 당했고, 생리 기간에 씻을 수 없었으며, 그들이 해방투쟁에 전투원으로 참여한 것은 밖에서 남자를 만날 수 없는 것에 대한 보상에서일 따름이니 실상은 남자 군인들의 무료 매춘부에 불과하다는 비밀경찰들의 조롱을 감내해야 했다.

나는 피해자 청문회를 통해 우리가 여성들에게 커다란 빚을 졌고, 그들이 없었다면 자유도 없었을 것이라는 사실을 처음으로 생생히 깨닫게 되었다. 해방투쟁에서 여성들이 감당한 놀라운 역할에 대해 경의를 표하고 싶다. 어느 날, 내 아내 리아는 신이 난 얼굴로 어떤 차의 범퍼스티커를 가리켰다.

"남녀평등, 여자에겐 너무 소심한 목표."

남아공의 여자들은 정말 훌륭했다.

옥석이 섞여 있는 증언

진실화해위원회를 통해 진정 아름다운 뜻밖의 행위도 드러났다. 포트엘리자베스에서 열린 인권 침해 소위원회 청문회에서, 아이비 그시나는 여간수인 백인 여성 이레네 크라우스가 베푼 친절을 소개했다.

그날 밤 한 가닥 불빛이 나타나더니 제가 갇혀 있던 독방 문이 열렸습니다. 누군지는 보이지 않았습니다. 저는 그 사람을 쳐다보지 않았습니다. 그녀가 제게 말했습니다.

"아이비, 나예요. 크라우스 경사예요. 약을 가져왔어요."

그녀는 저를 문지르며 약을 먹으라고 말했습니다. 저는 아무것도 집을 힘이 없지만 시도해 보겠다고 했습니다. 무슨 수를 써서라도 집어먹겠다고 했습니다. 그녀가 말했습니다.

"괜찮아요. 걱정 말아요. 내가 도와줄게요."

그리고 제게 약을 먹여 주고 제 몸을 마사지해 주었습니다. 그러고 나서 저는 비로소 잠을 청할 수 있었습니다.

며칠 후, 지역신문 〈이스턴프로빈스헤럴드〉는 아이비 그시나가 이레네 크라우스를 포옹하는 큰 사진과 관련 기사를 1면에 실었다.

활동가 아이비 그시나는 고문을 당했을 때 자신을 찾아왔던 자비의 천사와 어제 재회했다. 그 천사는 몇 시간에 걸친 비밀경찰의 가혹한 심문으로 만신창이가 된 그시나를 찾아와 손을 잡아 주고 상처를 치료해 준 친절한 간수다. 두 여인은 서로 껴안으며 울고 웃었다. 37세의 이레네는 "당신이 나를 기억할 줄 몰랐어요"라고 말했다. 59세의 아이비는 이렇게 대답했다.

"내가 폭행당해 쓰러져 있을 때 나를 도와주었잖아요. 밤중에 내 독방에 찾아왔잖아요. 그런 은인을 어떻게 잊을 수 있겠어요?"

아이비는 이렇게 회상했다.

"우리는 인간으로, 여자로 만났어요. 서로 통하는 바가 있었지요. 그녀는 내게 깨끗한 수건을 가져다주고, 몸이 어떠냐고 물어봤어요. 정말 귀한 만남이었습니다."

이레네는 아이비를 도우면서 '자신의 의무를 다하는 것일 뿐'이라고 생각했다고 말했다.

진실화해위원회가 완벽했다거나 위원들에게 오류가 없었다고 말하는 것은 정직한 일도 아니고, 누구에게도 도움이 되지 않는 일이다. 결코 그렇지 않았다.

우리는 어떤 점에서 흠이 있었고, 다른 보통 사람들과 마찬가지로 재능과 결점이 섞인 인간이었다. 우리는 미덕의 화신과는 거리가 멀었다. 원통하고 또 한탄스럽게도, 우리는 전혀 그렇지 못했다. 위원회 활동에 옥석이 섞여 있다는 말은 심오할 것도 없다. 위원회는 훌륭한 일을 했고, 칭찬할 만한 업적도 거두었다. 하지만 안타깝게도, 우리가 다른 방식으로 했다면 좋았을 일, 훨씬 잘할 수도 있었을 일들도 있었다. 그러나 우리가 맡은 일의 성격이 그렇게 유동적이었다. 우리는 지도에 나오지 않는 곳을 항해하고 있었고, 상황에 따라 임기응변으로 대처해야 하는 경우도 많았다. 그렇게 많은 일을 이루어 낸 것은 위원회 활동에 참여한 사람들 덕분이다.

내가 볼 때 위원회의 가장 큰 약점은 백인 사회 대다수를 위원회 활동으로 이끌어 내지 못했다는 점이다. 우리가 잘못한 부분도 있을 것이다. 하지만 백인 동포들의 태도에도 아쉬운 부분이 있다. 대체로 그들은 새 체제를 전폭적으로 받아들이기를 거부했는데, 그와 비슷한 태도로 위원회를 대했다. 내가 볼 때, 그들은 불평하고 성급하게 비난하고 현재 권력을 잡은 사람들의 결점을 비판하며 흐뭇해하는 데 너무 많은 시간을 허비했다. 그들은 정치권력을 일부 잃어버렸다는 사실에 지나친 적개심을 품었다. 문제는 어떤 사회·정치적 상황에서도 승자나 패자, 둘 중 하나가 될 수밖에 없다고 스스로 믿었다는 것이다. 이런 사고방식에는 다양한 세력의 권력 참여, 권력 분배가 설 자리가 없다.

비통하게도 남아공 백인 사회에는 이렇게 말할 수 있는 백인 지도자가 없다.

"백인 동포 여러분, 깨어나십시오! 우리가 독점적 정치 권력은 잃었을지 모릅니다. 하지만 아직 우리 수중에는 많은 권력이 남아 있습니다. 우리는 상당한 경제력을 쥐고 있습니다. 돈은 거의 잃지 않았습니다. 아름다운 집에서 쫓겨나지도 않았습니다. 낡아빠진 집에서 살지도 않습니다. 우리는 흑인들보다 훨씬 많이 배웠고, 우월한 교육수준에서 나오는 힘을 갖고 있습니다. 우리는 새로운 체제를 열정적으로 환영하고 그 성공을 빌며 우리가 가진 기술과 자원, 돈을 내놓을 수 있습니다. 우리는 정말 운이 좋았습니다. 우리가 가진 모든 것을 새 체제의 성공을 위해 투자합시다. 그렇지 않으면 언젠가 흑인들은 이 정치적 변화가 그들에게 실질적인 어떤 변화도 가져다주지 않았다며 분노하게 될 것이고, 그때가 되면 만델라 같은 지도자도 그들을 제어할 수 없을 것입니다. 그렇게 되면 우리도 끝장입니다. 새로운 체제를 향한 시도가 성공하는 것이 우리에게 가장 이익이 됩니다. 우리의 협조가 없으면 그 시도는 처참하게 실패하고 말 것이며, 우리는 침몰하는 '타이타닉'과 함께 가라앉고 말 것입니다."

우리는 지속적으로 노력했지만 잉카다 자유당의 헌신적인 참여를 얻어 내지 못했다. 우리는 정말 애를 썼다. 하지만 위원회에 대한 그들의 공식적인 입장은 좋게 보아야 미온적이었고, 많은 경우 적대적이었다. 결국 우리는 부텔레지 당수에게 잉카다 자유당의 일반 당원들은 먼저 인권 침해 소위원회에서 증언을 하지 않고서는 대통령 기금에서 배상금을 받을 수 없다는 사실을 지적했고, 인권 침해 소위원회를 통해 그들이 법에서 정한 피해자라는 확정을 받게 되면, 어느 정도의 배상을 받을 수 있는지 판단하는 배상복권 소위원회로 그들의 명단이 넘어가게 되어 있다는 절차도 설명했다. 그제야 잉카다 자유당은 당원들에게 진실화해위원회에 가야 한다고 공식적으로 말했다. 그렇게 되자 막판에 신청서들이 쇄도했고, 우리는 그 많은 신청서를 극히 짧은 시간에 처리해야 했다. 일부 피해자들은 사면 소위원회에서 배상복권 소위원회로 곧장 명단이 넘어가기도 했지만, 대부분의 피해자들은 대체로 인권 침해 소위원회를 거쳤다.

배상과 복권 과정에도 허점이 있었다. 우선, 사면 신청자들은 사면을 받은 즉시 자유의 몸이 되었지만, 피해자들은 위원회가 보고서를 제출한 지 일 년이 다 되도록 최종 배상금을 받지 못했다. 이 문제에 대해서는 앞서 지적한 바 있다. 나는 많은 피해자들이 위원회 앞에서 증언하는 것을 묵은 감정을 정리하는 전환점으로 삼았다는 말도 했다. 그러나 위원회가 그들에게 장기적인 상담과 지원을 제공하지 못한 것을 속상해하고 비판하는 사람들도 있었다. 위원회 직원들 중에도 같은 생각을 하는 사람들이 있었다. 물론 우리는 일반 형사법정에서 증언하는 피해자들이 기대할 수 없는 많은 지원과 정서적 안정감을 제공하기 위해 증인들에게 '동반자'들을 붙여 주었다. 하지만 많은 사람들 앞에서 자신의 상처를 다시 연 피해자들은 그에 따른 고통을 감당할 충분하고 전문적인 도움을 받지 못하여 이전보다 더 큰 상처를 안고 돌아가게 된 경우도 있었을 것이다.

위원회의 법적 임무가 복권과 배상 조치에 대해 조사하여 정부에 권고하는 것이지 실행하는 것이 아니라는 데 어려움이 있었다. 따라서 우리는 위원회를 찾아온 피해자들에게 동반자들이 줄 수 있는 것보다 더 많은 심리적·정신적 상담과 지원을 제공하는 데 필요한 정부 기금을 확보할 수 없었다. 위원회는 그러한 상담과 지원의 엄청난 빈자리를 힘써 메워 준 시민단체들과 종교기관들에 큰 빚을 졌다. 이런 중요한 일이 진실화해위원회의 치료 과정의 핵심 부분이 되었더라면 훨씬 더 좋았을 것이다. 그리고 이미 말했듯 공개 청문회에 출두한 사람들은 위원회에 찾아온 사람들의 10분의 1에 해당하는 수일 뿐이었다. 결국, 위원회 권고안을 실행에 옮겨 복권(復權)과 배상 프로그램을 실시하고 피해자들의 기대를 채워 주는 일은 정부와 시민사회의 몫이 될 것이다.

진실화해위원회와 사면 소위원회는 대체로 잘 협력했지만, 때때로 어려움이 있었다. 위원회 근거 법안의 초안이 작성되었을 때, 국민당은 위원회가 구체제에 부정적인 편향을 보이지 않을까 우려했다. 그래서 1인 판사가 사면 소위원회의 의장을 맡고 사면 소위원회의 사면 결정은 위원회의 나머지 위원들이 볼 수 없도록 했다. 따라서 사면 소위원회는 상당한 자율성을 갖게 되었다. 사면 소위원회의 사면 결정을 재검토하고 파기하려면 법정까지 가야 했다.

만델라연합축구클럽과 위니 마디키젤라–만델라 부인에 대한 청문회 도중, 우리는 37명의 아프리카 민족회의 지도자들이 사면을 받았다는 소식을 들었다. 그들이 사면을 신청한 동기는 훌륭했다. 그들은 아프리카 민족회의가 간부들의 행동에 집단적 책임을 진다는 점을 보여 주고 싶어 했다. 그런데 불행히도, 법률에는 구체적인 범죄 행위를 명시하지 않고 이루어지는 집단 사면에 대한 규정이 없었다. 그래도 사면은 이루어졌다. 우리 중에서 변호사가 아닌 사람들조차 사면 소위원회의 결정에 눈살을 찌푸렸다. 하지만 우리는 양손이 묶여 있었다. 위원회가 할 수 있는 일이라고는 산하 조직인 사면 소위원회를 대상으로 소송을 제기하는 것뿐이었다. 우리는 소송이 장기화되는 상황을 피하고자 아프리카 민족회의와 합의를 도출하기 위한 협상을 시도했다.

국민당은 우리가 이런 절차에 들어갔음을 알면서도, 정치적인 이득을 챙길 요량으로 위원회가 법정에 제기한 신청의 심리가 이루어지기도 전에 소송에 들어갔다. 결국 위원회 측 신청과 국민당의 신청에 대한 심리가 같은 날 이루어지고 사면 소위원회의 결정은 파기되었다. 나는 국민당의 파렴치한 행동에 역겨움을 느꼈다. 그들은 자신들의 압력에 못 이겨 위원회가 행동에 돌입했다며 성공을 자축했다. 진실은 그 반대라는 걸 알면서도 말이다. "이번 일은 진실화해위원회가 아프리카 민족회의에 편향적이라는 것을 보여 주는 또 다른 사례입니다." 그들은 이런 주장을 끝도 없이 계속했다. 내가 정치가가 될 만큼 영리하지 못한 것이 다행이다. 그런 정치인들은 정직이 눈앞에 있어도 그것이 무엇인지 알아보지 못할 것이다.

위원회의 큰 성과 중 하나는 구체제하에서 활동한 많은 경찰들이 증인으로 나서서 사면을 신청하고 자신들이 저지른 일을 털어놓았다는 사실이다. 우리가 밝힐 수 있었던 진실은 상당 부분 가해자들의 입에서 나온 것이었다. 그들의 증언은, 위원회를 통해 언론에 공개되는 대부분의 범죄들이 피해자 청문회에 나온 증인들이 근거 없이 떠드는 주장과 비난에 불과하다고 비판하는 소리를 확실하게 반박해 주었다. 피해자 청문회에 나선 증인들의 증언 내용은 사면 청문회에서 드러난 상습적인 잔혹 행위들과 충격적인 내용에 비하면 아무것도 아니었다.

한 어머니는 아들이 구금되었다가 나온 후 달라졌다고 증언했다. 갑자기 휠체어 신세를 지게 되었고 머리카락이 모두 빠져 버렸다고 했다. 이후 아들은 흔적도 없이 사라졌다. 그녀는 보안부대가 어떤 식으로든 이 일에 개입했을 거라고 추측했다. 전모를 알고 있던 경찰은 그녀가 증언하면서 경찰을 거론하지 못하게 막는 법원금지명령을 받아 냈다. 그러나 결국 아들에게 벌어진 일을 밝힌 사람은 그녀가 아니었다. 범인들, 금지명령을 받아 내기 위해 법정에서 거짓말까지 했던 사람들이 사면을 신청하면서 모든 사실을 털어놓았다. 그전까지는 누구도 구금 도중 그 아들에게 약을 먹인 사실을 인정하지 않았다. 그런데 그를 죽인 범인들이 구역질 나는 범행을 자백하고 사건의 전모를 털어놓았다. 그들은 그녀의 아들 시피웨 음팀쿨루를 납치하여 커피에 약을 타서 먹인 뒤 머리에 총을 쏘아 죽이고 시체를 불태웠다. 시체가 다 타기까지는 여섯 시간이 걸렸다. 넓적다리 앞부분까지 재가 되도록 태우느라 시간이 많이 걸렸고 불이 꺼지지 않게 하려고 교대로 계속 불을 지폈다. 그리고 불탄 유해를 모아 인근의 피쉬 강에 뿌렸다.

그들은 위원회에 이 사실을 이야기했다. 그 이전까지 그들은 음팀쿨루 실종 사건에 대해 침묵하기로 한 합의를 지키고 있었다. 그들은 법정에서 선서를 하고도 그런 위증을 한 것이다. 법치의 도구가 되어야 할 선임 경찰관들이 뻔뻔하게 위증함으로써 오히려 법치를 훼손했다. 법정에서는 거짓말을 하며 자신의 결백을 주장하던 범죄자들이 위원회의 사면을 받기 위해 모든 사실을 온전히 털어놓아 사건의 진상이 드러날 수 있었다.

많은 경찰관들이 위원회를 찾아와 사면을 신청한 것은 다행한 일이지만, 구(舊)남아공방위군(SADF)이 위원회에 거의 협조하지 않은 것은 진실화해위원회의 서글픈 약점이었다. 군인들이 많이 나와 증언하지 않았기 때문에 역사의 많은 부분이 공백으로 남았다. 사면 신청을 한 주요 군인들은 군경합동작전에 참여했던 경찰관들이 사면 신청을 하면서 어쩔 수 없이 동참한 경우였다. 우리의 치유와 화해가 영속

적이고 실질적인 것이라고 단언하기에는 아직 이르다. 이
말에는 많은 진실이 담겨 있다.

총체적 전략

남아공방위군은 P. W. 보타 전 대통령이 (그와 군부에
따르면) 남아공의 혁명을 획책하는 공산주의의 '총공세'에
대응하기 위해 구상한 '총체적 전략'의 일부였다. 당시 남아
공을 다스리는 실세는 국가안보회의였다. 국가안보회의는
법적으로 내각의 하위조직이었지만 당시 정부의 생각을 지
배하여 사실상 나라를 다스리는 '안보관리들'이었다. 1980
년대에 접어들면서 남아공은 거의 전시체제로 들어갔다.
안 그래도 법치와 인권이 존중되지 않던 나라에서 흑인들
의 권리는 더욱 줄어들었다. 정부의 결정에 문제를 제기하
는 것은 비애국적인 일로 여겼다. 정부의 결정이란 실제로
는 국가안보회의의 결정이었다. 권력자들이 결정한 국가안
보가 모든 것보다 앞섰다. 그렇게 해서 남아공 백인들은 바
깥 어딘가에 자신들을 공격하고, '남아공의 생활방식'을 파
괴하려 드는 나쁜 세력이 있다고 생각하게 되었다. 그 적대
세력은 남아공의 기독교 정부를 전복시키고, 불경건하고
무신론적이고 비민주적인 공산주의 독재체제로 대체하고
싶어 하는 세력이었다. 아파르트헤이트 정부는 남아공 북
쪽, 사회주의를 채택한 아프리카 나라들에 닥친 재난을 가

리키며 그 나라들이 곤란한 결말을 맞게 된 이유가 믿을 수 없고 무책임한 흑인들이 정권을 넘겨받았기 때문이라 선전했다.

당시는 초강대국인 미국과 소련이 냉전을 벌이던 시기였다. 두 나라는 온갖 방식으로 냉전을 치렀는데, 다양한 교전지대에서는 보호국을 대리로 내세워 싸움을 벌였다. 교전지대에서 힘을 보여 주고 영향력을 확고히 하기 위해서였다. 당시의 미국은 반공산주의를 천명하기만 하면 아무리 인권 상황이 나쁜 정부라 해도 열렬히 지원했다. 따라서 아파르트헤이트 정부는 로널드 레이건 대통령의 악명 높은 '건설적 개입' 정책에 기대어 막대한 혜택을 누렸다. 미국은 반아파르트헤이트 정서에 말로만 동의했으며, 아파르트헤이트 정권처럼 제멋대로 된 정부라도 고립시키고 배척하는 것보다는 계속 관계를 유지하는 것이 개선의 가능성이 더 높다고 말했다.

나는 레이건 대통령과 마거릿 대처 영국 수상이 대(對)남아공 정책을 바꾸어 경제제재 조치를 가하고 그로 인해 변화를 가져오는 평화적 전략을 택하도록 설득하려 했으나 실패했다. 1984년 노벨평화상을 받은 직후 백악관에서 레이건 대통령과 그의 각료들을 만났지만 성과는 없었다. 내가 여행 서류를 보여 주자 레이건 대통령은 다소 놀랐다. 나는 통상적인 남아공 여권을 받지 못했기 때문이다. 그가 충격적으로 느낀 부분은 그 문서에 내 국적이 '현재 미정'으로 되어 있다는 사실이었다. 나는 대처 수상과 차를 마셨다. 우리는 다우닝가 10번지(총리 관저)에서 한 시간가량 대화를 나누었는데, 그녀는 매력이 넘치는 사람이었다. 약자들에게 전혀 관용을 베풀지 않는 철의 여인이라는 이미지와는 전혀 다른 매력적인 모습에 깊은 인상을 받았다. 그러나 나는 대처 수상이 제재 조치의 중요성을 깨닫게 하지는 못했다. 그녀는 기존의 평판에 걸맞게 '입장을 바꾸지 않았다.' 하지만 감사하게도 두 나라 국민들이 결국 우리의 탄원에 귀를 기울였고 미국을 필두로 남아공에 얼마간의 경제제재 조치를 가하여 아파르트헤이트의 종언에 크게 기여했다.

레이건 행정부는 니카라과의 콘트라 반군(叛軍)에 자금을 지원하여 산디니스타 해방운동을 뒤엎으려 했다. 그들은 필리핀의 페르디난드 마르코스 대통령과 그의 독재정권을 지지했고, 마르크스주의 성향의 앙골라 인민해방운동(MPLA) 정부에 맞서 격렬한 내전을 벌이던 요나스 사빔비 박사의 유니타(UNITA, 앙골라 완전독립민족동맹)를 한결같이 지원했다. 남아공도 그 싸움에 끼어들어 유니타를 지원했다. 남아공은 앙골라 인민해방운동이 앙골라에 기지를 제공한 나미비아 해방운동조직인 남서아프리카 인민기구에 맞서 싸우고 있었기 때문이다.

남아공은 긴급 월경(越境) 추적 정책을 고수했다. 남아공 방위군은 보츠와나, 레소토, 스와질란드, 모잠비크, 앙골라, 잠비아, 탄자니아, 짐바브웨 등 소위 접경 국가들에 테러분자들의 기지와 야영지가 있다며 그곳들을 급습했다. 그 과정에서 남아공 방위군은 이들 나라들의 영토주권을 침해하고도 아무런 대가를 치르지 않았다. 이 나라들이 남아공 망명자들과 해방운동단체들에게 은신처와 안전한 기지를 제공하지 못하게 하려는 의도였다. 남아공은 이 나라들 내부의 반대 세력들을 지원하여 불안정을 조장함으로써 이 정책을 보강했다. 남아공은 모잠비크에서 다수당 프렐리모(Frelimo, 모잠비크 해방전선) 정부에 맞서 살벌한 전쟁을 벌이고 있는 알폰소 들라카마의 레나모(Renamo, 모잠비크 민족저항운동)를 지원했다. 레나모는 동포 모잠비크인에게 끔찍한 잔혹 행위를 저지르는 것으로 알려져 있다. 인질의 귀, 코, 입술, 몸의 기타 부위들을 잘라 내거나, 마을 아이들과 여자들을 통째로 납치해 여자들은 성폭행하고 어린 소년들을 강제로 소년병사로 만들었다. 이웃나라에 대한 아파르트헤이트 정부의 불안정화 정책은 모잠비크와 앙골라를 황폐하게 만든 내전의 부분적인 원인이었다.

1989년 10월에 발표된 〈아파르트헤이트 테러리즘〉[1]이라는 보고서는 1980년부터 1988년 사이에 활성화된 남아공 방위군의 불안정화 정책으로 다음과 같은 결과가 나왔다고 추정했다.

- 150만 명 사망.
- 400만 난민.
- 미화 600억 달러에 이르는 경제적 파괴.
- 레나모와 유티나에 제공한 무기 대금을 결제하기 위해 코끼리와 코뿔소 10만 마리를 죽여 상아와 뿔을 확보함.

앙골라와 모잠비크는 지금도 내전의 값비싼 대가를 치르고 있다. 아직까지 땅에 묻혀 있는 지뢰 때문에 경작지의 상당 부분이 농사를 지을 수 없기 때문이다. 호아킴 치사노 대통령은 1999년 5월 마푸토에서 열린 지뢰 콘퍼런스에서 모잠비크에 묻혀 있는 200만 개에 가까운 지뢰를 제거하는 데 60년이 걸릴 거라고 말했다. 1993년부터 미화 160만 달러라는 어마어마한 비용을 들여 6만 개의 지뢰가 안전하게 제거되었다. 남아공 방위군은 그런 황폐화에 기여했고, 끝없는 내전으로 인한 앙골라의 황폐화는 계속되고 있다.

위원회는 남아공 방위군이 여러 가지 심각한 인권 침해를 저질렀음을 알게 되었다. 1978년 남아공 방위군은 앙골라의 카싱가 캠프를 급습하여 600명의 나미비아인을 학살했다. 남서아프리카 인민기구는 카싱가가 난민캠프였다고 주장했지만, 남아공 방위군은 그 주장을 반박하며 그곳은 군대 주둔지여서 적법한 군사 공격의 표적이었다고 주장했다. 우리는 보고서에서 그 공격으로 캠프의 민간인 거주자들에 대한 심각한 인권 침해가 발생했음을 밝혔다.

남아공 방위군 요원이 위원회에 더 많이 나와 증언을 하고 총공세 이데올로기에 얽힌 비밀과 그것의 실질적인 결과를 밝히는 데 좀 더 협조했다면 좋았을 것이다. 우리가 아는 내용은 총체적 전략이 1980년대 중반부터 남아공 내 경찰 활동이 점점 더 군사화되는 결과를 낳았다는 것이다.

군대의 목표는 적군을 죽이고 그들의 장비를 파괴하는 것이다. 1980년대 아파르트헤이트에 대한 저항이 거세어짐에 따라, 이 철학은 점점 내부의 적에게 적용되기 시작했다. 따라서 혐의자들과 피의자들을 체포하는 대신, 그들을 제거하는 것이 점점 더 관행으로 굳어졌다. 남아프리카 학생회의 멤버였던 십대 네 명이 바로 이런 일을 당했다. 그중에서 빔보 마디켈라, 응칭고 마타바네, 파야나 응흘라포는 죽임을 당했고, 잔디실레 무시는 부상을 입었다. 1982년 2월, 비밀경찰은 그들을 요하네스버그 서쪽 크루거스도르프 부근의 폐광에 있는 펌프장으로 유인했다.

그들을 살해한 죄목에 대해 사면을 신청한 사람들은 전직 비밀경찰관 빌렘 스혼, 아브라함 흐로벨라, 얀 쿠체이, 크리스티안 로리흐였다. 사면 소위원회에서 그들은 한 아스카리에게서 그 학생들이 음코시 준위라는 비밀경찰관을 죽이고자 하며 그에 필요한 무기를 구한다는 말을 들었다고 했다. 쿠체이는 그 활동가들을 체포하기보다는 죽이는 게 최선일 거라 판단했다고 말했다. 사건은 이 젊은이들이 자폭한 것처럼 보이도록 꾸며졌다. 사면 청문회에서 사면 신청자들은 십대였던 희생자들의 나이를 알고 있었는지, 그들이 정말 테러분자였는지, 경찰은 그들에 대해 살해 외의 대안조치를 고려한 적이 있는지 등의 질문을 받았다. 범죄자들은 고참 경찰들이었고, 그들의 계획은 준장의 허가를 받았다. 그런 결정이 내려진 이유는 혐의자들을 법에 따라 다루기가 까다로웠기 때문이다. 그들을 체포하여 공개 재판에 세우고 체제 전복 행위를 구상했거나 모의했음을 의심의 여지가 없도록 입증할 만한 증거를 제시하기란 매우 어려웠다. 또 매우 많은 시간이 드는 일이 될 것이므로 그들을 체포하기보다는 죽이는 게 낫다고 판단한 것이다.

국가안보회의 회의록에는 1980년대부터 사람들을 '제압하라' 혹은 '제거하라' 등의 심상찮은 단어가 대거 등장한다. 그런데 아파르트헤이트 정부 지도자들은 그것이 '구금하다' 혹은 '금지하다' 등의 말과 다를 바 없는, 그다지 악의 없는 단어라 했고, 우리가 그 말을 믿어 주기를 바랐다. 반면 명령을 수행한 사람들은 한결같이 그 말들을 죽이고 살해하고 암살하라는 뜻으로 이해했다.

위원회는 정치가들이 연단과 의회에서 행한 연설과 국가안보회의 문서들에서 찾아낸 몇 가지 구절을 보고서에 실었다. (아프리칸스어에 대한 번역은 보고서의 내용을 그대로 실음.)

- 적의 지도자들을 제거하라(*elimineer vyandelike leiers*).
- 제압하라(*neutraliseer*).
- 공식 · 비공식 경찰력을 활용해 위협 세력을 제압하라.
- 테러분자들을 분쇄하라.
- 사람, 시설, 기금 등에 대한 물리적 파괴(*fisiese vernietiging-mense, fasiliteite, fondse, ens*).
- 빼버려라(*uithaal*).
- 싹쓸이하라(*uitwis*).
- 몰아내라/깨끗이 처리하라(*verwyder*).
- 계획을 세워라(*maak'n plan*).

– 구금 외의 방법들(*metodes ander as aanhouding*).

– 비재래식 방법들(*onkonvensionele metodes*).

아파르트헤이트 지도자들은 공개석상에서 다음과 같
은 표현을 썼다.

> 보안군은 [아프리카 민족회의를] 보는 족족 공격할 것입니다.
> 지금 나는 정부의 정책을 말하고 있습니다. 그들이 우리 국
> 경을 넘어오는 것을 팔짱을 낀 채 그냥 보고만 있지 않을
> 것입니다. 우리는 계속 감시할 것입니다. 올바른 표적들을
> 찾아내어 테러분자들, 그들의 동료 여행자들, 그들을 돕는
> 자들까지 분쇄할 것입니다. (1986년 2월 4일, 국방장관 마그누
> 스 말란 장관의 의회연설에서)

경찰관과 군인들은 바로 이런 배경에서 자신들이 받은
명령을 해석했다. 일부 정치, 군사, 경찰 지도자들은 곤란한
입장에 처하게 되자 그런 표현들의 '모호함'은 시인하면서
도 부하들에게 법을 어기라고 지시할 의도는 없었다고 항
변했다. 그런 말을 듣고 있자니 "제발 좀 작작 하시지!"라고
쏘아붙이고 싶어졌다. 단지 구금, 체포, 금지, 추방을 허가
한다고 말하고 싶을 뿐이었다면, 도대체 왜 분명하고 명확
하게 명시적으로 그렇게 명령하지 않았는가?

데 클레르크 정부 시절 경찰 총책임자를 맡았고 국가
안보회의 위원이자 전직 비밀경찰 사령관이었던 요한 판

데어 메르베 장군은 여러 살인죄에 대해 사면을 신청하면서 좀 더 솔직하게 말했다. 위원회 보고서는 군인 청문회에서 행한 그의 증언을 인용했다.

> [보안군에게 제공된] 모든 무력은 아프리카 민족회의/남아프리카 공산당이 혁명 목표를 달성하지 못하게 하기 위한 것이었고, 우리는 종종 구 정부의 승인하에 법의 경계를 넘어선 작전을 수행해야 했습니다. 그 결과, SAP[남아공 경찰], 특히 보안부대는 필연적으로 불법적 행위도 감행하게 되었습니다.

그는 이런 증언도 했다.

> 군인에게 '적을 제거하라'고 말하면, 상황에 따라 그는 그 말을 죽이라는 뜻으로 이해할 것입니다. 그것이 그 말의 유일한 의미는 아니지만, 두드러진 한 가지 의미인 것은 분명합니다.

그는 증언 도중 명확한 답변을 요구받기도 했다.

> **위원회:** 파괴하라, 박멸하라, 싹쓸이하라, 제거하라 등의 단어들을 사용한 것이 … 사람들의 죽음으로 이어졌다는 데 동의하십니까?
> **판 데어 메르베 장군:** 예, 의장님.

명령을 실행에 옮긴 사람들에게로 가까이 갈수록 대답은 더욱 분명했다.

'빼 버려라'나 '제거하라'는 말은 전혀 불분명하지 않았습니다. 그 말은 사람을 죽이라는 뜻이었습니다. (경찰 보안대 정보부 책임자였던 알프 오스퇴이젠 준장의 말. 이 말도 진실화해위원회 보고서에 인용되었다.)

일부 전직 각료 장관들은 P. W. 보타의 측근들이 죽이고 파괴하라는 직접적인 명령을 내렸다고 말했다. 그러나 1990년 데 클레르크가 흑백 간의 협상을 개시한 후 아파르트헤이트에 대해 사과한 최초의 국민당 고위직 관계자인 개혁파 레온 베셀스는 그것이 변명이 될 수 없다고 말했다.

더 나아가 나는 '우리는 몰랐다'라는 정치적 변명이 내게는 통하지 않는다고 생각합니다. 여러 면에서 볼 때, 우리는 그것을 알고 싶지 않았던 것뿐이니까요.

이러한 인용문들을 볼 때, 아파르트헤이트 정부가 반대자들의 암살을 승인하지 않았다는 주장은 받아들이기 어렵다. 이것은 이치에 맞지 않다. 우리는 증인들의 증언을 통해 P. W. 보타가 1978년 수상으로, 나중에는 대통령으로 권좌에 오르면서 이런 식의 불법적인 편법을 썼다는 사실을 알게 되었고, 이후 국가가 반대자들을 다룰 때마다 같은 짓을 되풀이했다는 것도 알았다. 우리는 이 내용을 보고서에 실었다. 보타 정권에서 시작된 범죄 행위는 그의 후임인 F. W. 데 클레르크 대통령 시기까지 이어졌다. 국가가 범죄 영역으로 들어갔으니 적법한 권위를 지닌 것으로 여길 수 없었다. 당시 각료 장관이던 미스터 플로크의 말에 따르면, 보타 대통령은 코초하우스의 폭탄공격을 명령했다.

위원회의 판단으로는 군사적인 전략을 자꾸만 늘리면 어떤 결과가 나타날지 국가안보회의 의원들이 예측하지 못했다고 보기 어려웠다. 위원회는 그들이 군사작전에 임하는 사람들과 평화적으로 아파르트헤이트에 반대하는 사람들을 구분하기 위한 어떤 조치도 취하지 않았음을 알게 되었다. 그들은 '테러분자'라는 단어를 정확하게 정의하지 않은 채 폭넓게 사용하여 모든 반대자를 적법한 제거 대상으로 취급했다.

위원회는 국가안보회의 문서들이 '그럴듯한 발뺌'의 원칙을 잘 보여 주고 있음을 발견했다. 정치가들은 자신들이 보안부대의 잔학 행위를 지시했으면서도 문제가 생기면 책임을 하급자들에게 떠넘길 수 있도록 일부러 모호한 표현을 사용했다.

그가 정말 미안하다고 말할 수 있을까?

1996년 후반, 사면 청문회 도중에 P. W. 보타가 코초하우스를 폭파하라는 명령을 직접 내렸다는 증거가 나왔다. 당시 전직 대통령 보타는 서던케이프 근처 해변마을인 조지의 퇴직자 전용 아파트에서 지내고 있었는데, 반아프리카너이자 국민당에 대해 부정적인 편견을 가졌다고 비방받았던 위원회 부의장 알렉스 보레인 박사가 내게 보타를 방문할 것을 제안했다.

그전에 나는 보타 씨를 몇 번 만난 적이 있다. 첫 번째 만남은 1980년에 있었다. 당시 남아공 교회협의회 사무총장이던 나는 교회 지도자들을 대표하여 프리토리아에 있는 유니온빌딩의 정부청사에서 그와 각료들을 만났다. 우리 동료 중 일부는 불법적인 정권의 수장과 거래를 했다며 우리를 신랄하게 비판했다. 하지만 모세도 그렇지 않았던가. 그는 바로의 마음이 완악해졌음을 알면서도 몇 번이나 그를 찾아갔다. 화해가 인기가 없던 시절에도 나는 지금 못지않게 화해를 적극 지지했다.

그 모임에서 나는 보타 씨에게 많은 제안을 했다. 그 제안들이 받아들여졌다면 우리나라에 안정을 가져다줄 평화로운 협상 기반이 놓였을 것이다. 모임은 상당히 화기애애한 분위기에서 시작되었지만, 남아공 방위군이 '작전지'라 부른 나미비아-앙골라 접경 지역에 대해 그가 선전을 늘어놓고 우리가 거기에 반발하면서 대화의 물꼬가 막히고 말았다. 나중에 나는 우리와 이야기하는 와중에도 보타 정부가 교회협의회를 와해시키려는 민간 우파단체에 몰래 자금을 대고 있었음을 알게 되었다.

1986년, 나는 보타 씨와 다시 대화를 시도했다. 내가 남아프리카 교회협의회 동료들과 노벨평화상을 받고 케이프타운 대주교로 선출된 직후의 일이다. 나는 그가 내 설득을 받아들이고 입장을 바꾸어 평화로운 화해의 가능성이 열리는 기적을 희망했다. 그것은 일대일 면담이었다. 이번에도 상당히 우호적인 만남이었지만 나는 어떤 양보도 얻어 내지 못했다. 모임이 끝난 후 우리는 언론 앞에서 따스한 악수를 나누었다. 그러나 그때 찍은 사진 속 내 얼굴에는 불편한 기색이 역력하다.

　　보타 씨와의 세 번째 만남은 1988년에 이루어졌는데, 그때가 가장 힘들었다. 1960년 대학살의 현장이기도 했던 타운십 샤프빌에서 살인사건이 발생했고, 나는 그 사건을 공모한 혐의로 사형선고를 받은 여섯 명의 생명을 살려 달라고 호소하기 위해 그를 찾아갔다. 만남 초반은 우호적이었고, 우리 두 사람은 그가 대통령 사면권을 발동할지를 놓고 상당히 합리적인 토론을 했다. 그런데 그가 갑자기 화제를 바꾸더니 여러 교회 지도자와 짜고 불법 행진을 주도한 내 행태를 맹렬히 비난하기 시작했다. 문제의 사건에서 우리는 수많은 정치 단체들을 부당하게 제약하는 것에 항의하는 뜻으로 의회까지 행진한 바 있었다. 그는 의원들과 언론에 이미 배포한 바 있는 서신을 나에게 건넸고, 나는 경우에 어긋나는 일이라고 항의했다. 그러자 그는 내가 어느 장례식에서 공산주의 깃발을 들고 행진했다며 강력히 성토했다. 그 말이 거짓인 줄 뻔히 아는 나는 증거를 제시하라고 되받아쳤다. 나는 케이프타운에 있는 그의 집무실에 앉아 이런 고민을 했다.

'이 사람에게 계속 경의를 표해야 할까, 아니면 당당히 대꾸해야 할까?'

그는 화가 나면 각료들조차 눈물을 쏙 빼게 만드는 인물로 알려져 있었다. 나는 이런 생각을 했다.

'이 작자는 우리 국민을 고통스럽게 만들었어. 말대꾸하는 것이 돌아갈 다리를 끊어 버리는 일이라도 할 수 없어. 이런 식으로 나에게 호통치도록 내버려 두지는 않겠어.'

그에게 나는 어린아이가 아니며 내게 그런 식으로 말할 권리가 없다고 따졌다. 나는 그의 손님이므로 관례를 지켜서 나를 손님답게 대우해야 한다고 말했다. 불행히도, 우리의 만남은 아이들처럼 서로 손가락질을 해대는 것으로 끝났다. 나는 그의 말에 강력히 이의를 제기한다고 했고, 그가 "그럼 이의를 챙겨서 나가라"라고 응수했기에 나는 그의 집무실을 떠났다. 그로부터 얼마 후, 교회들은 '진실수호캠페인'이라 불리는 시민불복종운동에 들어갔고, 몇 달 뒤 코초하우스가 폭탄세례를 받았다.

그 이후, 보타 씨는 뇌졸중에 걸려 대통령직에서 물러났다. 본인은 그럴 뜻이 없었지만 데 클레르크가 이끄는 각료에 밀려나 은퇴했고 퇴직자 전용 아파트로 들어갔다. 이제 팔순이 넘은 그는 공직생활에서 물러났다(그는 2006년 사망했다.—옮긴이). 그가 뉴스에 마지막으로 나온 것은 만델라 대통령의 방문을 받았을 때였는데, 그때 그는 기자들에게 자신은 진실화해위원회와 아무 관련을 맺지 않을 거라고 말했다.

　　보레인 박사가 내게 P. W. 보타를 만나 보라고 제안한 취지는 위원회에 대한 그의 협조를 이끌어 내자는 것이었다. 그는 아파르트헤이트의 압제가 가장 맹렬하고 '총체적 전략'이 절정에 달한 시기에 남아공의 국사를 책임진 사람이기 때문이다. 그는 국가안보회의의 회의들도 주재했다. 내가 굳이 P. W. 보타를 보러 갈 필요는 없었다. 진실화해위원회는 누구든 소환할 수 있었고 수사와 체포의 권한이 있었다. 그러나 나는 그에게 가기로 했다. 나의 그런 행동이, 위원회가 아프리카너들에게 모욕을 주거나 그들 중 일부가 주장하는 것처럼 그들을 겨냥한 마녀사냥을 하고 싶어 안달하는 조직이 아님을 보여 주고 안심시켜 주었으면 했다. 나는 조지로 날아갔고, 보타 씨의 딸의 집에서 그와 아주 우호적인 만남을 가졌다. 그의 딸은 우리를 환대해 주었고 차와 아프리카너식 간식을 내왔다. 그곳의 주변 환경은 우리가 만나서 다루려 했던 온갖 소름 끼치는 행위들과 전혀 달랐다. 보타 씨는 내게 서면 의견서를 건넨 후, 우리가 묻고 싶은 질문이 있으면 서면 답변을 제공함으로써 위원회에 협조하겠다고 말했다. 그리고 노련한 변호사의 도움을 받아야겠고 국가문서를 참고할 수 있어야겠다고 했다. 그러면서 그는 내게 만델라 대통령에게 요청하여 상당한 법률 비용에 필요한 재정 지원과 필요한 문서에 대한 열람권을 줄 수 있겠느냐고 물었다.

나는 케이프타운으로 돌아간 뒤, 만델라 대통령을 찾아가 두 문제에 대해 상의했고 그의 즉각적인 동의를 얻었다. 우리는 P. W. 보타에게 편의를 제공하기 위해 힘껏 노력했으나, 그는 의견서 마감 시한을 계속 늦추었다. 그 사이 그의 아내가 세상을 떠났다. 나는 P. W. 보타와 그의 지지자들에게 개인적인 원한이 없음을 보여 주는 것이 중요하다고 생각하여 다시 조지로 가서 부인의 장례식에 참석했다. 나는 흑인 사회의 많은 사람들이 내 행동을 이상하게 여길 것이며 그중엔 불쾌하게 느낄 사람들도 있을 것을 알았다. 아닌 게 아니라, 한 흑인 라디오 저널리스트는 그 후 나를 찾아와 그 장례식에 참석한 이유를 청취자들에게 설명해 달라고 요청했다.

　　P. W. 보타가 우리의 질문에 대한 답변을 완성하는 데는 거의 10개월이 걸렸다. 그동안 국가안보회의의 회의록에서 더 많은 정보가 나왔으므로, 우리는 P. W. 보타를 포함한 정치·군사·지도자들을 청문회로 불러야겠다고 판단했다. 어떤 지점까지는 서면 답변만으로도 충분할 수 있지만, 한 가지 답변이 또 다른 보충 질문으로 이어질 수 있는 대면(對面) 모임과 같을 수는 없었다. 우리는 P. W. 보타가 몸이 좋지 않다는 말을 들었고, 그의 출두일을 연기하는 데 동의했다. 그는 다소 젊은 여인과 약혼하여 그녀를 보기 위해 케이프타운만큼 먼 거리를 여행한 바 있었지만, 우리는 그가 케이프타운까지 오는 것이 몸에 무리가 된다면 조지에서 청문회를 열 수도 있다고 말했다. 그렇게 하면 통역장비를

조지까지 운반해야 하므로 비용도 많이 들고 여러모로 불편할 것이었다. 위원회와 P. W. 보타의 변호사들 사이에 장기간에 걸쳐 의견이 오간 뒤, 그는 위원회가 '서커스'라며 청문회에 참석하지 않겠다고 말했다. 위원회는 그를 소환했지만, 처음으로 출두해야 하는 날, 그는 오지 않고 서면 답신을 들려 변호사를 대신 보냈다.

웨스턴케이프 주의 검찰총장은 소환에 응하지 않은 혐의로 P. W. 보타를 고발하기로 했다. 그래도 우리는 포기하지 않았다. 조지의 치안판사 법정에서 그의 재판이 시작되었을 때도 우리는 그를 청문회로 출두시킬 수 있는 타협안을 찾기 위해 협상을 계속했다. 우리는 인근 호텔에서 청문회를 열고, 청문회에서 묻고 싶은 질문을 사전에 제공하겠다고 제의했다. 주치의를 대동하게 하고 의학적으로 필요하다는 판단이 들면 그가 편안해질 때까지 청문회를 연기하겠다고도 했다. 그런 청문회는 하루도 걸리지 않을 것이었다. 우리 측 변호사와 보타 측 변호사들 사이에 많은 입씨름이 오갔다. 우리는 더없이 많은 편의를 봐주었지만, 결국 그는 우리의 제안을 거절했고 재판은 계속되었다. 우리가 병든 노인을 괴롭힌다는 말은 악의적인 무고일 따름이다. 위원회가 그를 얼마나 배려했던지, 흑인 사회의 많은 사람들은 만델라 부인을 대할 때와 너무나 다른 이중적인 행태라고 비난했다. 흑인들에게 엄청난 고통과 괴로움을 안겨 준 사람을 위원회가 너무나 점잖게 대한다는 불만이었다.

과거에 P. W. 보타는 억지와 신경질로 자기 뜻을 관철

했다. 누구도 감히 그와 맞서지 못했다. 그는 그런 식으로 평생을 살아갈 수 있으리라 생각했지만, 우리가 사는 곳이 감사하게도 도덕적 우주라는 사실을 미처 고려하지 못했다. 옳고 그름은 중요하고, 이 우주의 도덕률을 위반하면 언젠가는 대가를 치르게 마련이다. 그는 편안한 호텔방에서 초두의 질문들을 미리 파악한 상태로 비공개 조사 청문회에 출두할 수도 있었다. 그러나 그는 완고한 화강암 같은 태도를 고수했고, 그러다 충격적인 일을 겪게 되었다. 그는 법 위에 있는 사람이 아니었다. 그가 최악의 악몽에서조차 상상하지 못했던 일이 벌어졌다. 각료를 떨게 만들던 전직 대통령인 그가 흑인 치안판사가 주재하는 법정에 피고인으로 섰다. 그 장면에는 도덕적인 교훈이 담겨 있었다. 검찰 측은 플라크플라스의 책임자였던 유진 데 콕 대령을 포함하여 몇몇 증인을 부를 수 있었다. 데 콕은 법정에서 정치 지도자들을 향한 경멸감을 가차 없이 드러내며 이렇게 말했다.

"나와 보안부대 사람들은 … 겁쟁이 정치가들, 특히 국민당의 정치가들에게 배신당했습니다. … 그들은 양고기를 원하면서도 피와 내장은 보고 싶어 하지 않았습니다. 겁쟁이들입니다."

각 언론을 통해 이 모든 내용이 그대로 보도됐다.

P. W. 보타가 우익 진영의 선동과 폭력의 초점이 되지 않을까 하는 우려가 있었지만, 아무 일도 없었다. 법정에는 그의 가족 몇 명만 참석했다. 그가 우리의 제안을 받아들였다면 하루 만에 끝날 수 있었던 일이 법정에서는 2주가 넘게

걸렸다.

　나는 법정에 나가 그에 대한 반대증언을 하게 되었다.
그가 청문회에 소환되지 않을 것을 내가 보장했다고 주장
했기 때문이다. 그의 변호사들이 행한 이틀간의 엄중한 반
대신문이 끝나자, 나는 증인석을 떠나기에 앞서 그에게 마
지막 탄원을 해야겠다는 생각이 들었다. 나는 법정에 이렇
게 호소했다.

　　판사님, 제가 한 가지만 말해도 되겠습니까? 이 자리가 법
　　정이긴 하지만 저는 우리에게 아직 기회가 있다고 믿습니
　　다. 피고인이 어떤 위법행위를 저질렀다고 말하는 것은 아
　　닙니다. 저는 피고인이 이끌던 정부를 포함한 이전 정부들
　　이 추진한 정책들의 결과로 끔찍한 괴로움을 겪은 사람들
　　을 대신해 말하고 싶습니다. 저는 피고인에게 호소하고 싶
　　습니다. 저는 그에게 이 법정이 제공하는 기회를 놓치지 말
　　라고 호소하고 싶습니다. 그는 사람들에게 고통을 줄 의도
　　는 없었을지 모릅니다. 명령을 내리지도, 어떤 것도 승인하
　　지 않았을지도 모릅니다. … 저는 그가 이끌던 정부가 많은
　　사람들에게 매우 깊은 고뇌와 고통과 괴로움을 주었다고
　　말하는 것뿐입니다. 우리 국민은 이 나라의 일부, 화해의
　　일부가 되고 싶어 합니다. 보타 씨가 "내 정부의 정책들이
　　여러분에게 고통을 주었습니다. 죄송합니다"라고 말할 수
　　있다면, 그것으로 족합니다. 그는 "내 정부의 정책들이 여
　　러분에게 너무나 많은 고통을 안겨 주었습니다. 죄송합니

다"라고 말할 수 있을까요? 그럴 수 있다면 대단한 일이 될 것입니다. 보타 씨에게 호소하는 바입니다. 감사합니다.

P. W. 보타는 나의 호소에 분노를 드러냈다. 그는 치안 판사에게 유죄 판결을 받고 집행유예와 벌금형을 선고받았지만 이후 사소한 절차상의 문제로 무죄방면되었다. (우리는 그의 편의를 봐주느라 신경을 쓴 나머지 소환장을 너무 늦게 발부했다. 우리가 소환장을 발부한 날, 위원회의 소환장 발부 권한 시효가 다 되었고 만델라 대통령은 새로운 위임권에 서명하지 않은 상태였다.) 그는 피해자들과 그의 정책 집행자들 앞으로 불려 나와 해명을 하는 수모를 당했고, 정치적으로는 고립되었다. 법정에 선 그의 모습은 너무나 처량해서 정말 안됐다는 생각이 절로 들었다. 그의 완고함 때문에 일부 사람들이 오랫동안 원하던 장면, 구체제의 지도자들에게 응보의 정의가 약간 실현되는 모습을 보게 되었다. 그러나 그것은 위원회의 뜻과는 다르게 이루어진 일이었다.

나는 1990년 2월 2일, 의회에서 발표된 획기적이고도 용감한 결정에 대해 F. W. 데 클레르크에게 뜨거운 찬사를 보낸 바 있다. 그 무엇도 그 기념비적 중요성을 앗아갈 수 없을 것이다. 우리는 자칫 대학살의 참극에 빠질 수도 있었다. 그가 그 시점에서 인종차별 정책에 대해 주저 없이 사과했더라면, 그는 진정 위대한 사람이 될 수 있었을 것이다. 그랬다면 그는 참으로 위대한 남아공의 정치인으로 역사에 길이 남았을 것이다. 그러나 슬프게도, 1990년부터 1993년 사이에 걸친 새 헌법 제정을 위한 협상 기간에 그는 달라진 모습을 보였다. 어쩌면 1992년 백인 국민투표에서 그의 정책들이 압도적인 찬성을 얻어 승인받은 일에 도취하여 판단력이 흐려졌는지도 모른다. 어쨌거나 그는 주요 협상 파트너이자 그의 정적으로 떠오르던 미스터 만델라의 힘을 약화해 권력을 유지할 길을 찾을 수 있다고 믿었다. 바로 그때 '흑인 대 흑인'의 폭력이 점점 심해져서 여러 끔찍한 학살이 벌어지고 있었다. 그는 보안부대가 이런저런 사건들을 조장하는 데 개입한 바 없다고 주장했다. 혹시 그런 개입이 있었다면, 그런 탈선은 '썩은 사과들'의 소행일 뿐이라고 말했다. 하지만 나는 그 말을 믿을 수 없었다. 최소한 각료 한 명과 전직 경찰청장 두 명이 개입한 1980년대의 인권 침해들이 일부 이단아들의 탈선행위에 불과하다는 말을 어떻게 믿으란 말인가.

나는 데 클레르크 씨에게 적의를 느끼지 않는다. 노르웨이 노벨상위원회가 1993년 평화상 수상자 발표 전날 내게 전화를 걸어 만델라 씨와 데 클레르크 씨를 공동 시상할 계획인데 어떻게 생각하느냐고 물었다. 내가 반대의사를 표명했더라면 위원회는 그들의 결정을 재검토했을 것이다. 그렇지 않다면 내게 문의할 이유가 없었을 테니 말이다. 내가 지금 알고 있는 사실들을 그때도 알았더라면 나는 그 결정에 극구 반대했을 것이다. 데 클레르크는 1996년 위원회에 출두하여 아파르트헤이트에 대해 깨끗이 사과한 뒤, 온갖 단서를 갖다 붙여 사과 자체를 무의미하게 만들어 버림으로써 모든 걸 망쳐 버렸다. 그가 오랫동안 외무부 장관을 맡았던 '피크' 보타, 레온 베셀스 같은 그의 일부 각료처럼 공개적이고 진심으로 사과했더라면, 그는 정말 위대한 사람이 되었을 것이다. 그는 본질적으로 철저하게 악한 아파르트헤이트의 실상을 있는 그대로 보지 못했다. 그는 매우 영리한 변호사로서 자신의 답변에 온갖 단서를 달아 자기 입장을 옹호했지만, 그 과정에서 자신의 사람됨을 훼손시켜 아량과 관용의 정신이 없는 소인배 신세로 자신을 깎아내렸다. 그리하여 그는 1990년 2월 2일 이후 그에게 손짓하며 다가왔던 위대함으로 향하는 버스를 놓쳤다. 1998년에 그가 화해를 위한 연구소 설립 구상에 대해 발언한 내용은 그가 관장했던 정책 때문에 피해를 입은 사람들의 상처에 왕소금을 뿌리는 일이었다. 나는 그가 그것을 깨닫게 되기를 바란다.

하나님의 은혜가 아니면

위원회의 기관 청문회를 통해 우리는 주위 환경이 사람들에게 얼마나 강력한 영향력을 행사하는지 깨달았다. 그토록 많은 백인이 엄청난 특권과 혜택, 시민으로서의 자유를 누리면서 정상적인 삶을 살아갈 수 있었다는 데 놀라서는 안 된다. 그토록 많은 백인이 전통적인 인종차별적 태도와 가치관을 받아들이고, 인종차별적 정책들이 그들처럼 살과 피를 지닌 사람들, 똑같은 사람들에게 어떤 영향을 끼칠지 심각하게 생각하지 않았다는 사실에도 그리 놀랄 것 없다. 그것은 놀랄 일이 아니다. 삶의 모든 부분에 스며들어 있던 지배적 정서의 음험한 압력에 굴복하지 않은 사람들이 상당수 있었다는 사실, 그것이야말로 참으로 놀랍다. 이 놀라운 사람들은 인종차별적인 주류 문화에 순응하고 싶은 유혹에 저항했고, 더 나아가 사악한 체제를 종결하기 위한 투쟁에 참여하는 남다른 모습을 보여 주었다. 아파르트헤이트와 흐름을 같이했던 세력들, 백인들의 태도와 사고방식과 세계관을 장악했던 세력들을 바라볼 때, 이들의 행동이 얼마나 비범했는지 다시금 알 수 있다. 인종차별은 공식적인 아파르트헤이트 정책이 시작되기 훨씬 이전부터 남아공 곳곳에 퍼져 있었다. 1948년에 국민당이 정권을 잡으면서 그것이 치밀하게 제도화되었을 따름이다. 우리는 거의 모든 기관, 삶의 모든 측면이 인종차별의 지배하에 들어가는 것을 보았다. 모든 것이 맞물려 백인들의 언행을 특정한 방식으로 조건화했다. 백인들은 인종차별로 프로그램되었다고 할 수도 있을 것이다.

　나이지리아를 처음 방문했을 때였다. 나는 나이지리아인들이 모는 비행기를 타고 나이지리아 북부로 가고 있었다. 흑인들이 그런 일을 하지 않는 남아공에서 온 터라, 나는 그들의 모습을 보며 흑인의 성취에 대한 자부심으로 가슴이 뿌듯해졌다. 비행기는 부드럽게 이륙했다. 그러다 우리는 난기류를 만났다. 비행기가 갑자기 떨리면서 고도가 뚝 떨어졌다. 심장이 쿵 떨어지는 것 같았다. 그러다 나는 충격적인 발견을 했다. 내가 이렇게 혼잣말을 하고 있었던 것이다.

"조종석에 백인이 아무도 없다니, 신경이 쓰이네. 흑인 조종사들이 이 끔찍한 상황에서 벗어나게 할 수 있을까?"

나도 모르게 불쑥 튀어나온 반응이었다. 내가 그렇게 철저히 세뇌되어 있을 줄은 정말이지 몰랐다. 나는 흑인 의식화 운동의 대표자라는 자부심이 있었기 때문에 누군가에게 내가 그런 상태라는 말을 들었다면 극구 부인했을 것이다. 그러나 위기상황이 닥치자 내 안 깊은 곳에 숨어 있던 무엇인가가 튀어나왔다. 나는 백인이 흑인보다 우월하고 유능하다는, 백인들이 규정한 인종 간의 실존적 차이를 받아들이고 있었다. 물론 그 흑인 조종사들은 능숙하게 비행기를 착륙시켰다.

우리는 조건화의 위력을 과소평가해서는 안 된다. 그래서 우리는 인권 침해를 범한 범죄자들을 판단할 때도 좀더 관대해야 하고, 좀 더 이해심을 발휘해야 한다. 그렇다고 그들이 저지른 일들, 또는 남아공 백인들이 방치한 일들을 눈감아 주자는 말은 아니다. 다만 우리가 얼마나 쉽게 유혹에 넘어갈 수 있는 존재인지 조금만 더 인식하게 되면 다른 사람들의 행동에 대해 좀 더 연민을 갖고 판단을 내리게 될 것이다. 그렇게 되면 우리의 판단도 조금 더 유연하고 부드러워질 것이고, 그들도 나약함과 비겁함으로 여겨지는 자신의 모습에 한층 너그러워질 수 있을 것이다. 그들은 지금보다 자신들의 나약함을 좀 더 흔쾌히 인정하게 될 것이고, 자신의 책임도 기꺼이 인정할 준비를 하게 될 것이다. 그리고 그들을 판단하는 우리도 이렇게 말하게 될 것이다.

"하나님의 은혜가 없었다면 나도 같은 처지였을 것이다."

이 모든 것은 아직 희망이 남아 있음을 말해 준다. 그들도 우리와 같은 인간임이 드러났기 때문이다. 인간은 나약하지만, 자기 합리화와 발뺌하는 태도를 버리고 나직하고 겸손하게 "죄송합니다, 나/우리를 용서해 주세요"라고 말할 수 있게 되면 좀 더 나아질 수 있는 존재들이기에 희망이 있다.

위원회의 힘든 일이 끝난 후, 나는 깊이 인식하게 되었다. 우리 주위에는 분명히 많은 악이 있지만, 우리 인간들은 선을 행할 멋진 능력도 있다는, 정말 힘이 나게 하는 깨달음이다. 우리는 아주 선해질 수 있다. 그래서 아무리 어려운 상황에 직면해도 나는 희망을 가득 품게 된다.

11

용서 없이는 참으로 미래도 없다

1994년 르완다에서 종족 학살로 50만 명이 넘는 사람이 죽었다. 그리고 일 년 후, 나는 황폐해진 그 땅을 방문했다. 아프리카 대륙의 교회연합체인 범아프리카 교회협의회(All Africa Conference of Churches, AACC) 대표 자격이었다. 나는 2기에 걸쳐 10년 동안 범아프리카 교회협의회 대표를 지내면서 목회 심방 차원에서 회원 교회들, 특히 이런저런 위기를 겪고 있는 나라들을 방문하고자 힘썼다. 그래서 나와 범아프리카 교회협의회 임원들은 나이지리아, 내전 중인 라이베리아, 앙골라 등지를 방문한 바 있다. 우리는 에티오피아에서 억압과 불의를 극복하고 민주주의가 세워졌을 때도 직접 찾아가 그들의 성공을 축하했다. 대체로 우리는 시련을 겪고 있는 동료 그리스도인들에게 연대감을 보여 주기 원했다. 그래서 범아프리카 교회협의회 지도부가 르완다로 갔던 것이다.

우리는 르완다의 수도 키갈리 부근의 은타라마 마을을 방문했다. 그곳에서는 투치족 사람들이 한 교회에 갇혀 죽임을 당했다. 새 정부에서 시체들을 치우지 않아서 교회는 시체 안치소 같은 분위기였다. 일 년 전 학살 때 쓰러진 사람들의 시체가 방치되어 악취가 진동했다. 교회 건물 바깥에는 잔인하게 죽임을 당한 이들의 두개골이 쌓여 있었다. 일부 두개골에는 팡가스(큰칼)가 꽂혀 있었고, 단검이 박힌 것도 있었다. 기도를 하려 애썼지만 뜻대로 되지 않았다. 결국 나는 마음을 주체하지 못하고 눈물을 쏟고 말았다.

그 장면은 인간이 같은 인간에게 얼마만큼 사악한 죄를 저지를 수 있는지 보여 주는 참으로 심란하고 끔찍한 기념비였다. 이렇게 서로를 처참하게 공격한 사람들은 대개 같은 언어를 사용하고 같은 마을에서 사이좋게 살던 이들이었다. 그들은 서로 사돈을 맺었고 신앙도 같았다. 그리고 대부분 기독교인이었다. 식민지 지배자들은 유럽의 지배권을 유지하기 위한 방편으로 지배층이던 투치족을 후투족보다 우대했는데, 이러한 정책은 현대 아프리카 역사에서도 손꼽히는 대학살을 낳은 씨앗이 되었다. (세 번째 종족은 트와족으로, 수가 더 적었다.) 이 종족 학살을 보면 인종차별이 인류에게 내려진 가장 큰 악이라는 생각을 다시금 곱씹어 보게 된다. 백인들이 흑인 종족 간의 유혈분쟁을 조장하긴 했지만, 실제로 흑인을 학살한 사람은 흑인이었기 때문이다.

이 교회에서 몇 킬로미터 떨어진 곳에 일부 여성들이

'넬슨 만델라 마을'이라고 이름 붙인 정착촌을 건설하기 시작했다. 종족 학살로 생긴 여러 과부와 고아 중 일부가 그곳에서 살게 될 것이었다. 나는 그 여성운동 지도자들과 대화를 나누었다. 그들은 이렇게 말했다.

"우리는 죽은 사람들을 위해 애통해하고 울어야 합니다. 하지만 계속 살아가기도 해야 하죠. 언제까지나 울고만 있을 수는 없어요."

참으로 멋지고 인상적인 말이며, 불굴의 정신을 엿보게 했다. 저기 은타라마에는 갈보리와 죽음, 십자가가 있다고 할 수 있었다. 그러나 이곳 넬슨 만델라 마을에는 부활, 새 생명, 새 출발, 새 희망이 있었다. 여성들에게는 놀라운 회복력과 생명을 보살피는 본능이 있음을 다시 한번 돋보이게 하는 광경이었다.

나는 죄수들로 가득한 키갈리 감옥도 방문했다. 그곳은 종족 학살에 가담한 혐의를 받고 있는 사람들로 발 디딜 틈이 없었다. 대부분 후투족이었다. 여자, 남자, 심지어 어린아이들까지 있었다. 모든 연령대와 사회집단을 망라한 그들 중에는 성직자와 수녀, 교사와 변호사도 있었다. 몇몇 사람들은 질식사했다. 나는 파스퇴르 비지뭉구 대통령에게, 감옥을 그대로 방치하면 재난이 일어날 것이고 쓰라린 기억이 더해지면서 투치족에 대한 후투족의 적개심이 심화될 거라고 말했다.

나는 키갈리의 주경기장에서 열린 집회에도 참석했다. 최근 그런 처참한 충격을 겪은 사람들이 그렇게 노래하고 웃고 춤출 수 있다니 놀라웠다. 대통령을 비롯한 유명 정치인들 대부분이 그 자리에 있었다. 설교를 부탁받은 나는 우선, 아프리카 다른 지역에 있는 모든 형제자매를 대신해 깊은 애도의 뜻을 전했다. 그들도 르완다의 살육과 파괴에 엄청난 충격을 받았기 때문이다. (당시 깜빡이던 많은 경고를 국제사회가 주의해서 보았더라면, 국제연합이 개입하여 종족 학살은 막을 수 있었을 것이다. 르완다인들은 유엔에 깊은 분노를 느꼈다. 피해자들과 생존자들은 유엔에 완전히 버림받아 재난을 피할 수 없게 되었다고 생각했다.) 나는 르완다의 역사가 전형적인 '승자'와 '패자'의 역사라고 말했다. 승자 집단은 기존의 특권적 지위를 고수하고 싶어 하고 패자 집단은 그들을 무너뜨리려 애쓴다. 그러다 두 집단의 입장이 바뀌면, 새로운 승자는 새로운 패자가 과거 승자였을 때 강요했던 온갖 고통과 괴로움을 갚아 줄 작정으로 무차별 보복에 돌입한다. 새로운 패자 집단은 새로운 승자 집단에게 당하는 온갖 고통과 괴로움에 치를 떨며 그들을 무너뜨리기 위해 성난 황소처럼 싸우지만, 새로운 승자 집단이 과거 그들이 받은 온갖 괴로움을 기억하고 그대로 갚으려 한다는 사실은 다 잊어버린다. 보복이 다시 보복을 부르는 서글픈 역사다. 나는 투치족이 30년을 기다려 그동안 당한 불의를 갚아 주게 되었음을 상기시켰다. 그리고 후투족 극단주의자들도 투치족이 주축을 이룬 새 정부를 무너뜨리고 복수심과 적개심을 마음껏 토해 내며 파괴를 일삼을 날을 고대하며 30년 넘게 기다릴 수 있다고 말했다.

사람들이 범죄자들을 처벌하지 않는 상황을 용납하려 하지 않아서 나는 사법재판소를 거론했지만, 르완다에서 기대할 수 있는 최선의 선택이 응보의 정의라면 그것은 이미 주어졌다고 봐야 하지 않을까 두려웠다. 대부분의 후투 사람들은 죄 때문이 아니라 후투족이라서 유죄 판결을 받았다고 생각할 것이고, 복수할 날만을 손꼽아 기다릴 것이다. 그리고 그날이 오면 자신들을 끔찍한 감옥에 가둬 두었던 투치족에게 앙갚음할 것이다.

　나는 르완다의 역사에서 피로 물든 보복과 재보복의 악순환을 끊어야 하고, 그 길은 응보의 정의를 넘어 회복적 정의로, 용서의 자리로 가는 것이라고 말했다. 용서 없이는 미래도 없기 때문이다.

　르완다 대통령은 내 설교를 상당히 너그럽게 들어 주었다. 그러나 자신들은 용서할 준비가 되어 있지만, 예수님도 마귀는 용서받을 수 없다고 선언하셨지 않느냐고 말했다. 나는 그 말의 근거가 무엇인지 알 수 없었지만, 용서받을 수 없는 잔학 행위들이 있다는 그의 견해에 공감하는 사람들이 있었다. 내 견해는 달랐지만, 어쨌건 그들은 마음을 열고 상당히 우호적으로 내 말을 들어 주었다. 나중에 나는 르완다의 의회 및 정치 지도자들 앞에서 또 한 번 연설했는데, 처벌과 보복이 아니라 용서와 화해를 선택하라고 또다시 호소했을 때 사람들은 소리를 질러 내 말을 막지 않았다.

　내가 왜 퇴짜를 맞지 않았을까? 상처 입은 그들, 끔찍한 경험을 한 그들이 왜 인기 없는 관점에 귀를 기울였을까? 무엇보다 그것은 남아공에서 그들이 궁금하게 여길 만한 일이 벌어졌기 때문이다. 그래서 그들은 이렇게 묻게 된 것이다. '이것이 혹시 갈등을 해결하는 실행 가능한 길은 아닐까? 서로 죽인다고 맹렬하게 싸우던 사람들이 함께 평화롭게 살려고 노력하고 있지 않은가?' 세계는 최악의 유혈 사태가 남아공을 덮칠 거라고 예상했지만, 그런 일은 벌어지지 않았다. 그러자 세계는 이렇게 생각했다. 민주적으로 선출된 정부가 들어서면 사정이 달라질 것이며, 그토록 오랫동안 권리를 박탈당하고 무정하고 잔인하게 짓밟히며 살아온 사람들이 들고일어나 이전의 지배자들에게 보복과 복수를 퍼부어 남아공을 황폐하게 할 거라고. 그러나 그것도 아니었다. 그들은 진실화해위원회의 놀라운 등장을 목격했다. 위원회 청문회에 나선 사람들은 비통한 사연들을 털어놓았고, 피해자들은 기꺼이 용서하겠다고 말했다. 가해자들은 야비한 잔학 행위들을 고백하며 자신들이 끔찍한 잘못을 저질렀던 사람들에게 용서를 구했다.

전 세계는 눈앞에서 펼쳐지는 광경을 믿을 수 없어 했다. 독일연방공화국의 리하르트 폰 바이츠제커 전 대통령은 1999년 4월에 열린 한 심포지엄에서 남아공의 이야기를 들은 후 "미래를 향한 새로운 희망을 얻으셨군요" 하고 말했다. 끔찍한 압제에 시달리던 남아공 사람들은 상대적으로 안정된 민주주의로의 이행을 비범하면서도 상당히 평화로운 방법으로 이루어 냈다. 그들이 끔찍한 과거를 전혀 새로운 방식으로 다루어 내자 모두들 깜짝 놀랐다. 과거의 처참한 사실들이 낱낱이 밝혀지는 과정에서도 참으로 침착하게 대처한 자신들의 모습에 남아공 사람들조차 놀랐을 것이다. 그것은 세계가 하찮은 일로 넘겨 버릴 수 있는 사건이 아니었다. 남아공에서 그런 일이 있었기에, 나는 자칫하면 무심하고 주제넘은 소리로 들릴 수 있는 말을 르완다의 형제자매들에게 할 수 있었다.

나는 갈등과 불화의 역사를 극복하려 애쓰는 다른 지역들을 방문했을 때도 비슷한 경험을 했다. 1998년, 더블린과 벨파스트를 방문했다. 두 도시에서 나는 남아공의 경험은 '희망이 없다'고 말할 상황이란 없음을 보여 준다고 말했고, 청중들은 그 메시지에 공감을 표시했다. 남아공의 상황은 대부분의 사람들이 더 이상 어쩔 도리가 없다고 포기할 만큼 심각했었다. 나는 이렇게 말했다.

"예, 우리는 끔찍한 악몽을 겪으면서 살아왔습니다. 그러나 이제 그 악몽은 끝났습니다."

북아일랜드인들은 그들의 악몽을 끝내는 과정에 있었다. 이미 '성금요일협정'(Good Friday Agreement, 1998년 영국령 북아일랜드 신구교 간에 맺어진 평화협정.—옮긴이)이 이루어지지 않았는가? 나는 그들에게 그 중요한 협정의 실행을 가로막는 장애물들이 나타나도 낙심하지 말라고 했다. 남아공의 경험에 따르면, 평화의 적들은 평화를 향한 돌파구가 열릴 때마다 그 과정을 망쳐 놓으려고 갑절의 노력을 기울이는 경우가 빈번했다. 나는 북아일랜드인들이 '불화'의 종식이라는 소중한 선물을 코앞에서 놓치는 일이 없도록 더욱 굳게 다짐하고 눈을 부릅떠야 한다고 말했다.

　남아공 사람들은 종종 롤러코스터를 타는 듯한 기분을 맛보았다. 한순간 새롭고 중요한 진전이 이루어져 한없는 기쁨과 희열이 찾아오고 평화와 정의가 펼쳐지는 약속의 땅이 임박한 듯했다. 그러나 마지막 단계에 접어들었다고 생각할 무렵, 학살과 교착상태, 극한 정책, 한두 대표단의 항의 퇴장 등 끔찍한 일이 벌어졌다. 그러면 우리는 절망과 낙심의 나락으로 떨어져 바닥에서 다시 시작해야 했다. 나는 북아일랜드인들에게 이것이 자연스러운 과정이라고 말했다. 그래도 저 멀리 너무나 멋진 미래의 모습이 여러분을 기다리고 있으니 새로운 북아일랜드에 대한 꿈을 포기해서는 안 된다고 덧붙였다. 그 꿈이 이루어지는 날, 그들은 자신들이 너무나 오랫동안 눈멀어 있었다는 사실에 놀랄 것이며, 선함과 평화와 관용이 참으로 멋진 것이고 따지고 보면 그리 복잡하지도 않은데 그것을 얻기까지 기나긴 시간을 허비하고 수많은 목숨을 잃었음을 깨닫게 될 것이다. 나는 남아공 사람들이 지금 서 있는 자리가 과거에는 전혀 도달할 수 없는 불가능한 목표로 보였다고 말했다. 우리의 악몽이 끝난 것처럼, 그들의 악몽도 끝날 것이다. 밤이 지나면 아침이 오듯 틀림없이.

　그들은 예언자의 입에서 나오는 말이라도 듣는 듯 내 말을 경청했다. 내 말이 신뢰를 얻을 수 있었던 것은 남아공이 상당히 평화로운 체제 이행을 이루어 냈고 과거의 유산을 처리하는 창의적인 방법을 보여 주었기 때문이다. 나는 무기해제 협상이 교착상태에 빠지더라도 절망하지 말라고 그들을 격려했고, 그것이 그들에게 조금이라도 도움이 되었다고 생각하고 싶다. 벨파스트에서 나는 많은 사람들의 헌신된 모습에 깊은 감명을 받았다. 그들은 분쟁으로 갈라진 지역사회에 들어가 상처받아 소원해진 사람들을 이어주는 평화와 화해의 중재자 역할을 감당했다. 나는 그들에게 세상에서 그냥 허비되는 일은 없다고, 그들의 수고가 당장은 실패한 듯 보일지라도 허공으로 증발해서 망각 속으로 사라지지는 않는다고 말했다. 우리가 헤아릴 수 없을 뿐, 그들의 수고는 대기에 스며든다. 이런 일은 도처에서 벌어진다. 행복한 가정을 방문하면 누가 말해 주지 않아도 그 행복을 느낄 수 있다. 그곳의 '분위기' 때문이다. 집을 이룬 벽돌 하나하나에 행복이 새겨져 있기 때문이다. 성결함, 거룩함이 깃든 교회, 교인들의 꾸준한 기도가 쌓인 교회에 들어가면, 그곳의 거룩한 향기를 맡을 수 있고, 앞서간 많은 사람들의 정성과 경건함을 느낄 수 있다. 그것은 건물에 배어들고 분위기로 표출된다. 기도가 쌓인 교회는 콘서트홀 분위기의 교회와 질적으로 다르다. 그래서 나는 평화와 화해에 헌신한 일꾼들에게 당장 의미 있는 진전이 나타나지 않는다고 해서 답답해하며 하던 일을 포기해선 안 된다고 말했다. 그들은 중요한 일을 하고 있으며, 남아공 사람들의 경험에 따르면 그냥 허비되는 일이란 없기 때문이다. 때가 차고 적절한 시기가 되면 그 모든 일이 더해질 것이고, 그들은 지난날을 돌아보며 자신들이 평화를 이루는 일에 중요한 기여를 했음을 깨닫게 될 것이다. 태초부터 존재했던, 하나됨과 화해를 향한 우주적 움직임에 동참했음을 알게 될 것이다.

우리 모두가 우정과 조화를 누리며 사는 것은 언제나 하나님의 뜻이었다. 그것이 바로 에덴동산 이야기의 요점이다. 에덴동산에는 종교적 제사를 위한 피 흘림마저도 없었다. 사자와 어린 양이 함께 뛰놀고 같이 풀을 먹었다. 그러다 피조물을 향한 하나님의 뜻이었던 태초의 조화가 산산이 깨어졌고 피조세계 전체가 근본적으로 망가졌다. 인간들은 서로 싸우고 탓하며 필사적으로 공격했다. 그들은 창조주로부터 멀어졌다. 그들은 함께 동산을 거니셨던 하나님을 피해 달아나려 했다. 자연계는 '이빨과 발톱이 피로 물든' 살벌한 곳이 되었다. 친목이 있던 곳에 반목이 나타났다. 인간들은 뱀이 그들의 발꿈치를 상하게 하기 전에 그놈의 머리를 부숴야 하는 운명에 맞닥뜨리게 되었다. 이 부분에서 성경은 상상력이 풍부한 시로 심오한 실존적 진리를 표현한다.

시적 영감의 세계로 날아오르지 못하는 산문적·문자적 정신의 소유자들은 상상력 넘치는 이런 이야기를 거부할 것이다. 하지만 신화적 에덴동산에 그런 조화가 있었는지 의심한다 해도, 모든 존재 가운데 근본적으로 망가진 부분이 있다는 사실은 둔감한 사람이 아닌 한 누구도 의심할 수 없을 것이다. 세상은 뒤죽박죽이다. 소외와 부조화, 갈등과 혼란, 반목과 증오가 삶의 특징이 되어 가고 있다. 20세기는 인류 역사상 가장 피를 많이 흘린 세기였다. 우리가 자연을 착취하고 남용하지 않았다면 생태운동을 촉구할 일도 없었을 것이다. 경작할 수 있는 땅이 토양침식으로 황폐해지고, 비옥한 농장이 사막으로 변하면서 땅이 엉겅퀴를 내는 일을 경험하고 있다. 강과 대기는 대책 없이 오염되었고, 오존층 파괴와 온실효과의 참상을 우려하지 않을 수 없게 되었다. 우리는 우리가 사는 세상에서 편안함을 누리지 못하고, 사람들은 각자 내면 어딘가에 잃어버린 낙원에 대한 향수를 간직하고 있다.

우리는 조화, 친목, 평화를 누리며 살도록 창조된 존재다. 기독교 신자들은 인류의 역사가 대체로 그러한 가치를 추구한 역사라고 본다. 성경은 인류 역사를 하나님의 이끄심을 따라 원시의 조화를 되찾기 위해 펼치는 작전으로 그리고 있다. 그날이 오면 사자가 다시 어린 양과 함께 누울 것이고, 칼을 쳐서 보습을 만들고 창을 쳐서 낫을 만들며, 전쟁훈련 따위는 사라지게 될 것이다. 우리의 내면 깊은 곳에서는 우리가 부조화, 반목, 전쟁보다 더 나은 삶을 누릴 운명임을 아는 듯하다. 이따금 우리가 누려야 할 삶이 어떤 것인지 잠시 엿보게 해주는 기회가 주어진다. 자연재해가 났을 때, 그것을 이겨 내고자 너나없이 함께 일하면서 드러나는 연민과 놀라울 만큼 아낌없는 후원은 세계의 활력소가 되지 않던가. 서로를 보살피는 인류애, 보편적인 우분투 의식의 끈이 잠시나마 우리를 하나로 이어 줄 때가 있다. 제2차 세계대전의 승전국들이 마셜 플랜을 세워 황폐해진 구

(舊)적국들의 재건을 도왔을 때는 어떤가. 지구상의 민족들이 전쟁을 피하기 위해 교섭단체인 국제연합기구를 세웠을 때를 생각해 보라. 아동과 여성의 권리 헌장에 서명하고, 대인지뢰 사용을 금지하고, 고문과 인종차별을 불법화하는 일에 한목소리로 동의할 때도 그렇다. 그럴 때 우리는 우리가 더불어 살고, 공동체와 가족의 친목과 단란함을 누리며 살도록 만들어진 존재, 긴밀한 상호의존망 속에서 살도록 창조된 존재임을 잠시나마 경험한다.

눈에 잘 띄지는 않지만 세상의 중심에는 소외와 파괴, 분열과 적의, 부조화가 만들어 내는 끔찍한 원심력을 거스르려는 움직임이 있다. 하나님은 중심을 향한 움직임, 하나됨과 조화, 선함과 평화, 정의를 향한 구심력을 작동시키셨다. 이것은 장애물을 제거하는 과정이다. 예수님은 "내가 땅에서 들리면 모든 사람을 내게로 이끌겠노라"라고 말씀하신다.[1] 그분이 십자가에 달려 양팔을 쭉 펴신 것은 모든 사람, 모든 것을 우주적인 포용으로 품으시기 위함이었다. 그리하여 모든 사람, 모든 것이 그분께 속하게 될 것이다. 외부인은 없고 모두가 내부인, 모두가 한 무리가 된다. 이방인은 없고 모두가 한 가족, 하나님의 가족, 인간 가족의 일원이 된다. 유대인과 그리스인, 남자와 여자, 노예와 자유인의 구분은 더 이상 없다. 분리와 나눔은 설 자리가 없어진다. 모든 차이는 근본적인 통일성 위에 서 있기에 오히려 풍부한 다양성을 이루는 데 필요한 긍정적인 요소가 된다. 우리는 모두 다르기 때문에 서로가 서로에게 필요한 존재임을 깨닫는다. 철저하게 자족적인 사람은 없기 때문이다. 완전히 자족적인 인간은 인간 이하의 존재일 따름이다.

하늘과 땅의 모든 것을 그리스도 안에서 하나 되게 하시는 것이 하나님의 뜻이었다. 그래서 우리 각 사람은 이 거대한 운동에 참여한다. 고생물학자 테이야르 드 샤르댕은 《신의 영역》(*Le Milieu divin*)에서 이렇게 선언한다.

> 피조세계의 역사에서 똑같은 일들이 단조롭게 되풀이된다고 생각할 때가 있다. 그것은 짧디짧은 개인의 삶에 비해 자연의 주기가 너무 길고, 우리의 피상적이고 제한된 눈이 파악하기에는 자연의 변화가 너무나 거대하고 내밀해서, 모든 물질과 정신 안에서, 그것들을 통해 쉬지 않고 펼쳐지며 나아가는 모습을 우리가 보지 못하기 때문이다. 계시를 믿자. 그것은 우리의 가장 인간적인 예감을 충실히 지원한다. 삼라만상의 평범한 외관 아래, 구원받아 깨끗해진 우리의 온갖 수고 속에서, 새 땅이 서서히 태어나고 있다.
>
> 복음서에 따르면, 인류와 하나님 사이의 긴장이 점점 고조되다가 언젠가는 미리 정해진 어떤 한계에 이르게 될 것이다. 세상에서 소리 없이 확장되어 가던 그리스도의 임재가 온 세계를 가르는 번개처럼 갑자기 드러날 것이다. 그 임재는 물질의 장막과 영혼을 감싼 모든 공고한 장애물을 부수고 지구 표면을 덮칠 것이다. … 번개처럼, 큰불처럼, 홍수처럼, 인자(人子)가 방출하는 인력(引力)은 우주의 온갖 소용돌이치는 원소들을 붙잡아 그것들을 재결합하거나 그

분의 몸에 복종하게 하실 것이다. … 복음서가 경고하는 바와 같이, 이 무서운 사건이 나타날 시기와 양상을 추측해봐야 부질없는 짓이다. 그러나 우리는 이것이 기독교 최고의 사건이자 가장 두드러진 특징이 될 거라고 … 예상할 수 있다. … 주 예수께서는 우리가 그분을 간절히 기대해야 빨리 오실 것이다. … 영적 이스라엘인 우리 그리스도인들은 그분을 기대하는 불꽃이 세상에서 계속 타오르게 해야 할 책임을 맡았다. 승천 이후 겨우 20세기가 지났을 뿐이다. 우리의 기대는 어떻게 되었는가?

다소 유치한 조급함과 그리스도의 재림이 임박했다고 믿었던 1세대 그리스도인들의 잘못된 시각이 더해져서 불행히도 우리는 환멸을 느끼고 의심을 품게 되었다. 하나님 나라에 대한 우리의 믿음은 선에 대한 세상의 저항에 맞닥뜨리면서 흔들렸다. 비관론에 빠진 우리는 … 세상은 구제 불능이며 더없이 사악한 곳이라 여기게 되었다. 그래서 우리는 우리의 잠든 마음속에서 불꽃이 꺼지도록 방치해 버렸다. … 그러나 솔직히 말하자면 우리는 더 이상 아무것도 기대하지 않는다고 말해야 할 것이다.[2]

그래서 나는 벨파스트의 그 놀라운 사람들에게 그냥 허비되는 것은 없다고 말할 수 있었다. 그들이 하는 일은 화해의 흐름을 촉진했다. 우리 각자가 하는 일은 우주의 중심에서 이루어지는 과정을 지체시키거나 방해할 수도 있고, 진척시키거나 촉진할 수도 있다. 그리스도인들은 그 결과를 염려할 필요는 없다고 말할 수 있다. 예수 그리스도의 죽음과 부활 때문에 의심의 여지가 없는 상황이 되었기 때문이다. 궁극적으로 선함과 웃음과 평화와 자비와 온유함과 용서와 화해가 득세하고, 악함과 눈물과 전쟁과 잔임함과 원한과 분쟁을 이길 것이다. 아파르트헤이트에 대한 승리는 유토피아적인 꿈으로 보이는 이 믿음이 진리라는 확실한 증거였다.

> 모든 것을 단번에 포용하는 성육신의 사역 안에는 이 세상의 모든 움직임을 연결해 주는 긴밀한 결합력이 있다. 이 결합력에 눈뜬 사람들이 가장 단순한 일까지도 우주의 중심이신 분이 받으시고 선하게 쓰신다는 확신을 갖고 자신에게 주어진 모든 일에 전념할 수 있는 날이 오기를.[3]

1989년 성탄절에 나는 성지를 방문했고, 그 기간 동안 예루살렘의 야드바셈 홀로코스트 박물관을 찾는 특권을 누렸다. 언론에서 내게 소감을 물었을 때, 나는 정말 가슴 아픈 경험이었다고 말했다. 그리고 내가 섬기는, 유대인이셨던 주님은 이렇게 물으셨을 거라고 덧붙였다.

"그런데 용서는 어떻게 되었느냐?"

이 말은 뜻밖에도 소란과 가차 없는 비판을 불러일으켰다. 나는 팔레스타인 사람들이 겪는 부당한 대우에도 불쾌함을 표시했다. 내가 볼 때 그런 대우는 유대인 선지자들의 가르침과 기독교인들이 주님으로 따르는 유대교 랍비가 그 추종자들에게 요구한 바와 전혀 달랐기 때문이다. 나는 반(反)유대주의자라는 비난을 받았고, 내가 머문 예루살렘 세인트조지 성공회대성당 벽에는 이런 낙서가 등장했다.

"투투는 흑인 나치 돼지다."

1999년 1월에 다시 예루살렘을 찾으면서 나는 약간 걱정스러웠다. [팔레스타인] 서안지구의 성공회 교회에서 설교를 하고 예루살렘의 한 모임에서 강연을 한 뒤, 내가 이사로 있는 페레스 평화센터의 텔아비브 모임에 참석하기로 되어 있었다. 그러나 나의 걱정은 부질없는 것이었다. 예루살렘에서 열린 모임은 주최 측이 사람들을 돌려보내야 할 정도로 성황을 이루었다. 남아공에서 벌어진 일에 사람들이 크게 감동했음이 분명했다. 이스라엘 수상과 외무장관을 역임한 노벨평화상 수상자 시몬 페레스는 남아공의 화해 과정을 역사상 유일무이한 쾌거라고 불렀다.

예루살렘의 모임 장소를 가득 채운 이스라엘 사람들은 진실화해위원회의 활동 및 용서와 화해 개념에 깊은 관심을 보였다. 나는 이런 주장을 펼쳤다. "우리는 남아공에서 참된 안보란 총부리에서 나오는 것이 아님을 배우게 되었다. 많은 사람들이 소중히 여기는 중동의 진정한 안보는 모든 거주자가 자신의 인권과 존엄성이 존중받고 있다고 믿을 때, 그리고 참된 정의가 지배할 때 찾아올 것이다." 나의 관점은 달라지지 않았다. 중동에는 용서가 필요하며, 이스라엘 국가에는 안보가, 팔레스타인 사람들에게는 정의와 평등이 있어야 한다는 생각에는 변함이 없었다. 그러나 어쩐 일인지 이스라엘 사람들은 나를 새롭게 보았다.

남아공이 걸어간 화해의 길이 르완다, 북아일랜드, 이스라엘, 팔레스타인에 사는 사람들에게 내 말을 신빙성 있게 받아들이게 했음이 분명했다. 사람들은 내가 거북한 이야기를 해도 주제넘는다거나 무신경하다고 비판하지 않고 들어 주었다. 무엇보다 중요한 것은, 내 말에 귀를 기울인 많은 사람들이 우리가 남아공에서 시도한 일에서 희망을 얻은 듯했다는 것이다. 우리에게 위험을 감수할 각오가 되어 있는 지도자들이 있다는 것은 축복이었다. 용서를 청하고 베푸는 일은 곧 위험을 감수하는 일이다.

개인관계에서도 다른 사람에게 용서를 구할 때 퇴짜를 맞을 수 있다. 상처받은 사람이 용서하기를 거절할 수도 있다. 상처받은 사람이 용서하고자 하는 경우엔 위험이 더 커진다. 잘못한 사람이 오만하고 완고하고 분별력이 없어 사과할 준비도 안 되어 있고 용서를 구할 의향마저 없을 수도 있다. 그런 사람은 용서를 고마워하지 않는다. 그런 거절의 태도는 용서하려는 모든 시도를 위험에 빠뜨릴 수 있다. 남아공 지도자들은 자백, 용서, 화해의 길을 걸어가겠다고, 그길에서 직면할 위험을 감수하겠다고 말했다. 불가피해 보이던 재난이 남아공을 덮치지 않은 것으로 보아 그들의 도박은 수지맞은 듯하다.

누군가의 잘못으로 인간관계가 훼손되거나 이후의 관계가 회복될 수 없게 된 경우, 잘못한 사람이 과실을 인정하고 기꺼이 사과하는 것은 중요한 의미가 있다. 그것은 용서와 화해의 과정에 엄청난 도움을 준다. 하지만 그것은 결코 쉽지 않다. 자신이 틀렸다는 사실을 인정하기가 얼마나 어려운지 우리 모두는 잘 안다. 어쩌면 세상에서 가장 어려운 일일지도 모른다. 대부분의 언어권에서 가장 어려운 말은 "미안합니다"이다. 따라서 끔찍한 일을 저질렀다고 의심받는 사람들은 물론, 그들이 속한 집단도 예외 없이 언제나 그들이 범죄했을 가능성 자체를 한사코 부인하고 나선다. 이것은 전혀 놀라운 일이 아니다. 범죄자들은 그들이 저지른 잔학 행위가 신이 속한 집단을 위해 필요한 일이었다고 믿는다. 그들은 부인으로 일관하고, 그런 일은 벌어진 적도 없다고 주장한다. 부정할 수 없는 증거가 나타나면, 몰랐다는 핑계 뒤로 숨는다.

독일인들은 나치가 무슨 짓을 꾸미고 있는지 몰랐다고 주장했다. 남아공 백인들도 몰랐다는 주장을 피난처로 삼으려 했지만 전 아파르트헤이트 각료 레온 베셀스는 그들은 알고 싶지 않았던 것뿐이라고 말했다. 그의 말이 진실에 더 가깝다고 할 수 있다. 그들에게 경고하려 애쓴 사람들이 있었기 때문이다. 볼 수 있는 눈을 가진 사람들에게는 구금 도중 불의의 죽임을 당한 사람들의 기록이 있었다. 들을 귀가 있는 사람들에게는 불편하고 소름 끼치는 이야기들이 있었다. 그러나 (귀 막고 눈 가리고 입 막은) 세 마리 원숭이 조각상처럼, 그들은 악에 대해 듣지도 보지도 말하지도 않는 쪽을 택했다. 범행을 자백하는 사람들도 있었지만, "명령을 수행했을 뿐입니다"라는 말로 다른 이에게 책임을 떠넘겼다. 그들은 각 개인이 도덕적 책임을 져야 하는 존재이며 부당한 명령을 수행한 책임도 져야 한다는 사실을 인정하지 않았다.

우리는 대개 자신의 약한 부분과 악함을 쉽사리 드러내지 않는다. 그러나 용서와 치유의 과정이 성공적인 결과에 이르려면, 잘못을 저지른 사람이 그 잘못을 인정해야 한다. 그렇지 않으면 정말 곤란한 상황에 이르게 된다. 가해자가 자신의 잘못을 인정하는 것은 사태의 진상을 파악하는 데 매우 중요하다.

부부가 말다툼을 했는데 잘못한 쪽이 잘못을 인정하여 불화의 원인을 드러내지 않으면, 아무리 남편이 귀가할 때 꽃다발을 사 들고 오고 부부가 아무 일 없는 척해도, 그들은 언젠가 갑자기 충격적인 상황을 맞게 될 것이다. 과거를 제대로 처리하지 않았기 때문이다. 그들은 두 사람의 차이점을 얼버무리고 넘어갔다. 괜히 건드렸다가 심각한 싸움으로 번질까 봐 진실을 직시하지 못한 것이다. 그들은 선지자의 말처럼 '평화가 없는데도 평화, 평화'[4]를 외치며 상처를 대수롭지 않게 여기는 사람들과 같다. 갈등의 골을 애써 숨기고 애초에 불화하게 된 원인을 해결하지 않았다. 남편이 사 들고 온 꽃이 아무리 아름다워도, 결국 상처는 곪게 마련이다. 언젠가 두 사람의 갈등은 크게 폭발할 것이고 그들은 자신들이 값싸게 화해를 얻으려 했음을 깨달을 것이다. 진정한 화해는 싸구려가 아니다. 하나님은 그것을 얻기 위해 독생자의 죽음을 값으로 치르셔야 했다.

용서와 화해는 진실을 외면하는 일이 아니다. 다른 사람의 등을 두드려 주고 잘못을 눈감아 주는 것이 아니다. 참된 화해는 끔찍함, 학대, 고통, 타락, 진실을 드러낸다. 그렇게 해서 오히려 상황이 악화될 때도 있는 위험한 시도이지만, 결국에는 그만한 가치가 있음이 드러난다. 상황을 있는 그대로 직시하고 해결할 때만 진정한 치유가 있을 수 있기 때문이다. 사이비 화해에는 사이비 치유만 뒤따른다.

잘못한 사람이 자신의 잘못을 깨달으면, 양심의 가책이나 최소한의 회한, 후회 등을 느끼게 될 것이다. 이 감정들로 말미암아 그는 자기가 저지른 잘못을 고백하고 용서를 구하게 된다. 이것은 상당한 겸손이 필요한 행동이다. 가해자가 속한 집단이 경멸하는 그룹 안에 피해자가 소속되어 있을 경우라면 더욱 그렇다. 남아공에서는 가해자가 정부 관리인 경우가 많아 그런 상황을 자주 볼 수 있었다.

피해자가 가해자의 사과를 받고 마음이 움직여 그를 용서해 주면 좋을 것이다. 앞서 이야기한 것처럼, 우리 위원회 사람들은 수많은 피해자들이 보여 준 비범한 아량에 끊임없이 놀랐다. 물론 용서하지 않겠다고 한 사람들도 있었다. 그들은 용서를 당연하게 여겨서는 안 된다는 중요한 교훈을 주었다. 용서는 싸구려가 아니고 쉽지도 않았다. 그러나 그들은 예외적인 경우였다. 우리는 대단히 감동적이고 우리를 겸허하게 만드는 장면들을 훨씬 자주 보았다.

용서하라는 말은 잊으라는 의미가 아니다. 오히려 정반대이다. 기억하는 것은 중요하다. 그래야 그런 잔학 행위가 다시 벌어지지 않게 막을 수 있다. 용서는 자신이 당한 일을 묵과하는 것이 아니다. 벌어진 일을 진지하게 받아들이며 과소평가하지 않는 것이다. 기억 속에 숨어 우리의 전 존재에 해를 끼칠지 모를 위험한 독침을 빼내는 일이다. 가해자를 이해하고 그의 심정을 헤아리고 그의 입장이 되어 그가 어떤 압력과 영향 때문에 그런 일을 하게 되었을지 파악하려 애쓰는 일이다.

용서는 감상적인 반응이 아니다. 용서 연구는 성장하는 산업이 되었다. 이전에는 용서를 영적이고 종교적인 것으로 폄하해서 경멸하고 무시했지만, 남아공 진실화해위원회 같은 현상들 때문에 이제는 심리학자, 철학자, 의사와 신학자들이 연구하는 학문 분야로 관심을 끌고 있다. 미국에는 위스콘신 대학 부속 국제용서연구소가 있고, 존템플턴 재단은 다른 기관과 연계하여 수백만 달러 규모의 용서연구캠페인을 시작했다. 용서는 건강에도 좋은 것으로 밝혀졌다.

용서는 가해자에게 앙갚음할 권리를 포기한다는 뜻이지만, 피해자는 복수할 권리를 내주는 대신 자유를 얻는다. 위원회에서 우리는 용서한 후 안도감을 느꼈다는 증인들의 말을 들었다. 〈영성과 건강〉 최근호는 커버스토리로 워싱턴 D.C.의 베트남기념관 앞에 선 퇴역 미군 세 명의 사진을 실었다.[5] 한 사람이 묻는다.

"자네를 전쟁 포로로 가둔 사람들을 용서했나?"

상대방이 대답한다.

"난 그들을 결코 용서하지 않을 거야."

앞 사람이 다시 묻는다.

"그럼 그들은 아직도 자네를 감옥에 가둬 놓은 셈이군, 그렇지 않은가?"

피해자는 가해자의 참회와 자백이 있어야만 용서할 수 있는가? 그 자백이 용서하려고 하는 사람에게 대단히 큰 도움이 되는 것은 사실이다. 그러나 그것이 절대적인 조건은 아니다. 예수님은 그분을 십자가에 못 박은 사람들이 용서를 구할 때까지 기다리지 않으셨다. 그분은 그들이 못을 박는 동안에도 그들을 용서해 달라고 아버지께 기도하셨고 그들의 행동을 [자기들이 무슨 짓을 하는지 모른다며—옮긴이] 감싸 주기까지 하셨다. 가해자의 자백이 있어야만 용서할 수 있다면, 피해자가 어떤 태도, 어떤 의도를 갖고 있든 상관없이, 늘 가해자의 변덕에 휘둘리고 피해자 상태에서 벗어나지 못하게 될 것이다. 이것이야말로 실로 불의한 일이다.

나는 가해자가 자백해야 하는 이유를 설명하기 위해 이런 비유를 사용했다. 우리가 어둡고 축축하고 답답한 방에 갇혀 있다고 가정해 보자. 커튼이 드리워져 있고 창문은 닫혀 있다. 바깥에는 햇살이 빛나고 시원한 바람이 불어도, 방 안으로 햇살이 비치고 신선한 공기가 흘러들게 하려면 창문을 열고 커튼을 걷어야 한다. 그러면 줄곧 밖을 비치고 있던 햇빛이 비쳐 들고 공기가 들어와 방 안이 상쾌해질 것이다. 용서도 이와 같다. 피해자가 용서의 선물을 베풀 준비가 되어 있어도, 그 선물을 받는 일, 즉 창문을 열고 커튼을 걷는 일은 가해자의 몫이다. 그는 자신이 저지른 잘못을 인정해야 한다. 그렇게 할 때, 용서의 빛과 신선한 공기가 그의 존재 안으로 들어오게 된다.

용서를 베푸는 것은 상대방과 관계가 달라질 수 있다는 믿음과 잘못한 사람이 새 출발을 해서 이전과 다른 길을 갈 수 있다는 믿음을 선언하는 것이다. 이것이 새 출발을 할 기회라고 말하는 것이다. 용서는 잘못한 사람이 변할 수 있다는 믿음에서 나오는 행위이다. 예수님의 말씀에 따르면,[6] 우리에게 잘못을 저지른 형제자매가 찾아와 자신의 잘못을 자백하면 우리는 한 번만이 아니고, 일곱 번만도 아니고, 일흔 번에 일곱 번이라도 무제한 용서해야 한다.

이것은 어려운 일이지만, 오류투성이인 우리는 사랑하는 사람들에게 잘못을 저질러 상처를 주기 마련이므로, 인간관계에서 나타나는 너무나 인간적인 잘못들을 해결하기 위해 언제나 용서와 화해의 과정이 필요할 것이다. 용서와 화해는 인간다움에 반드시 필요한 요소다.

가해자가 자백하고 피해자가 용서하고 나면, 그것으로 용서의 과정이 끝나는 걸까? 그렇지 않다. 가해자의 잘못은 피해자에게 구체적이고 실제적인 영향을 끼친다. 아파르트헤이트는 백인들에게 엄청난 혜택과 특권을 제공했고 피해자들을 박탈과 착취의 상태에 그대로 방치했다. 누군가 내 펜을 훔쳐 간 일로 내게 용서를 구한다고 해보자. 만약 그가 내 펜을 돌려주지 않으면 그의 뉘우침과 자백이 공허하게 여겨질 것이다. 자백, 용서 그리고 가능한 범위의 배상은 하나의 연속체를 구성한다.

남아공에서의 화해의 과정은 백인인 부자들과 가난한 흑인들 사이의 엄청난 빈부격차로 상당히 위험에 처했다. 인종차별로 부를 조성하고 유지한 자들과 못 가진 자들의 크나큰 격차는 남아공의 화해와 안정에 가장 큰 위협이 되고 있다. 가해자들과 아파르트헤이트의 수혜자들은 부유층을 이루고 있었고, 가난한 사람들은 대부분 피해자에 해당했다. 그래서 나는 백인들에게 흑인들의 삶에서 일어나는 변화를 지원하라고 촉구했던 것이다.

흑인들 대부분이 사는 오두막집과 판잣집 대신 온전한 집, 백인들 대다수가 오랫동안 당연하게 누린 깨끗한 물, 전기, 저렴한 의료 혜택, 충실한 교육, 버젓한 일자리, 안전한 환경을 흑인에게도 제공하지 않으면, 화해와는 작별을 고한 것이나 다름없기 때문이다.

화해는 오르막과 내리막이 있는 장기간의 과정이고, 하룻밤 새 이루어질 수 있는 것도 아니며, 아무리 효율적인 조직이라 해도 위원회 하나가 이루어 낼 수 있는 일도 아니다. 진실화해위원회는 화해에 작은 보탬이 되었을 뿐이다. 화해는 모든 남아공 사람의 관심사가 되어야 한다. 화해는 국가적인 사업이 되어야 하고, 국민 모두가 나름대로 그 사업에 일익을 담당하고자 힘써야 한다. 상대방의 언어와 문화를 배우는 일, 기꺼이 배상에 참여하는 일, 인종차별적 농담을 하지 않음으로 다른 사람들을 정형화하지 않는 일, 인권 존중의 문화에 기여하며 관용을 추구하되 불관용에 대해서는 조금의 관용도 허용하지 않는 일, 사람들이 더 이상 사회 변두리로 쫓겨나지 않고 내부인으로서 소속감을 느낄 수 있도록 열린 사회를 만들기 위해 노력하는 일 등이 그 방법이다.

화해를 위해 일하는 것은 인류를 향한 하나님의 꿈을 실현하고자 애쓰는 일이다. 그럴 때 우리는 우리가 긴밀한 상호의존망으로 연결된 한 가족의 일원임을 알게 될 것이다.

시몬 비젠탈은 선집 《모든 용서는 아름다운가》(*The Sunflower: On the Possibilities and Limits of Forgiveness*, 뜨인돌 역간)에서 한 나치 장교를 용서할 수 없었던 자신의 이야기를 소개한다. 그 장교가 속한 부대는 수많은 유대인들을 체포하고, 그들을 한 건물에 가둬 놓은 채 모두 불태워 죽였다. 장교는 어느새 임종을 앞두게 되었고, 그의 괴로운 양심은 한 유대인에게 자신의 잘못을 털어놓고 그에게 사면을 받아 위안을 얻고자 했다. 시몬은 장교의 끔찍한 이야기를 말없이 들었다. 군인이 말을 마치자 시몬은 한마디 말도 없이 그 자리를 떠났다. 물론 용서의 말은 없었다. 그는 그 기록의 끝부분에서 이렇게 묻는다.

"당신이라면 어떻게 했겠는가?"

《모든 용서는 아름다운가》에는 시몬 비젠탈의 질문에 대한 다양한 사람들의 답변이 실려 있다. 개정판[7]에는 내가 쓴 기고문도 실렸다. 비젠탈이 직면한 딜레마는 매우 실제적인 것이었다. 그의 견해는 많은 유대인들의 견해이기도 한데, 살아 있는 사람들은 죽임을 당한 사람들을 대신해 용서할 권리가 없다는 것이다. 과거에 고통을 당했고 이제는 살아 있지 않은 사람들은 스스로 결정을 내릴 수 없기 때문이다. 그들이 거부하는 심정은 이해할 수 있다. 그들이 용서하면, 과거 희생자들이 당한 끔찍한 일들을 가볍게 취급하는 것처럼 보일 것이기 때문이다. 말할 수 없이 끔찍한 고통을 당한 사람들을 대변한다는 것은 더없이 주제넘은 짓으로 보일 것이다. 더구나 그 정도의 고통을 겪지 않은 사람이 나선다면 더욱 그럴 것이다. 나는 그들의 딜레마의 본질을 이해하며, 그것을 사소하게 볼 생각도 없다. 하지만 내 견해는 조금 다르다.

1990년 말, 남아공의 여러 교단들이 프리토리아 서쪽에 있는 루스텐버그에서 모였다. 남아공에서 열린 교회 모임 중에 가장 많은 교단이 참가한 초교파적인 모임이었다. 사람들은 이 모임을 '루스텐버그 회의'라고 불렀다. 참가 교회 중에는 남아공 교회협의회에 가입하여 아파르트헤이트에 분명히 반대의사를 표시했던 교회들도 있었고, 아파르트헤이트에 신학적 근거를 제공했다가 그러한 입장에서 상당히 물러난 백인 네덜란드 개혁교회도 있었다. 비정치적인 입장을 유지하려 했던 은사주의나 오순절파 교단들도 있었다. 하지만 그들이 고수한 중립적인 입장이란 사실은 불의한 체제를 지지하는 것임을 그들도 잘 알았을 것이다. 해외 협력 교단들과 아프리카 독립교단들의 대표들도 있었는데, 그들의 정치적 입장은 다양했다.

네덜란드 개혁교회의 대표적인 신학자 빌리 욘커 교수

는 회의 초반부에 아프리카너들, 특히 네덜란드 개혁교단에 속한 아프리카너들을 대표해 흑인 동료 그리스도인들에게 용서를 구하는 감동적인 탄원을 했다. 그가 소속 교단의 대변인으로 위임령을 받았는지는 분명하지 않지만, 교단의 공식 대표단이 그의 진술을 승인했기 때문에 그가 교단을 대표해 발언했다고 할 수 있다. 사람들은 과연 그가 소속 교단의 과거 세대를 대변할 수 있는지 궁금했을 것이다. 그러나 과거와 현재 사이에는 대단히 실질적인 연속성이 존재하며, 이전 멤버들은 현재 멤버들과 함께 사면과 영광뿐 아니라 죄책과 수치도 함께 나눈다. 이 사실을 인정하지 않는 것은 공동체를 원자론적으로 바라보는 기이한 견해가 될 것이다.

교회는 살아 있는 조직이다. 그렇지 않다면 역사는 별 의미가 없을 것이고 우리는 당대 사람들에게만 집중해야 할 것이다. 그러나 사람들은 그런 식으로 처신하지 않는다. 우리는 현재 살아 있지 않은 선조들의 과거 업적들을 자랑하고, 희미하고 먼 과거의 사람들임에도 자부심을 갖고 이야기한다. 처음 업적을 달성했을 때만큼은 아니라 해도 그들의 영향력은 여전히 실질적인 것으로 남아 있다. 선조들의 실패와 수치 역시 좋든 싫든 우리 존재의 일부이다. 우리가 말할 때는 우리를 둘러싼 구름같이 허다한 증인들을 의식하게 된다. 궁극적으로 욘커 박사의 고백과 같은 발언은 소속 단체가 명시적으로 거부하지 않는 한 산 자와 죽은 자, 오늘날과 과거의 사람들 모두를 대변한 말로 받아들여야 할 것이다.

　나는 당시 남아공 교회협의회 사무국장을 맡고 있던 프랑크 치카네와 상의했고, 우리는 그토록 열렬한 탄원, 그렇게 가슴 뭉클한 고백을 가벼운 말 정도로 여겨서는 안 된다는 데 동의했다. 신학적으로, 우리는 주 예수 그리스도의 복음이 우리에게 누군가 용서를 구하면 용서해야 한다고 명하고 있음을 잘 알고 있었다. 시기적으로, 당시는 남아공의 역사상 대단히 중요한 때였다. 그해 초 넬슨 만델라가 석방되고, 억압에서 민주주의로의 어려운 이행을 협상과 합의로 이루어 내려는 필사의 노력이 펼쳐지고 있었다. 화해의 중개자로서 큰 잠재력이 있는 교회들이 서로 화해하지 못한다면, 정치가들과 국민들은 교회도 못 하는 화해를 어떻게 사회에 기대할 수 있겠냐고 생각하게 될 터였다. 교회들이 괴로운 기억들을 이겨 내고 공개적으로 서로 용서하고 화해할 수 있다면, 그것은 평화로운 체제 이행에 엄청난 활력소가 될 것이었다. 그래서 나는 자리에서 일어나 대단히 감동적이고 진실하게 용서를 구한 빌리 욘커 교수의 간청을 받아들여 용서한다고 말했다.

　물론 내 대답을 주제넘은 짓으로 해석하는 사람들도 있었을 것이다. 누가 내게 현재 살아 있는 수백만 명의 아파르트헤이트 피해자들과 이미 죽은 수백만 명의 사람들을 대표해서 말할 권리를 줬단 말인가? 네덜란드 개혁교회는 교단 조직에 아파르트헤이트를 도입하여 아파르트헤이트 체제하에서 흑인, 인도인, 컬러드별로 별개의 교회들을 세

왔다. 회의에 참석한 흑인 대표자들 중 일부, 특히 네덜란드 개혁교회와 분리되어 처음에는 네덜란드 개혁교회의 '딸' 교회로, 나중에 '자매' 교회로 불린 다른 인종 교회들의 대표자들은 내 행동에 몹시 분개했다. 그들은 백인 네덜란드 개혁교회 교단이 문자적으로나 비유적으로나 살인을 저지르고도 처벌을 모면하게 됐다고 생각했기 때문이다. 또 네덜란드 개혁교회가 흑인 교회들과 연합하는 문제를 두고 시간만 끌고 있다며 분개했기 때문에 그들은 욘커 박사의 고백에 과연 진실성이 있는지 더욱 의심스러워했다. 다른 자매 교회들이 모두 승인한 '벨하 신앙고백'(Belhar Confession)을 백인 네덜란드 개혁교회가 받아들이지 않는 점도 심기를 불편하게 했다. 벨하 신앙고백은 무엇보다 아파르트헤이트를 이단으로 정죄했다. 어쨌거나 나는 흑인 대표자들에게 내가 흑인 교회를 대표하여 네덜란드 개혁교회를 용서한 근거를 제시했고, 다행히 내 입장은 거부당하지 않았다. 루스텐버그에서 벌어진 일은 남아공의 평화로운 체제 이행을 촉진하는 데 기여했다.

어떻게 유대인들은 홀로코스트에 협조했던 유럽 각국의 정부와 기관들이 제공하는 상당한 액수의 배상금을 넙죽 받을 수 있었을까? 나로선 이해하기 어렵다. 과거에 고통을 당하고 죽은 사람들을 대신해서 가해자를 용서할 수 없다는 그들의 논리가 타당하다면, 직접 고통을 당하지 않은 사람들은 희생자들을 대신해 배상금도 받을 수 없어야 합리적이지 않은가. 그들의 입장에 따르면, 가해자들의 공동체와 피해자들의 공동체 사이에 정상적이고 우호적인 관계가 회복되기에는 도저히 넘을 수 없는 엄청난 장애물이 계속 남아 있게 된다. 과거의 가해자들에게는 그것이 늘 부담으로 작용할 것이다. 지난 잘못에 대해 아무리 배상하고 새로운 자세로 피해자 공동체에 다가가고 싶다 하더라도 그들을 옥죄는 그 부담감은 사라지지 않을 것이다. 그것은 언제라도 폭발해 새로운 관계를 흔들어 놓고 불안을 조장할 수 있는 시한폭탄이다.

유대인 사회의 철학자, 신학자, 사상가들이 이 문제를 다시 꺼내 들고 다른 결론에 이를 가능성을 고려했으면 좋겠다. 세계를 위해 그렇게 했으면 좋겠다. 그들은 세계 도덕에 너무나 귀한 영향력을 행사하고 있다. 그런 그들의 영향력이 홀로코스트에 대한 모순된 입장 때문에 위태로워진다는 것은 매우 안타까운 일이다. 그들과 동일한 논리로 아프리카인들에게 이렇게 말한다면 어떻게 될지 생각해 보자.

"유럽인들은 아프리카인들을 상대로 벌인 야비한 노예무역에 대해 어떤 방식으로도 아프리카인들에게 배상할 수 없다. 오늘날 살아 있는 아프리카인들은 노예제라는 악행에 대해 유럽인들을 결코 용서할 수 없다. 희생자 수를 아무리 낮게 잡아도, 노예제로 4천만 명이 죽고, 수많은 가정이 파괴되었으며 여자들이 폭행을 당했는데, 한마디로 하나님의 수많은 자녀들이 엄청난 고통을 당했는데 어떻게 가해자들을 용서할 수 있단 말인가?"

우리가 앞으로 나아가 새로운 세계 공동체를 건설하고

자 한다면, 비참한 과거 문제를 해결할 수 있는 방법이 있어야 한다. 가장 효율적인 방법은 가해자들이나 그들의 후손들이 지난 일의 끔찍함을 인정하고, 피해자들의 후손들은 거기에 화답하여 용서를 베풀고 피해자들이 겪은 고통, 오늘날까지 영향을 끼치고 있는 고통을 상징적으로라도 보상하기 위해 할 수 있는 일을 알려 주는 것이다. 예를 들어, 미국의 인종관계가 획기적으로 개선되려면 먼저 원주민 미국인들과 아프리카계 미국인들이 각자의 사연을 이야기하고, 권리를 박탈당하고 노예제에 시달리며 가슴에 사무치게 된 고통을 드러낼 기회를 가져야 할 것이다. 우리는 진실화해위원회를 통해, 피해자들이 사람들 앞에 나와 이야기하면 카타르시스와 치료를 동시에 경험하게 된다는 걸 알게 되었다.

현세대가 세상을 떠난 사람들을 대변할 수 없다면, 우리는 1948년 아파르트헤이트 출현 이전부터 존재했던 남아공의 인종차별적 죄악을 용서할 수도 없을 것이다. 그렇게 되면 우리 땅을 치유하는 과정은 모두 실패하게 될 것이다. 과거의 잔학 행위가 언제라도 추가로 드러나 이제까지 성취된 결과물들을 일시에 허물어뜨릴 수 있기 때문이다. 게다가 사람들은 언제 이렇게 말할지 모른다.

"현재의 상황을 개선하기 위한 노력이 가상하긴 하지만, 어차피 과거의 짐을 해결하지 못했으니 전혀 유효하지 않습니다."

참된 용서는 과거의 모든 문제를 처리하여 미래를 가

능하게 만든다. 더 이상 자기 목소리를 낼 수 없는 사람들을 대신해서라도 원한의 실타래를 끊어야 한다. 우리가 하는 일이 과거, 현재, 미래의 모든 세대를 대신해서 하는 일임을 인정해야 한다. 그것이 공동체가 공동체인 이유, 민족이 민족인 이유다. 좋을 때나 나쁠 때나.

북아일랜드와 중동처럼 어려운 상황에서 해결책을 모색하는 책임자들이 사소해 보이는 상징적 행동들을 더는 무시하지 않기를 간절히 바란다. 그런 행동들은 눈에 보이는 것보다 더 많은 잠재력과 중요성이 있기 때문이다. 북아일랜드 평화 협상의 핵심 관계자들 중 일부가 공개석상에서 상대편과 절대로 악수하지 않고, 심지어 함께 사진 찍히는 일이 없도록 갖은 애를 쓰는 모습을 볼 때면 마음이 아프다. 이스라엘의 에제르 바이즈만 대통령은 요르단의 후세인 왕 장례식에 참석해 한 팔레스타인 과격 그룹 지도자와 용감하게 악수했다. 그 모습이 정말 멋있었다. 그것은 이전까지 여러 사건이 맞물려 악마처럼 보였던 적을 인간답게 보이게 하는 데 도움이 되는 행동이었다. 작은 악수 하나로 평화와 친목, 조화와 관용 등 생각도 할 수 없었던 일, 기대할 수 없었던 일이 충분히 가능한 일로 바뀔 수 있다.

지금 이 순간, 적대관계에 있는 모든 사람이 상대편을 묘사할 때 좀 더 중립적인 표현을 사용하면 좋겠다. 오늘의 '테러분자'가 내일의 대통령이 될 수 있다. 남아공에서 바로 그런 일이 벌어졌다. 테러분자로 매도되던 사람들 중 상당수가 현재 남아공의 각료로 있거나 국회에 자리를 잡고 있다. 오늘의 적이 내일의 동료가 될 가능성이 있다면, 그런 변화의 시간이 찾아올 때 당황할 일이 없도록 그들을 묘사할 때 적당한 표현을 구사하는 노력이 필요할 것이다.

협상, 평화회담, 용서, 화해는 친구 사이나 좋아하는 사람들 사이에서 벌어지는 일이 아님을 늘 기억해야 한다. 이런 일들은 서로 적이 되어 다투고 혐오하는 상황에서만 나타난다. 그러나 원수들은 잠재적인 동맹, 친구, 동료, 협력자들이다. 이것은 유토피아적인 이상주의가 아니다. 민주적으로 선출된 남아공 최초의 정부는 생사를 걸고 싸웠던 정당들의 멤버들로 이루어진 국민통합정부였다. 그 정부를 이끈 사람은 위험한 테러분자로 지목되어 27년간 감옥에 갇혀 있었다. 남아공에서 그런 일이 벌어질 수 있다면, 다른 곳에서도 충분히 그럴 수 있다. 하나님은 어느 곳에서나 그런 일이 가능함을 보여 주시고자 도무지 가망이 없어 보이던 남아공을 본보기로 삼으신 듯하다.

세계 곳곳에 있는 분쟁의 주역들이 평화에 기여하는 상징적인 제스처를 시작하고, 적들에 대해 중립적인 표현을 사용하고, 대화를 시작한다면, 상대의 행동도 달라질 것이다. 이스라엘은 팔레스타인 영토 내에 유대인 정착촌을 계속 건설하고 있으며, 이것은 팔레스타인 사람들에게 멸시와 모욕감을 심어 주어 엄청난 원한과 적개심을 불러일으키고 있다. 이런 조치가 중동의 향후 관계에 어떤 영향을 끼치겠는가? 이웃으로 살아갈 운명에 있는 그들의 자녀들에게 어떤 유산을 남기겠는가? 나는 이스라엘을 파멸시킬 수 있다는 너무나 비현실적인 생각에 빠져 있는 아랍 국가들에게 비슷한 질문들을 했다. 새 천 년을 앞둔 이 특별한 시점에서 평화의 왕이 나신 땅, 살라마(샬롬)를 말하는 사람들의 땅에 진정한 평화가 온다면 세계에 얼마나 멋진 선물이 되겠는가?

오늘의 적이 내일의 친구가 되는 상상을 하고 그런 우정이 현실로 나타나는 데 도움이 되는 방식으로 행동하기 시작할 때, 평화는 가능해진다. 협상할 때 서로에게 아쉬운 부분을 채워 주기 위해 조금씩 노력한다면 참으로 멋질 것이다. 양보할 줄 아는 태도는 나약함이 아니라 강함의 표시다. 전쟁을 이기기 위해선 때로 전투에서 질 줄도 알아야 한다. 평화와 번영을 위한 협상에 참여하는 사람들은 너무나 훌륭하고 더없이 값진 목표를 추구하고 있다. 따라서 싸우기보다는 모두가 이기는 길을 찾아 나가고, 협상 참가자 중 누구도 체면 잃는 일이 없게, 어느 쪽도 빈손으로 돌아가 유권자들 앞에서 민망해하는 상황이 생기지 않도록 해야 한다. 협상 참가자들이 미리 잔뜩 선을 그어 놓거나 전제조건들을 싸 짊어지고 협상에 임하지 않는다면 얼마나 좋을까. 용서의 과정이 그렇듯, 협상도 다시 관계를 시작할 수 있고자 온갖 시도를 다하는 일이다. 완고한 사람들은 힘든 때를 맞게 마련이다. 사고가 유연한 사람들, 원칙에 따라 타협할 준비가 된 사람들이 결국 승리하게 된다.

나는 진실화해위원회가 흠이 있는 조직이었다고 말해 왔다. 그렇지만 그것이 우리의 모국에서 민주주의가 세워진 후 직면했던 상황을 풀어 나가기 위해 불완전한 세상에서 나올 수 있는 최선의 방안이었다고 분명하고 힘 있게 주장하고 싶다. 온갖 부족한 부분이 있었지만, 우리가 남아공에서 시도한 바는 세계의 주목을 받았다. 이 지치고 환멸에 빠지고 냉소적인 세계, 엄청난 아픔을 너무나 자주 겪어 온 세계는 진실화해위원회를 통해 희망이 보이지 않는 상황 한복판에서 상당한 희망을 약속하는 과정을 보았고 경탄했다.

나는 여러 나라를 방문하여 진실화해위원회의 활동을 소개했고, 각국 사람들은 이 불완전한 시도에서 희망의 빛을 보았다. 그들은 한 나라 안에서 폭력과 투쟁, 혼란과 파벌분쟁이 끊이지 않는 상황을 해결하는 한 가지 패러다임을 발견했다. 북아일랜드, 발칸 반도, 중동, 스리랑카, 미얀마, 아프가니스탄, 앙골라, 수단, 두 개의 콩고와 기타 여러 지역에서 싸우는 집단들은 한시바삐 싸움을 끝내고 함께 둘러앉아 사이좋게 살아갈 방안, 피비린내 나는 과거를 넘어서서 싸움이 없는 공동의 미래를 열어 갈 방안을 찾아야 할 것이다. 그들은 남아공 사람들이 보여 준 시도에서 희망의 빛 이상의 실질적인 가능성을 보았다.

하나님은 정말 유머감각이 풍부하신 분이다. 제정신인 사람이라면 어느 누가, 한 국가에서 이뤄질 수 있는 최악의 인종관계와 인종차별 구조로 인간 사회의 가장 극악하고 끔찍한 면모를 보여 준 남아공이 긍정적인 사례가 될 수 있으리라고 상상이나 했겠는가? 남아공 사람들의 상황은 너무나 가망이 없어 보였고, 바로 그 이유 때문에 하나님은 우리를 선택하셨다. 우리는 우리가 이루어 낸 성과에 대해 내세울 공로가 별로 없다. 우리는 멸망할 운명이었고 절멸의 위기에서 건짐을 받았다. 우리의 상황은 한마디로 절망적이었다. 하나님은 다른 사람들이 우리를 보고 용기를 얻기 원하신다. 하나님은 우리를 희망의 빛, 실행 가능한 패러다임으로 제시하시며 이렇게 말씀하기 원하신다.

"남아공을 보아라. 그곳에는 아파르트헤이트라는 악몽이 있었다. 이제 그것은 끝났다. 북아일랜드(아니면 어느 곳이건), 너의 악몽도 끝날 것이다. 남아공의 문제는 도저히 손쓸 도리가 없어 보였다. 그런데 그곳 사람들은 그 문제를 해결하고 있다. 이제 다른 어느 곳의 어떤 문제도 손쓸 도리가 없다고 고개를 저을 수 없다. 너에게도 희망이 있다."

우리의 실험은 성공할 것이다. 하나님은 우리가 성공하길 원하시기 때문이다. 우리의 영광과 교만을 위해서가 아니라, 하나님의 세상을 위해서다. 하나님은 싸움과 억압 후에 생명이 있음을, 용서가 있음으로 미래도 있음을 보여 주기 원하신다.

상처 입은 치유자

동정녀마리아회 소속 마거릿 맥덜린은 영국 출신으로 현재 남아공에 살고 있는 성공회 수녀이다. 그녀는 예수님이 사역 중에 만난 온갖 고통과 고뇌에 어떻게 대처하셨는지 진공청소기와 식기세척기의 비유로 설명했다. 진공청소기는 모든 먼지를 빨아들여서 먼지주머니 속에 보관하는 반면, 식기세척기는 더러운 식기를 깨끗하게 씻어 낸 뒤 찌꺼기를 모두 배수구로 쏟아 낸다. 그녀는 예수님이 진공청소기보다는 식기세척기에 가깝게 행하셨다고 주장했다. 그분은 자신에게 오는 모든 것을 흡수해서 그냥 담아 두지 않고 하늘 아버지께 넘겨 드렸다.

위원회 활동이 시작되면서 위원회 관계자들의 정신건강을 책임진 상담가는 우리가 앞으로 맡게 될 힘들고 고된 임무를 어떻게 감당해야 하는지 브리핑을 해주었다. 그는 속마음을 털어놓을 수 있는 영혼의 친구, 마음의 친구, 혹은 상담가가 꼭 있어야 한다고 조언했다. 그리고 그의 말대로 꾸준히 잘 실천해야 한다고 말했다. 그렇지 않으면 청문회에 나온 사람들의 증언을 듣고 그들의 괴로움과 고뇌를 대리 경험하면서 너무나 쉽게 마음이 무너지고, 스트레스에 시달리고, 심지어 외상 후 스트레스 증후군까지 겪을 수 있다고 말했다. 배우자나 가족들과 좋은 시간을 보내고, 휴식과 재충전의 시간을 가지며, 규칙적인 운동을 하고, 가능하다면 규칙적으로 신앙생활도 해야 한다고 강조했다. 하지만 우리는 충격적인 경험에 준비가 꽤 잘되어 있다고 생각했다.

그럼에도 우리는 피해자들의 증언에 큰 충격을 받았고, 감정을 주체하지 못하거나 그럴 뻔한 순간을 수없이 겪었다. 나는 정신건강 상담가의 조언을 따르고자 노력했지만, 우리가 겪은 일이 우리에게 얼마나 많은 영향을 끼쳤는지, 우리 가족들이 어떤 희생을 치러야 했는지 정확히 알 수 없다. 한 위원은 결혼생활이 파경에 이르고 말았다. (그러나 놀랍게도 그녀는 위원회 안에서 사랑을 발견했고, 인권 침해 소위원회 위원이었던 배우자와의 사이에서 아들을 얻었다. 그러니 꼭 부정적인 일만은 아니었던 셈이다!) 많은 위원들이 수면장애를 호소했고, 일부 위원들은 성질이 급해져 툭하면 배우자와 말다툼을 벌이게 되는 것과 잦은 과음을 걱정했다. 위원회 활동을 꾸준히 취재한 기자들도 영향을 받았다. 신경쇠약에 걸린 사람들도 있었고, 이전보다 훨씬 더 쉽게 울게 된 사람들도 있었다.

통역자들은 특히 힘들어했다. 때로 피해자 입장에서, 때로는 가해자 입장이 되어 일인칭 시점으로 말해야 했기 때문이다.

"그들은 내 옷을 벗겼어요. 그리고 서랍을 열더니 내 가슴을 그 안에 넣게 하고는 계속해서 서랍을 세게 닫았어요. 마침내 젖꼭지에서 하얀 액체가 새어 나왔어요."

"우리는 그를 납치해서 약 탄 커피를 먹인 뒤, 그의 머리에 총을 쏘았습니다. 그다음 그의 시체를 태웠고 시체가 타는 동안 옆에서 바비큐를 해 먹었습니다."

이런 식으로 가해자와 피해자의 역할을 오가는 것은 매우 힘든 일이 될 수 있다. 청문회장 바깥에 있던 사람들도 마음을 흔들어 놓는 이야기들에 영향을 받기는 마찬가지였다. 증언을 받아쓰는 작업을 하던 사람은 어느 날 팔에 뭔가 떨어지는 느낌이 들어 보니 눈물이었고, 그제야 자신이 울고 있었음을 알았다고 했다.

위원회 활동이 진행 중이던 1997년 1월, 나는 전립선암에 걸렸다. 내가 무슨 일을 하고 있든 그 병은 걸렸을 것이다. 하지만 우리가 큰 희생이 따르는 일에 참여하고 있음을 그 병이 보여 주는 듯했다. 용서와 화해는 함부로 손댈 수 있는 일이 아니었다. 내 질병은 상처 입어 정신적 상처에 시달리는 국민을 치유하려는 시도가 희생이 따르는 일이며 그 중요한 과업에 참여하는 사람들이 가장 많은 충격을 받게 된다는 사실을 극적으로 보여 주었다. 어쩌면 우리는 다른 사람에게 다 말할 수 없을 만큼 고통스럽고 참담한 사연들을 너무 많이 들은 나머지 식기세척기가 되지 못하고 진공청소기에 머물렀는지도 모른다.

암은 내가 좀 더 느긋해질 수 있도록 도와주었다. 말 그대로 심술을 부리기에는 시간이 충분하지 않다는 것을 더욱 분명하게 깨달았기 때문이다. 나는 가끔 내 병을 이용해 동료들을 협박했다. 그들이 까다롭게 굴면 나는 진심을 가장하며 이렇게 말했다.

"어허, 내게 좀 잘 대해 줘요. 내가 병든 늙은이란 걸 기억해요!"

그런 말은 긴장된 분위기를 누그러뜨리는 데도 도움이 되었다.

생명을 위협하는 병을 앓으면서 내 삶의 태도와 시각이 달라졌다. 더욱 밀도 있게 사는 계기가 되기도 했다. 아내 리아의 사랑과 헌신, 손자들의 웃음과 장난, 찬란한 석양의 광채, 동료들의 헌신, 이슬 맺힌 장미의 아름다움 등 그동안 내가 참으로 많은 것을 당연하게 여기고 있었음을 깨달았기 때문이다. 나는 병에 걸렸다고 우울해하지 않았고, 어쩌면 두 번 다시 경험하지 못할 것들을 소중하게 음미했다. 질병 덕분에 나는 내가 죽을 존재라는 것을 인정할 수 있었고, 내 인생에서 벌어진 비범한 일들, 특히 최근의 일들에 깊이 감사할 수 있었다. 아파르트헤이트에 맞선 투쟁에 참여했고, 사는 날 동안 자유가 찾아오는 것을 보았고, 진실화해위원회에도 참여할 수 있었으니, 정말 놀라울 만큼 값진 인생이었다.

그렇다. 나는 우리나라의 치유를 돕는 일에 참여하는 큰 특권을 누렸다. 그러나 그것은 위원회에 참가한 우리에게 큰 희생을 요구하는 특권이었다. 우리가 제 역할을 다하기 위해서는 어쩌면 헨리 나우웬의 유명한 구절처럼 '상처 입은 치유자'가 되어야만 하는지도 모른다. 위원회 활동을 하면서 나는 그것을 깨닫게 되었다.

주(註)

2장

1. 남아공 정부에서 인종과 종족별로 명목상 자치권을 부여하여 설정한 지역.
2. "Illustrated History of South Africa: The Real Story," *Reader's Digest*, Cape Town, 1988.
3. 번역하면 '민족의 창.'
4. Marvin Frankel and Ellen Saideman, *Out of the Shadows of Night: The Struggle for International Human Rights*(New York: Delacorte Press, 1989).
5. 헌법에서 인용.
6. *The Healing of a Nation?*, Alex Boraine, Janet Levy, eds., (Cape Town: Justice in Transition, 1995).

3장

1. 갈라디아서 4장 4절.

5장

1. Allister Sparks, *The Mind of South Africa*(New York: Ballantine Books, 1991).

7장

1. "The Suffering of God" by G. A. Studdert Kennedy from *The Sorrow of God and Other Poems*(London: Hodder & Stoughton, 1924).
2. 남아공의 해방운동 지지자들에게 인기 있는 찬송가이며 현재 남아공 국가의 일부이다.
3. Robert D. Enright and Joanna North, eds., *Exploring Forgiveness*(WI: The University of Wisconsin Press, 1998).
4. Mary McAleese, *Reconciled Being: Love in Chaos*(New York: Continuum Publishing Group, 1999).

8장

1. 닥터 아스팟은 스톰피가 죽은 지 몇 주 뒤에 수술실에서 살해당했다. 그가 부상 당한 스톰피를 치료했기 때문이라는 주장이 있었다.

9장

1. 창세기 2장 18절.

10장

1. Phyllis Johnson and David Martin, *Apartheid Terrorism: The Destabilization Report*(Commonwealth Secretariat in association with James Currey and Indiana University Press).

11장

1. 요한복음 12장 32절.
2. Mary McAleese가 *Reconciled Being: Love in Chaos*(New York: Continuum Publishing Group, 1999)에서 인용.
3. Teilhard de Chardin, *op cit.*, Mary McAleese가 재인용.
4. 예레미야 6장 14절, 8장 11절.
5. Vol.2, No.1 (New York, Trinity Church: Spirituality & Health Publishing).
6. 마태복음 18장 22절.
7. Simon Wiesenthal, *The Sunflower: On the Possibilities and Limits of Forgiveness*, Harry James Cargas and Bonny V. Fetterman, eds. (New York: Schocken Books, 1998).

용서 없이 미래 없다

투투 대주교에게 배우는 우분투 정신과 회복적 정의

초판 1쇄 발행 2022년 10월 14일

지은이 데즈먼드 투투
옮긴이 홍종락
펴낸이 이현주
책임편집 한수경 이현주
디자인 김진성
펴낸곳 사자와어린양
출판등록 2021년 5월 6일 제2021-000059호
주소 (03140) 서울시 종로구 삼일대로 428, 5층 500-28호(낙원동, 낙원상가)
전화 010-2313-9270 **팩스** 02)747-9847
이메일 sajayang2021@gmail.com **홈페이지** https://sajayang.modoo.at

ISBN 979-11-976063-6-6 03300

✤ 사자와 어린 양이 뛰놀고 어린이가 함께 뒹구는 그 나라의 책들 ✤